发展改革评论集

林兆木　著

中国言实出版社

图书在版编目(CIP)数据

发展改革评论集 / 林兆木著. -- 北京：中国言实
出版社，2024. 12. -- ISBN 978-7-5171-4977-4

Ⅰ. F12-53

中国国家版本馆CIP数据核字第2024UM0303号

发展改革评论集

责任编辑：郭江妮
责任校对：李　岩

出版发行：中国言实出版社
　　　　地　　址：北京市朝阳区北苑路180号加利大厦5号楼105室
　　　　邮　　编：100101
　　　　编辑部：北京市海淀区花园北路35号院9号楼302室
　　　　邮　　编：100083
　　　　电　　话：010-64924853（总编室）　010-64924716（发行部）
　　　　网　　址：www.zgyscbs.cn　电子邮箱：zgyscbs@263.net

经　　销：新华书店
印　　刷：北京温林源印刷有限公司
版　　次：2025年1月第1版　　2025年1月第1次印刷
规　　格：710毫米×1000毫米　　1/16　　21.75印张
字　　数：322千字

定　　价：68.00元
书　　号：ISBN 978-7-5171-4977-4

作者简介

林兆木　1960年毕业于中国人民大学经济系，长期从事经济理论教学与研究工作。曾任国家发改委宏观经济研究院常务副院长、研究员，九届全国政协委员、十届全国人大财经委委员。1988年以来，先后参与党中央、国务院部分重要文件起草工作，包括党的全国代表大会报告，中央全会和中央经济工作会议文件，政府工作报告等。入选"影响新中国60年经济建设的100位经济学家"、《20世纪中国知名科学家学术成就概览（经济学卷）》。

目 录

危机对我国中长期经济增长格局的影响

（2009 年 7 月 6 日）

国际金融危机及世界经济衰退对我国经济的影响包括两个部分：一是对我国经济近期的影响，主要是对 2009 年和 2010 年经济增长包括出口、进口、投资、消费、就业以及财政收入、企业利润、居民收入等的影响；二是对我国中长期经济增长格局和发展战略的影响。目前，对第二个方面影响及对策的研究还比较少。实际上，这个问题关系到能否把国际金融危机的挑战转化为长期保持经济平稳较快发展的机遇，与解决近期问题同样具有重要意义。

一、我国经济周期性调整的原因和特点

探讨国际金融危机对我国中长期经济增长格局的影响，有必要先分析一下当前我国经济周期性调整的原因和特点。

改革开放以来，随着我国经济对外开放度的不断提高，发达国家经济衰退对我国经济的影响不断加深。但由于发达国家经济周期和我国经济周期在时间上有一致的情况，也有不一致的情况，因而影响的大小又有所不同。例如，1997 年亚洲金融危机对我国出口有很大冲击，当时美、欧等发达经济体正处于经济周期上行阶段，整体上对我国的冲击没有目前这一次严重。又如，2001 年美国经济由于信息技术泡沫破灭而陷入衰退，后又受到

"9·11"事件冲击，当时我国经济正进入新一轮周期上行阶段，国内需求迅速回升，很快就弥补了对美出口所受的不利影响。而这一次有三个过去从未遇到的情况：一是去年以来国际金融危机及世界经济衰退来势之猛、波及范围之广、影响程度之深，都超过 20 世纪 30 年代以来的任何一次危机，可以说是一次"天文大潮"。它是由多年来世界经济严重不平衡引起的，必然导致世界经济结构的一次大调整。二是国内经济也正在经历一次大的调整，即前些年高速增长积累起来的结构失衡引起的一次周期性调整。三是世界经济和国内经济两个周期性深度调整在时间上正好重叠，使得两方面因素重叠交织、相互影响，形成多年未有的严峻经济形势。

当前，国内经济的周期性调整除了有国际因素，也有国内原因。从 2000 年开始，我国经济摆脱亚洲金融危机冲击后进入新一轮增长周期，经济增长率从 1999 年的 7.6%（上一轮周期谷底）回升到 2000 年的 8.4%，2001—2007 年增长率分别为 8.3%、9.1%、10%、10.1%、10.4%、11.6%、13%，2008 年回落到 9%。这一轮扩张期在基数比以往高得多的情况下连续 5 年保持 10% 以上的高速度，使我国经济实力大幅度提高：GDP 总量从 1999 年的 8.97 万亿元增加到 2008 年的 30 万亿元，按可比价格计算累计增长 1.35 倍。但是，在经济高速增长中也积累了不少矛盾和问题，最为突出的是经济结构性矛盾。可以说，经济结构失衡是这次周期性调整的主要动因。新世纪，我国进入改革发展新阶段，也进入工业化、城镇化加快推进阶段。经济高速增长得益于对外开放扩大，得益于重化工业加快发展和城镇化步伐加快，但由此也引起投资与消费失衡、内需与外需失衡、三次产业结构不合理等结构性矛盾和资源消耗过多、环境污染加重等问题。

投资与消费失衡表现为投资率过高，消费率持续下降、明显偏低。固定资产投资连续几年高速增长，2007 年比 2002 年累计增长 2.16 倍；而同期全国社会消费品零售总额累计仅增长 85.4%。按支出法计算的 GDP 增长中，最终消费的贡献率 2000 年为 65.1%，2001 年和 2002 年分别为 50% 和 43.6%，2003—2007 年连续 5 年降到 40% 以下；而资本形成总额的贡献率由 2000 年的 22.4% 上升到 2006 年的 42% 和 2007 年的 40.9%。内需与外需失衡主要表现为货物和服务净出口对经济增长的贡献率持续上升，2006 年和 2007 年收入分别达到 19.3% 和 19.7%。2007 年投资和净出口两项贡献率相加达到 60.6%。同时，我国经济高速增长中还存在经济增长方式粗放和三次产业结构不合理等突出问题。2003—2007 年第二产业增速占 GDP 比重由 46% 上升到 48.5%，其中，工业比重由 40.5% 上升到 43%；而服务业比重由 41.2% 下降到 40.4%。经济增长方式粗放的主要表现是经济增长所付出的资源、环境成本过高。2002—2007 年能源消费总量累计增长 75%，超过同期 GDP 累计增长率 7 个百分点。与此同时，主要污染物排放总量有几年连续上升。造成资源高消耗和污染物高排放的重要原因是我国资源和资源性产品价格偏低，而且没有把环境损害成本计入价格。随着能源、资源、土地、环境以及资金、劳动力等要素成本上升，依靠低要素成本、低资源成本、低环境成本的投资结构、产业结构和粗放型增长方式已不可能再继续下去，必然导致经济由扩张转为收缩的周期性调整。可见，即使没有国际金融危机引发的世界经济衰退冲击，我国经济这次周期性调整也是要发生的。当然，如果没有外部因素的强烈冲击，我国经济周期性调整可能以比较平缓的方式进行。

二、科学判断我国中长期潜在经济增长率

这次国际金融危机过后，我国经济增长格局将发生重大变化，像前些年那样主要依靠出口和投资带动经济高速增长的条件不仅在危机中已经改变，而且在危机后也不可能恢复。从国外看，美国迫于世界舆论压力和自身利益的需要，危机之后不大可能再继续依靠无限制的经济透支来支撑过度消费。同时，美国等发达经济体为应对危机而大规模增发国债和货币，必然带来新一轮的美元贬值和世界性通货膨胀。危机也使各国间经济贸易竞争更加激烈。因此，我国外贸出口在危机过后不可能再恢复到危机前那种持续高速增长的局面。从国内看，一是随着资源、环境对经济增长约束的强化以及劳动力、土地、资本等成本的上升，过去那种依靠低成本优势支撑出口高速增

长的路子也不可能再继续走下去;二是经过前几年投资过度扩张,我国不少行业已出现产能过剩,加上 2008 年以来实施 4 万亿元刺激经济一揽子计划,不少领域的投资已经或接近饱和,今后不可能像前些年那样有那么多投资热点,一直保持那么高的投资增长率。

为解决国内经济结构失衡等问题,应对危机对我国中长期经济增长格局的影响,我国今后需要对经济发展战略包括速度、结构和增长方式等进行重大调整。先就经济增长速度的调整做一些分析。

我国改革开放 30 年来 GDP 年均增长率为 9.8%,因此有一个普遍认同的观点是,我国 GDP 潜在增长率在 9%—10%(我也赞成过这样的判断)。由于 2003—2007 年 GDP 增长率连续 5 年在 10% 以上,也有观点认为我国 GDP 潜在增长率在 10% 以上。现在看来,对经济潜在增长率的高估和实践上追求过高的速度,对保持经济平稳较快发展是不利的,也是不切实际的。首先,GDP 增长速度和结构和 GDP 总量有密切关系。GDP 总量越大,每增长一个百分点所含的绝对量就越多,如改革开放 30 年来我国 GDP 总量按可比价格计算增长 15.5 倍,这意味着现在增长 8% 就相当于 1979 年增长 1.24 倍。因此,发达国家现阶段的增长速度一般都低于历史上的增长速度。随着我国经济总量越来越大,GDP 潜在增长率逐步下降是正常的,符合经济规律。其次,我国 2003—2007 年的高速增长有其特殊的客观条件,包括:美国经济和世界经济那几年处于高涨期;我国加入世界贸易组织后头几年释放出积极效应;亚洲金融危机后我国经济经过调整,为后几年加速发展积蓄了能量;工业化、城镇化在一段时间对农村加快发展产生了带动效应,等等。再次,虽然有这些有利条件的组合,但这几年的高速增长也付出了经济结构失衡、产能过剩、安全事故增多,以及资源消耗过大、生态环境恶化等较大代价。正是因为速度过高在短时间产生的过大需求,为生产技术水平低、资源消耗高、产品质量差、污染物排放多的企业创造了盈利和生存的外部条件。而这些劣等生产条件企业的生存,降低了经济结构的整体水平。同时,由于劣等生产条件的企业创造单位 GDP 所付出的资源消耗、环境损害等方面的边际成本是最高的,大大高于全社会平均成本,因此,必然导致整体经济的投入产出率下降和资源环境成本上升。

事实证明，研究 GDP 潜在增长率，除了要考虑新增劳动力和劳动生产率提高两个基本要素，还要考虑国内外市场需求容量以及资源、环境承载能力。此外，改革开放以来，我国固定资产投资增长率除少数年份外，一般比消费增长率高 10 个百分点左右，因此经济增长从主要依靠投资拉动逐步转到更多地依靠消费拉动，GDP 增长率也会相应降低。综合这些因素，我国今后中长期 GDP 潜在增长率为 7%—8% 的判断比较符合实际。这与"十一五"规划提出的预期增长率 7.5% 是一致的。应当说，要长期平稳地保持这样的速度，特别是使这样的速度建立在优化结构、提高效益、节约资源、保护环境的基础上，需要付出巨大努力。还应指出，人们担心经济增长速度的降低将使就业问题更加突出。如果经济结构不调整，确实是这样。但由于服务业同重化工业相比每增长 1 个百分点所能吸纳的就业容量要大得多，而对能源、资源消耗和环境损害的成本却低得多，因此关键是要大力调整经济结构，从主要依靠发展重化工业带动经济增长逐步转到主要依靠发展服务业带动经济增长。这样，就可以抵消或减轻经济增长率降低对就业的影响，并且缓解经济增长与资源环境的矛盾。2008 年我国服务业增加值占 GDP 的比重为 40.1%，2007 年服务业的就业人数占全社会就业总数的比重为 32.4%，不仅大大低于发达国家，而且低于同我国发展水平相当的国家。所以，发展服务业、提高服务业的就业比重还有很大空间。总之，至关重要的是在适当降低经济增长率的同时，通过调整优化结构，提高每个百分点经济增长率的就业容量、科技含量和投入产出效益，并降低资源消耗和环境损害成本。这正是我国应对金融危机带来的经济增长格局重大变化的出路所在。

三、以应对危机为契机加快结构调整和发展方式转变

解决多年积累下来的结构失衡问题，并转变粗放的增长方式，需要有一个中长期的战略思路。这里仅从调整需求结构方面谈点思考。

在市场经济条件下，社会有效需求是决定经济增长速度的主要因素，而需求结构又是决定生产供给结构的主要因素。我国前几年出现结构失衡，主要是需求结构（内需与外需、投资与消费）失衡，因而调整需求结构具有决定性意义。投资、消费、出口三大需求是拉动经济增长的三驾马车。出口需求在危机中锐减，在危机后也不可能恢复到前些年高速增长的状况；投资需求增长受多方面因素制约，也不可能像前些年对经济增长起那么大作用。从中长期看，潜力最大的是消费需求。扩大消费需求，是今后我国经济平稳较快增长的希望所在。因此，必须把扩大消费需求作为一项长期战略，采取短期与中长期相结合的综合政策措施。从当前看，最重要的是，在稳定提高居民收入水平的同时，对国民收入分配结构进行较大调整。投资率上升、消费率下降的症结在于：在国民收入分配中，国家、企业所得税比重持续上升，居民收入比重明显下降，不同社会群体收入分配差距不断扩大。这就导致广大中低收入者购买力偏低。所以，调整国民收入的分配结构和不同收入阶层的分配结构，增加占人口大多数的中低收入者收入，是扩大消费需求的治本之策。

通过调整收入分配结构扩大消费需求，还有一个重要方面，就是增加政府在提供公共物品和公共服务方面的财政支出，同时逐步缩小公共物品和公共服务在城乡、区域和不同群体之间的分配差距。这两个方面都有很大潜力空间。从前一方面来看，2001 年，财政性教育支出占 GDP 的比重，高收入国家平均为 6.8%，中等收入国家平均为 4%，低收入国家平均为 3.7%，而我国 2008 年为 2.97%；财政的卫生支出占 GDP 的比重，高收入国家平均为 7.9%，中等收入国家平均为 1.9%，低收入国家平均为 1.2%，而我国 2008 年为 0.91%；财政的社会保障支出占 GDP 的比重，高收入国家平均为 13.4%，中等收入国家平均为 7.9%，低收入国家平均为 1.8%，而我国 2008 年为 2.25%。因此，逐步增加公共财政对教育、卫生等社会事业和社会保障的支出，同时逐步缩小公共物品和公共服务在城乡、区域和不同群体之间的分配差距，不仅可以缓解收入分配不公，而且可以改善居民对未来消费支出的预期，从而直接和间接地扩大消费需求。

调整经济结构，既要做减法，也要做加法和乘法。一般说来，当经济衰退、经济周期进入下行阶段时，需求大幅减少，那些拥有劣等生产条件的企业会在竞争中被淘汰。同时，危机或衰退将刺激新技术应用，并催生新的产业，成为新技术投资和经济结构优化升级的起点。因此，危机或衰退虽然对经济是一种破坏力，但它又通过市场竞争对经济结构调整和优化起到强制性的促进作用。现在，美国、日本、英国都提出要把发展低碳经济作为今后的发展方向和主要动力。我国经济增长中能源消耗过大、利用效率较低，同时能源结构不合理，煤炭在能源消费中占70%左右，因此调整能源结构、发展低碳经济潜力巨大。在这个方面，既要做减法，即加快淘汰高耗能、高排放的落后产能；又要做加法，就是大力增加对节能减排和环保产业的投入，加快发展低碳经济，使之成为调整优化经济结构和转变经济发展方式的结合点和重要方向。在经济结构调整上做加法，还有一个重要方面，就是加快发展服务业，同时大幅度增加对教育、卫生和社会保障等方面的投入，积极促进这些方面发展。当然，更重要的是在调整优化结构中做乘法，这就是增强自主创新能力，加快研发先进技术，抢占高新技术领域的制高点。

（本文载于《人民日报》理论版2009年7月6日，
《新华文摘》2009年第17期转载）

关于加快转变经济发展方式问题

（2010 年 2 月 3 日）

党的十七大根据我国改革发展进入新阶段面临的新情况新问题，明确提出要加快转变经济发展方式，改变经济增长主要依靠投资和出口拉动、主要依靠第二产业带动、主要依靠增加物质资源消耗的状况。这次国际金融危机及其对我国经济的冲击，证明了党的十七大战略决策的正确性和重要性，也使我们更加认识到，加快转变经济发展方式，确实是"关系国民经济全局紧迫而重大的战略任务"。2009 年年底召开的中央经济工作会议进一步强调，"转变经济发展方式已刻不容缓"。发展方式转变及相应的结构调整和改革深化，是我国经济正在经历的一次深刻转型。未来应对后危机时代国内外经济环境的新变化新挑战，使我国经济实现均衡、可持续的发展，在很大程度上取决于能否成功实现这次新的转型。

一、我国发展的国内外环境和条件出现重大变化的客观要求

为了从全局和战略的层面理解转变经济发展方式的深刻内涵和重大意义，有必要分析一下我国经济发展的国内外环境和条件已经和正在发生哪些重大变化及其对经济发展方式的影响。

（一）社会总供求格局的根本性变化要求经济发展方式相应转变并为之提供了条件

进入新时期以来，改革开放极大地促进了我国生产力发展。到 20 世纪 90 年代中期，我国告别了短缺经济，绝大部分商品由供不应求的卖方市场转变为供过于求的买方市场。国内资金供应也由总体上不足转变为总体上剩余。与此同时，经济增长由过去主要受供给因素制约转变为主要受需求因素制约。社会总供求格局发生了根本性变化，而以追求数量和速度为重要特征的粗放型增长方式却没有转变，这必然导致经济在扩张到一定程度后因需求相对不足而出现周期性收缩。1998—2000 年和 2008 年以来两次发生社会总需求不足、部分产能过剩和通货紧缩趋势，虽然直接原因分别是亚洲金融危机和国际金融危机引发我国出口大幅度下滑，但也暴露出我国经济在需求相对不足成为主要矛盾的大背景下存在的缺陷。一是过分依赖国外需求，因而易受外部因素冲击，经济增长的稳定性、持续性不够；二是与生产、供给能力的高速扩张相比，国内消费需求增长滞后，只得过多地依靠投资和出口拉动经济增长；三是制造业产品供给过剩与服务业尤其是生产性服务业供给不足并存，社会总需求不足与广大中低收入群众对医疗卫生、教育、社会保障等公共产品和服务的需求得不到应有满足并存。解决这些问题，迫切要求加快转变经济发展方式，对投资（储蓄）与消费、内需与外需、制造业与服务业等结构进行重大调整。

（二）世界经济失衡及其调整对我国经济发展方式的影响

20 世纪 90 年代以来，信息网络技术发展迅猛，推动经济全球化深入发展，国际产业转移和资本流动加快。而我国在加入世界贸易组织后，对外开放也进入新阶段。这种大形势总体上有利于我国吸引更多外商投资，发展外向型经济，加快经济发展。但我国承接的国际产业转移大多是技术含量和附加值低、资源消耗和污染排放较多的产品及生产环节。据专家测算，我国加工贸易产品在国内的直接增加值平均只占其出口额的 17.7%，而加工贸易出口额约占我国出口总额的五成。这是我国经济对外依存度高和过多依赖物质资源消耗的重要原因。从国际上看，经济全球化促进了全球生产能力迅速扩大，同时也进一步拉大了南北发展差距和全球贫富差距，使发展中国家需求增长受到很大限制。资本主义经济固有的生产扩大与需求不足的矛盾，过去主要表现在发达国家内部，现在由于经济全球化而扩大到国际范围。这是全球经济失衡并形成所谓"亚洲生产、美欧消费"模式的根本原因。虚拟经济超常发展是全球经济失衡的另一表现。生产过剩和需求不足的矛盾，使越来越多的资金从实体经济游离出来，并与金融衍生品结合，形成巨大的虚拟资本，在全球到处套利，制造出庞大的资产泡沫。短短 10 年间，先后引发了亚洲金融危机和此次国际金融危机。危机充分暴露了世界经济体系和金融体系的弊端。纠正世界经济失衡、改革全球金融体系，在其中居于主导地位的美国等发达国家应承担主要责任，而包括我国在内的发展中国家也必须进行相应的结构调整和改革。我们只有适应未来世界经济格局的重大变化，加快转变包括外贸增长方式在内的经济发展方式，才能提升我国在国际经济、金融体系中的地位，减少在纠正世界经济失衡过程中可能受到的损害。

（三）国内要素成本上升和资源环境约束强化对转变经济发展方式的倒逼作用

要素成本低，是我国吸引国际产业转移和外商投资的重要优势。现在情况正在发生变化，要素成本上升将是一个必然趋势。这主要是因为我国许多重要资源短缺，人均土地只有世界人均水平的 35.9%，人均水资源只有世界人均水平的 25%，石油、天然气的人均水平更低得多。而随着经济持续快速增长，资源消耗量越来越大，2008 年能源消费量已达 29.1 亿吨标准煤；石油、铁矿石等资源进口量越来越大，已占国内需求量的 50% 以上。但另一方面，我国资源和资源性产品的价格长期偏低，没有充分反映资源稀缺程度、供求关系变化，也没有包括资源开发和利用对环境损害的补偿成本。我国的"低成本"实际上是不完全的成本。这不仅导致资源利用效率低、浪费严重，而且使经济发展同资源环境的矛盾越来越突出。尤其是人口和工业高度集中的东部沿海一些地区，资源环境的承载能力已达到或接近极限。从总体上看，资源环境约束越来越成为制约我国经济发展的主要因素。要素成本上升和资源环境约束强化，正在从两头对转变经济发展方式起到强有力的倒逼作用。

（四）以人为本的发展目的决定了经济发展方式必须转变

实现以人为本的发展，不仅要求始终把不断满足人民日益增长的物质文化需要作为经济发展的根本目的，而且要求经济发展方式必须符合发展阶段和人民的新要求。这包括经济发展方式要体现发展内容的全面性，即符合全面建成小康社会的要求；要体现发展过程的均衡性和发展成果分配的公平性，有利于逐步缩小城乡和区域之间的发展差距以及不同社会群体间收入分配的差距；要体现发展环境和条件的可持续性，使自然资源和生态环境不仅满足当代人生活和发展的需要，而且能够造福于子孙后代。这些都要求加快转变经济发展方式，从注重数量和速度的粗放型发展转向注重效益和质量的集约型发展。

二、宏观经济政策应重点解决的问题

加快转变经济发展方式需要从各个方面努力，应与当前经济工作及中长期经济发展紧密结合。从发展战略和宏观经济层面看，应重点解决三个问题。

（一）调整国民收入分配结构

为应对国际金融危机冲击，我国近两年内外需失衡已在调整。虽然消费在政策刺激下增长很快，但投资增长更快，投资与消费失衡问题还没有从经济体制和运行机制上得到解决。增强消费对经济增长的拉动作用，仍然是今后调整需求结构的关键。投资与消费失衡主要是从较长时期来看的：2000—2008年，最终消费率从62.3%下降到48.6%，居民消费率从46.4%

下降到 35.3%。最终消费对经济增长的贡献率也由 65.1% 下降到 45.7%。与此同时，民间投资率持续上升，由 2000 年的 35.3% 上升至 2008 年的 43.5%，其中 2003—2008 年连续 6 年均在 40% 以上。据世界银行统计，2007 年高收入经济体 GDP 构成中，居民最终消费支出占 62%，资本形成占 21%；中等收入经济体这两个比重分别为 60% 和 25%；中国分别为 34% 和 44%。我国居民消费率明显偏低，投资（资本形成）率明显偏高。

投资是经济增长的驱动力和增效器，它从需求和供给两个方面对经济增长产生重大作用。特别是在我国现阶段，保持较高的投资率不仅是保证经济较快增长所必需的，而且符合我国基本国情和发展阶段的特征。但是，投资又是一把双刃剑，是经济波动的关键因素。远地看，历史上资本主义经济危机无一不是过度投资造成生产过剩所致。近地看，日本经济的 10 年停滞、美国的网络泡沫和房地产泡沫也都起因于过度投资。我国的历史经验和现实也证明，过度投资一方面会引起投资品价格上涨，导致通货膨胀和资产泡沫；另一方面又会造成一些行业产品供过于求、产能过剩、过度竞争，使企业效益下降甚至造成一些企业倒闭，并导致大量银行坏账。我国近两年为应对国际金融危机冲击，采取非常措施扩大国内投资，以弥补因出口大幅下滑产生的需求缺口，这是必要的、正确的。但从中长期看，我们所要解决的还是投资率过高和消费率过低问题。

消费是收入的函数，收入是决定消费的根本因素。我国居民消费近几年约占最终消费的 73% 左右。最终消费率和居民消费率下降，同居民收入在国民收入分配中的比重下降有直接关系。2000—2007 年，这一比重从 65.5% 下降到 57.5%，下降 8 个百分点。同期劳动报酬在国民收入初次分配中的比重从 51.4% 下降到 39.7%，下降 11.7 个百分点。再从储蓄率变化看，1999—2007 年末，我国总储蓄率从 37.1% 提高到 51.8%，提升 14.7 个百分点，其中企业储蓄率从 14.6% 上升到 18.8%，政府储蓄率从 2.6% 上升到 10.8%，而居民家庭储蓄率从 19.9% 上升到 22.2%，仅提高 2.3 个百分点。这说明，投资率持续上升主要是企业和政府储蓄率上升的结果。因此，纠正投资和消费失衡的治本之策，是调整国民收入分配结构。首先，提高劳动报酬在初次分配中的比重，改变企业"利润侵蚀工资"现象，落实最低工资制度，健全最低工资标准调整机制；充分发挥工资指导线、劳动力市场工资指导价位的调节作用；逐步在各类企业建立工资集体协商制度，使工资随着企业效益的提高而相应增长；引导企业依靠改善管理、技术创新提高劳动生产率和效益，减少对低劳动力成本的依赖，实现利润和工资双增。其次，加大政府对国民收入再分配的调节力度。消费率下降与居民收入分配差距扩大有密切关系。我国作为人口大国，大众消费是消费的主体。中等收入群体比重越大，整体消费能力就越强。因此，应加大"调高、补低、扩中"的再分配调节力度。最后，把提高居民收入在国民收入分配中的比重作为宏观经济政策和中长期经济发展的重要目标，并相应调整财政支出结构和政府投资结构。政府储蓄应主要用于增加公共财政支出，缩小医疗卫生、教育等公共产品和服务的供给缺口；加快建立包括农民工在内的所有企业职工和包括农民在内的城乡居民的基本社会保障体系。政府投资应主要转向公共事业领域，尤其是地方政府应减少生产建设投资。国有企业资产为全民所有，应继续通过国有股减持等途径划拨一定比例的国有资产用以扩充社会保险基金，其增量直接用于做实个人账户或提高保障水平。国有企业储蓄应更多地用于增加全民福利，为此可以适当提高中央国有企业利润上缴的比例。

（二）加快发展服务业特别是生产性服务业

2001—2008 年，我国服务业投资年均增长 10.8%，略高于 GDP 增速。但从总体上看，我国服务业发展滞后的状况仍未根本改变。2008 年与 2000年相比，第二产业增速占 GDP 的比重从 45.9% 上升到 48.6%，其中工业的比重从 40.4% 上升到 42.9%，而服务业的比重仅从 39% 上升到 40.1%。据世界银行统计，2007 年服务业增加值占 GDP 的比重，高收入经济体为72%，中等收入经济体为 59%，中国为 40%。我国服务业增加值占 GDP 的比重明显偏低，尤其是同国内庞大的工业规模相比，生产性服务业发展严重滞后。这是制约我国经济发展方式转变的重要因素。

加快发展现代服务业具有重要战略意义。发达国家经济增长之所以能够主要依靠服务业带动，并且创造出比主要依靠第二产业带动高得多的国民收入，就是因为服务业特别是信息、研发、金融、物流、商务等生产性服务业对发展专业化、市场化、国际化的产业分工体系有重大作用，可以极大地提高生产效率、经济效益和经济现代化水平。在制造业的价值链中，生产加工属于低附加值的环节，而处于前端的技术研发、产品设计和处于后端的品牌培育、市场营销属于高附加值的环节。制造业的转型升级在很大程度上取决于生产性服务业所包含的技术、知识和人力资本对制造业的中间投入。生产性服务业越发展，对各类高中端人才的需求就越多，从而可以吸纳更多高校毕业生就业。发达国家从"工业经济"向"服务业经济"转型，集中体现在生产性服务业对制造业的渗透和融合，成为制造业技术、知识密集的心脏和起飞的翅膀。我国经济之所以能耗物耗高、技术含量和附加值低，缺少国际品牌和核心竞争力，主要原因在于长期以物质资源的"硬性"要素投入为主，而生产性服务等"软性"要素的投入严重不足。因此，加快服务业尤其是生产性服务业发展，是我国制造业转型升级的关键，也是我国经济发展方式从粗放型转向集约型的关键。

加快生产性服务业发展，当务之急是在现代金融、现代物流、商务服务、信息服务、技术研发服务等重点领域，在研发设计能力、高端人才、服务标准国际化水平等薄弱和关键环节，取得突破性进展。为此，应积极推进改革创新，深化垄断行业改革，打破市场分割，探索建立有效推动生产性服务业发展的新体制、新机制，尤其是在金融业开放、技术研发投入方式、现代物流体系建设、信息服务政策支持、商务服务的国际融合机制等方面取得大的突破。应大力促进东部大城市率先进行经济转型，加快建设若干个具有金融服务功能、技术创新功能、商贸商务功能、信息支撑功能的大城市，带动我国生产性服务业的整体发展与功能提升。

（三）积极推进人口城镇化

提高居民消费率和加快发展服务业，都同推进人口城镇化有密切关系。改革开放以来，我国城镇人口从 1978 年的 1.72 亿人增加到 2008 年的 6.07

亿人，城镇化率从 17.9% 提高到 45.7%。工业化和城镇化互相促进，成为我国经济发展的巨大推动力量。但从总体上看，工业化是主动推进的，是"主角"；而城镇化则是被动适应的，是"配角"。据世界银行统计，2007 年工业占 GDP 比重方面，高收入经济体为 26%，中等收入经济体为 32%，中国为 48%。我国工业比重明显偏高，而城镇化率明显偏低，表明城镇化滞后于工业化。这种情况同我国人口总量大、农村人口比重高的基本国情以及正处于工业化中后期阶段有密切关系。但这也表明，今后推进城镇化还有很大空间，经济发展应当从主要依靠工业化推动转向更多地依靠城镇化推动。这是我国经济发展正在发生的阶段性变化的客观要求。

城镇是现代制造业、现代服务业和现代文明的载体，我国的工业化、信息化、市场化、国际化和农业现代化都离不开城镇化。尤其是在现阶段，积极推进城镇化是扩大内需和调整结构的重要结合点，对于破解经济社会发展难题具有重大作用。一是城镇居民消费支出约为农民的 3 倍至 5 倍，城镇人口增加将带动消费需求成倍增长。城镇人口增加所带来的农产品需求增长，也将为农业发展、农民增收提供更大空间。二是农村居民自给性消费和服务占很大比重，转为城镇居民后将被商品性消费和社会化服务所代替，在互相提供商品和服务的同时也彼此提供收入。这将促进传统服务业发展，从而为农民工提供更多的就业岗位。三是城镇人口增加将促进城镇建设和城镇公共设施与服务发展，从而带动投资需求持续扩大。四是农村居民转为城镇居民，将使其子女接受更好的教育，成为具有更高素质的劳动者和创业者，并有机会进入中等收入群体行列，有利于缩小收入分配差距。五是城镇对生产要素的集聚和有效使用有利于资源节约。城镇土地利用率高于农村，城镇居民人均用地也低于农村居民。只要在城镇扩大土地占用的同时相应腾退出农村建设用地，城乡建设用地总量就有可能节约。

积极推进城镇化，应坚持走大中小城市和小城镇协调发展的道路。我国人口总量比美国、欧盟和日本的人口总和还要多，特别是我国农村人口比重高，城乡、地区发展差距大，城镇化显然不可能在短时期完成，也不可能采取单一模式。因此，既要以特大城市、大城市为依托，形成若干大的城市圈、城市群，充分发挥其要素聚集功能和辐射带动作用，使其成为我国经济新的增长极、增长带，并吸纳更多的农村转移人口；又要进一步发展中小城市和小城镇，使其成为各类特色经济、县域经济、生活服务业的载体，成为转移农村人口的重要途径。就近向中小城市和小城镇转移，也符合一部分农民工对生活习惯、费用支出和照顾父母等的实际要求。农民工是我国产业工人的重要组成部分，积极解决农民工在城镇落户等实际问题，是推进城镇化的重要方面。要推进户籍制度改革，放宽中小城市和小城镇户籍限制，解决符合条件的农村转移人口在城镇的就业和落户问题。尤其要尽快解决农民工子女在居住地接受义务教育问题，解决农民工进入城镇后的基本养老、医疗社会保障体系等问题。

（本文载于《人民日报》理论版 2010 年 2 月 3 日，《新华文摘》2010 年第 9 期转载）

实施"十二五"规划的几个重大问题

（2011 年 5 月 27 日）

中共中央关于《中共中央关于制定国民经济和社会发展第十二个五年规划纲要（2011—2015 年）》的建议和国务院根据《建议》制定的"十二五"规划纲要，提出了未来五年经济社会发展的一系列决策部署和政策导向。从《建议》到规划纲要，都强调以科学发展为主题，以加快转变经济发展方式为主线。主题、主线就是总目标和总要求，它是"十二五"规划的核心和关键。"十二五"规划最大的亮点，就是从全局和战略的高度，根据国内外形势的新变化和突出矛盾，确定了这个主题和主线，它具有很强的现实针对性和指导性。但是，在现有的经济结构、体制和利益格局之下，实施"十二五"规划，最大的难点也在于贯彻这个主题和主线。因此，实施"十二五"规划，最重要的是要研究怎样才能贯彻好这个主题和主线，在实践中需要关注和解决哪些重大问题，从而使主题、主线变为现实，而不是停留在规划和文件上。

一、五年规划实施历史经验的启示

改革开放以来，我国已经实施了六个五年计划和规划。历史经验表明，经济发展过程并不是直线的，而是有曲折起伏的。由于国际国内经济环境的变化，以及政治、政策的影响，五年规划的实施结果，在速度、结构等重要方面，与制定规划时的预计往往有很大差异。温故而知新，历史是很好的老师。简要回顾从"六五"计划到"十一五"规划的实施过程，研究其中一些带规律性的现象，有助于我们思考实施"十二五"规划应当关注和解决的一些重大问题。

（一）经济上升与下降交替的周期

我国经济从 1953 年到 1976 年经历过 5 个周期。改革开放以来，经历了 1977—1981 年、1982—1990 年、1991—1999 年、2000—2009 年上半年的 4 个周期。从 2009 年下半年开始进入了一个新的周期。

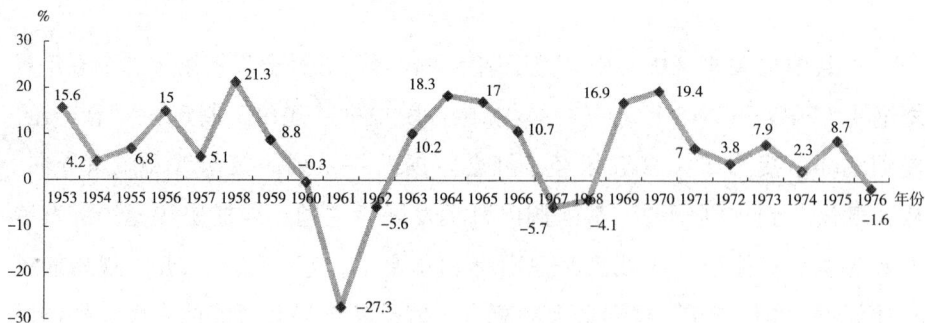

图 1 1953—1976 年国内生产总值增长率

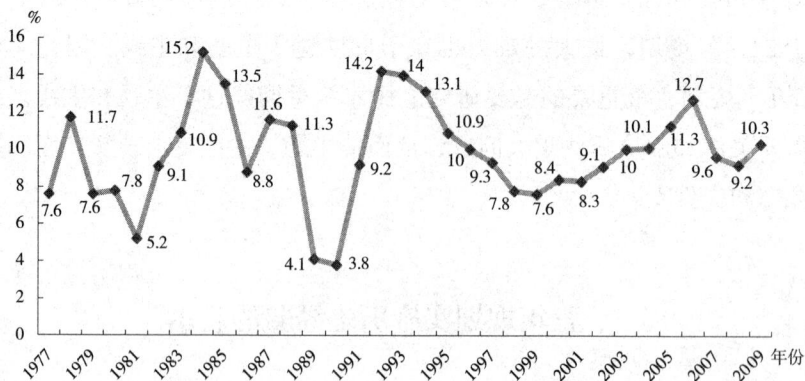

图 2 1977—2010 年国内生产总值增长率

改革开放前经济周期性波动的特征是：发展周期短，扩张期更短，只有一两年；波动幅度大，多次出现负增长，呈大起大落型。改革开放后尤其是 20 世纪 90 年代以来，经济周期性波动的特征是：周期长，扩张期长达七八年，下降期短，波动幅度较小，没有出现负增长。

（二）改革开放以来，推动经济周期性上升的因素

（1）改革开放：20 世纪 80 年代初，农村改革成功，城市改革和对外开放起步；1993—1994 年确立社会主义市场经济体制目标的全面改革和对外开放；2001 年加入 WTO 和随后的改革。这些都促进了经济发展加快。

（2）经济调整：1979—1981 年的调整；1989—1991 年的治理整顿；1997 年亚洲金融危机冲击后的调整；2008 年国际金融危机冲击后的调整都为随后的经济发展储蓄了能量，改善了发展环境。

（3）政治因素：党政领导班子换届的前后两三年，如：1983—1985 年、1987—1988 年、1992—1994 年、2003—2005 年、2006—2007 年，都出现 10% 以上的经济增长（1997 年恰逢亚洲金融危机爆发未形成高潮）。

（三）导致经济调整和下行的因素

（1）投资过度引发的通货膨胀和结构性矛盾突出：1984 年下半年至 1988 年投资过热、经济过热，1985 年以后农业多年徘徊不前，引发 1988 年物价高涨；1992—1993 年投资和经济过热引发严重通货膨胀；2004—2007 年投资、经济增长过快引起物价上涨，以及内需与外需、投资与消费失衡。

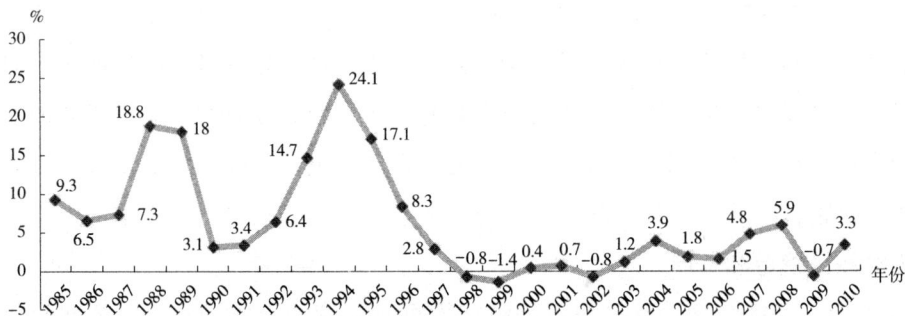

图3　1985—2010 年居民消费价格指数增长率

（2）外部环境恶化引发外需大幅下降：1989 年之后，外需和外资下降；1998—1999 年受亚洲金融危机冲击，出口负增长；2008—2009 年受国际金融危机冲击，外需大幅度下降。

（四）反周期宏观经济政策和宏观调控的作用

1989—1990 年大幅度压缩投资，整顿经济秩序，抑制通货膨胀，使 1990 年居民消费价格指数达到 3.1%，但经济增长率也回落到 3.8%。1993 年下半年以后加强宏观调控，整顿金融秩序，抑制投资、经济过热，逐步实现经济"软着陆"。

1998 年后应对亚洲金融危机冲击，实施扩张性财政政策，扩大基础设施投资规模，抑制通货紧缩；2008 年 4 季度后，应对国际金融危机冲击，实施扩张性财政政策和宽松货币政策，扩大内需，阻止经济下滑。

（五）六个五年规划实施历史经验的启示

（1）在五年规划实施中，应当提高对国内外环境和经济走势重大变动的预见性，提前采取应对措施，努力保持经济总量的基本平衡，防止通货膨胀或通货紧缩因素的积累。应当把提高经济增长质量和效益放在首位，从而把解决结构性矛盾放在首位，防止盲目追求过高速度而导致经济过热和经济结构的重大失衡。应当正确处理改革和发展的关系，坚持通过深化改革解放和发展生产力这一条基本经验，不能只注意抓发展。

（2）保持投资适度增长和加强农业，是防止通货膨胀和经济大幅波动的两个重点。固定资产投资是一把"双刃剑"：它是经济增长的发动机，但投资过度又是通货膨胀、经济结构失调的主要动因。要及时纠正投资和消费的失衡，扩大消费需求是增强经济发展稳定性和可持续性的重要基础。农业尤其是粮食生产始终是必须加强的薄弱环节，否则会从供给和需求两个方面影响经济稳定和发展。

（3）经济结构调整是纠正经济结构重大失调的必要措施。调整期间适当降低速度有利于调整产业结构、提升增长质量。但调整要和推进改革开放相结合，为进一步发展创造条件。

（4）加强宏观调控要和深化改革、发挥市场机制作用相结合。反周期政策和宏观调控的力度不能过大。抑制通胀或者刺激需求，都要遵循经济规律，防止过度使用行政手段。

同以往五年规划时期相比，"十二五"面临的国际环境更加错综复杂，不确定因素增多，同时随着我国参与经济全球化的程度不断加深，国际经济、贸易、金融以及能源、粮食供求和价格等变动，对我国经济的影响越来越大。从国内看，"十二五"时期，既面临通货膨胀的威胁，也存在因过度投资、产能过剩导致"十二五"后期出现经济下滑和通货紧缩的风险。此外，还必须防范金融风险，保障能源安全。因此，防止因上述国内外因素引发经济大幅波动，是"十二五"规划实施中必须关注和解决的重大问题。以下围绕保持宏观经济稳定讲几个问题。

二、关于抑制通货膨胀问题

"十二五"前期面临的通货膨胀，具有不同于以往通胀的新特点。输入性通胀、国内要素成本上升和投资需求强劲、金融体系流动性过剩三个方面因素的叠加，将是"十二五"前期推动通货膨胀的主要成因。

（一）关于输入性通胀因素

从近期看，国际石油、粮食和工业金属、矿石等大宗商品价格上扬，主要原因是：美国、日本实行宽松货币政策，滥发货币，为之提供了原动力；而西亚北非多个产油国局势动荡和日本大地震，又加剧了市场对大宗商品的炒作。今年3月份油价创2008年10月以来新高。最近虽然出现回调，但国际上许多预测认为，油价可能在下半年走高，年内围绕每桶110—120美元震荡。从中长期看，2015年前国际油价可能继续走高，主要是由于受国际金融危机影响，部分石油开发项目延误，2011—2013年石油产能总量将出现下降；而随着全球经济复苏，尤其是新兴经济体增长势头强劲，全球石油需求将持续增加；同时，美元的长期贬值趋势也将推高以美元计价的国际原油价格。

据经合组织（OECD）在《油价上涨对经济活动与通胀的影响》研究报告中预测，"油价每桶上涨 10 美元，将导致 OECD 国家 2012 年 GDP 增长率下滑 0.2 个百分点，通胀率上升 0.2 个百分点；若每桶上涨 25 美元，OECD 国家 2012 全年经济增长率将下滑 0.5 个百分点，通胀率将增加 0.75 个百分点"。我国已成为世界第二大石油消费国，石油进口占国内消费量超过 50%。据测算，我国每 1000 美元 GDP 产出约消费石油 0.65 桶，远远高于发达国家 0.4 桶的水平。因此，油价上涨对我国降低 GDP 产出水平和通胀率增长的影响，比对 OECD 国家更大。

国际原油、铁矿石、铜等价格上涨推高能源、原材料成本。如 2010 年铁矿石由年度定价谈判改为季度定价，按 2009 年进口量以现价计算，我国钢铁企业要多付 700 亿美元，相当于成本增加近 5000 亿元人民币。国际油价对国内价格的影响，最先传导给能源化工类商品，国内汽油、柴油、燃料油等价格上涨，以及各种乙烯类化工品价格跟涨，导致化肥、农药价格以及农产品运输成本上升，从而推高农产品价格。食品和能源价格在 CPI 构成中占很大比重，油价和食品价格互相推动，将对通胀率上升有重大影响。

（二）国内要素成本上升因素

一是劳动力成本上升。其原因主要是：一方面，多年来我国工资水平上升缓慢，劳动者报酬在初次分配中占比下降。《中共中央关于制定国民经济和社会发展第十二个五年规划纲要（2011—2015 年）》提出，"十二五"期间最低工资年均增长 13% 以上，绝大多数地区最低工资标准达到当地城镇从业人员平均工资水平的 40% 以上。目前，全国各地这个比例均不到 30%。2010 年我国首次发布私营单位就业人员工资状况，2009 年其平均工资为 18199 元，月工资约 1500 元，仅相当于非私营单位在岗职工工资的 55.6%。另一方面，近年来沿海地区出现的"民工荒"、招工难，反映过去劳动力近乎无限供给的状况正在发生变化，这也将推动工资水平上升。名义工资水平的上升，有一部分也是对物价上涨的补偿。此外，劳动力成本除工资外，还应包括资方支付的按工资一定比例缴纳的员工养老、医疗等社会保险金。过去这个部分支付不够，欠账较多，今后将会逐渐增加。

二是资源环境成本上升。长期以来，我国资源和资源性产品价格偏低，没有充分反映资源稀缺程度，也没有包括对环境损害成本的补偿。《中共中央关于制定国民经济和社会发展第十二个五年规划纲要（2011—2015 年）》提出，要进一步完善成品油价格形成机制；要全面推进资源税和耕地占用税改革；要按照价、税、费、租联动机制，适当提高资源税税负，将重要资源产品由从量定额征收改为从价定率征收。这些改革对于促进结构调整、资源节约和合理开发利用、保护生态环境，都是完全必要的，这些措施无疑也会增加企业的相关成本。

三是融资成本上升。由于利率尚未完全市场化，过去银行对存贷款利率的调整，往往滞后于宏观经济状况和资金供求的变化，尤其在通货膨胀时期，存款实际利率（名义利率减通货膨胀率）一般都是负利率。较低的利率甚至负利率，是导致信贷需求旺盛、投资增长过快乃至资产泡沫滋长的重要原因，从而助长通货膨胀。《中共中央关于制定国民经济和社会发展第十二个五年规划纲要（2011—2015 年）》提出，要"稳步推进利率市场化改革，加强金融市场基准利率体系建设。完善以市场供求为基础的有管理的浮动汇率制度"。随着利率市场化和汇率形成机制改革的进一步推进，长期以来的融资低成本格局在"十二五"时期将发生变化。

以上几个方面成本因素的上升，都是符合市场经济规律和经济发展客观要求的，但是由于这些因素都是长期积累的，本该在过去较长时期内逐步调整、消化的，现在都集中到"十二五"时期解决，又会在一个时期内，较大幅度地推动价格水平上涨。一般说来，在宏观经济环境和供求关系趋紧的条件下，企业不容易通过提高价格而把成本上升的负担转嫁到用户和消费者身上，从而迫使企业通过技术进步、改善管理等措施自行消化涨价因素。但是，如果经济过热，需求强劲，企业就会把成本上升因素通过提高价格传递出去，从而推动价格总水平上升。

（三）投资需求旺盛和货币流动性过剩，是"十二五"前期推动通货膨胀的又一个重要因素

《中共中央关于制定国民经济和社会发展第十二个五年规划纲要（2011—2015年）》提出，全国GDP预期目标是年均增长7%。但是各省、区、市提出的"十二五"经济增长预期目标，据统计大体上是：8%或8%以上的有5个；9%或9%以上的有2个；10%或10%以上的有9个；11%或11%以上的有2个；12%或12%以上的有13个，其中有11个是五年翻一番或力争翻一番。而各地又都是主要依靠投资项目支撑经济高速增长。除了持续的国债投资，以及央企掌控的数额可观的利润可用于投资之外，主要是来自各种渠道的社会融资。

今年4月央行首次公布了我国社会融资规模，除银行本币、外币贷款外，还包括：企业债融资；非金融企业股票融资；银行承兑汇票、委托贷款和信托贷款。社会融资规模2002年为2万亿元，2010年增加到14.27万亿元，年均增长27.8%，比同期人民币各项贷款年均增速高9.4个百分点。2010年社会融资规模与GDP之比为35.9%，比2002年提高19.2个百分点。

表1　2002—2010年我国信贷规模及增长情况

年份	各项贷款（亿元）	比上年增长（%）	名义GDP（亿元）	GDP增长（%）
2000	99371		99215	
2001	112315	13.03	109655	8.3
2002	131294	16.90	120333	9.1
2003	158996	21.10	135823	10.0
2004	178198	12.08	159878	10.1
2005	194690	9.25	183217	11.3
2006	225347	15.75	211924	12.7
2007	261691	16.13	257306	14.2
2008	303395	15.94	300670	9.6
小计增长		205.32		203.05
2009	399685	31.74	335353	9.2
2010	479196	19.89	397983	10.3
合计增长		382.29		301.13

注：小计和合计的GDP增长率按照当年价格计算

表2　2001—2010 年我国单位 GDP 需要的货币

年份	M_2	名义 GDP（亿元）	M_2 / GDP
2001	158302	109655	1.4436
2002	185007	120333	1.5375
2003	221223	135823	1.6288
2004	253208	159878	1.5838
2005	298755	183217	1.6306
2006	345578	211924	1.6307
2007	403401	257306	1.5678
2008	475167	300670	1.5804
2009	606225	335353	1.8077
2010	725852	397983	1.8238

资料来源:《中国统计年鉴 2009》,中国人民银行网站。2011 年度统计公报

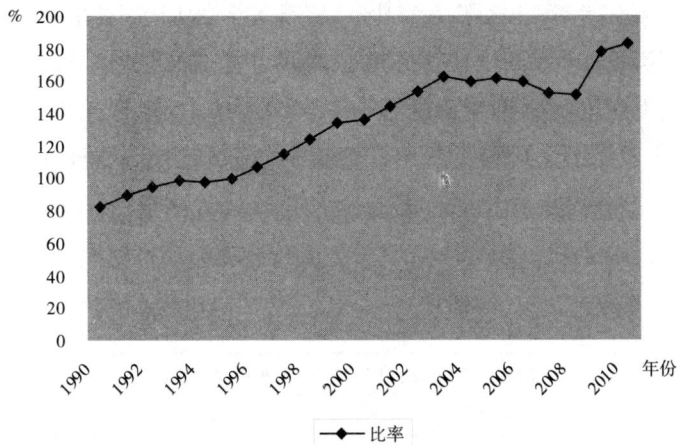

图 4　广义货币供应量 M_2 占 GDP 比率

从表1可以看出:2001—2008 年贷款规模增长 205%,而按当年价计算的 GDP 增长 203%,两者基本是相适应的;而 2009 年和 2010 年,贷款规模增长 57.9%,而现价计算的 GDP 增长 32.2%,前者比后者高出 25.7 个百分点。广义货币 M_2 2002 年为 18.5 万亿元,2010 年为 72.6 万亿元,增长近 3 倍。M_2 占 GDP 的比重由 2002 年的 154% 上升为 2010 年 182%。从表2可以看出:2001—2008 年 M_2 与按当年市价计算的 GDP 相比都在 1.4 至 1.58 之间,而 2009 和 2010 年,两者之比上升到 1.8 以上。这反映出前两年多发

的货币和信贷，将对今年和以后的通胀率产生滞后影响。

国外学者认为，中国金融体系以"深化但较窄"为特征（金融深化是指金融资产与国内生产总值之比率的增加；金融宽化是指大量金融机构和金融工具的增加）。由于各个国家金融深化和金融宽化的程度各不相同，因而不能简单地拿 M_2 与 GDP 的占比进行国际比较；同时，也不能只拿 M_2 增幅与 GDP 增幅作对比，说明货币超发了多少。我国近些年来 M_2 增长率及其与 GDP 占比的大幅上升有多方面原因：一方面是由于经济高速发展，市场化、国际化、城市化进程加快，土地及房地产大量进入市场交易，而且地价和房价上涨过快；另一方面是由于货币政策宽松，过多的货币导致商品、劳务和资产价格上涨，而价格上涨又要求更多的货币作为交换媒介，两者互为因果、相互推动。同时，也是由于央行用于购买外汇而投放的基础货币迅速增加。国家外汇储备 2002 年底为 2864 亿美元，2010 年 3 月末增加到 30447 亿美元，8 年又 1 个季度增加 27600 亿美元。在现行结售汇制度下，央行不得不被动地大量增加基础货币的投放。2003—2010 年央行外汇占款累计增加 19 万亿元人民币。虽然央行用发行央行票据等手段不断加以对冲，但实际上很难把由外汇占款增加的流动性完全收回。因此，M_2 增长率及 M_2 与 GDP 占比的大幅上升，确实也反映了货币超发和流动性过剩。

表 3 2002—2010 年我国外汇占款情况

年份	外汇占款增加（亿元人民币）	美元兑换人民币	占款外汇（亿美元）
2002	5366.91	1:8.27	649
2003	11623.54	1:8.27	1405
2004	17746	1:8.2768	2144
2005	18618	1:8.1917	2273
2006	27769	1:7.9718	3483
2007	29393	1:7.604	3865
2008	40054	1:6.9451	5767
2009	24681	1:6.8325	3656
2010	20152	1:6.8130	2958
合计	195403		26200

注：2009 年和 2010 年的汇兑比率按照外汇管理局的数据反推计算

2010 年 4 季度以来央行连续 11 次提高准备金率，以吸收过多的流动性，取得了相应的成效，但提高准备金率所起的作用，相当一部分仍然在于回收因外汇储备继续快速增加而投放的基础货币，以及回收商业银行持有的到期央行票据。

因此，近几年为应对国际金融危机冲击而注入金融体系的过多货币以及银行大量的信用创造所形成的流动性过剩，仍然是"十二五"前期通货膨胀的重要因素。

"十二五"前期抑制通货膨胀的有利因素，是农业连续多年丰收，现在粮食等农产品和工业品供给充足，只要"十二五"期间农业不出大的问题，就不会像 20 世纪 80 年代末 90 年代初那样突然出现 10% 以上的通胀率。

不利因素是通货膨胀的成因复杂：

一是作为主要通胀因素的输入性通胀，取决于全球经济、金融、能源与粮食供求以及地缘政治等多种因素，主动权不在我们手中。

二是各种生产要素成本由于多年积累的欠账，"十二五"进入了偿还期，因而刚性较强。同时，食品、能源等需求弹性较小，而且由于工资和粮食、能源价格会加入所有产品的成本，因此，尤其要防止工资与物价、农产品价格与工业品价格、上游产品价格与下游产品价格，因互相推动而轮番上涨的状况。

三是投资需求旺盛和货币流动性过剩相结合，不仅会推动"十二五"前期的通货膨胀，而且会加剧产能过剩和资产泡沫，给"十二五"后期遗留经济下滑甚至出现通货紧缩的隐患。因此，"十二五"前期抑制通胀不仅关系民生和社会稳定，而且关系整个"十二五"时期宏观经济稳定的全局，必须综合治理、标本兼治。

三、过度投资和产能过剩潜伏经济下行风险

改革开放以来，我国固定资产投资波动一直是经济周期性波动的主要原因。投资增长过快在推动经济增长加快的同时，也可能引发通货膨胀和经济

结构失衡；而治理通货膨胀、降低投资增长率，又往往导致经济增速下滑。

1991—2000 年投资率（即资本形成率＝投资需求占总需求之比）平均为 37.8%。21 世纪头 10 年，投资率进一步上升，尤其是 2003—2010 年连续 8 年在 40% 以上，2010 年达到 48.6% 的历史高位。相对应地，最终消费率 1991—2000 年平均为 60%，2007—2010 年连续 4 年降到 50% 以下，2010 年为 47.4%。居民消费率 1991—2000 年平均为 45.6%；2005—2010 年连续 6 年降到 40% 以下，其中 2008 年和 2009 年都降到 35.1%，2010 年降到 33.8% 的历史低点。

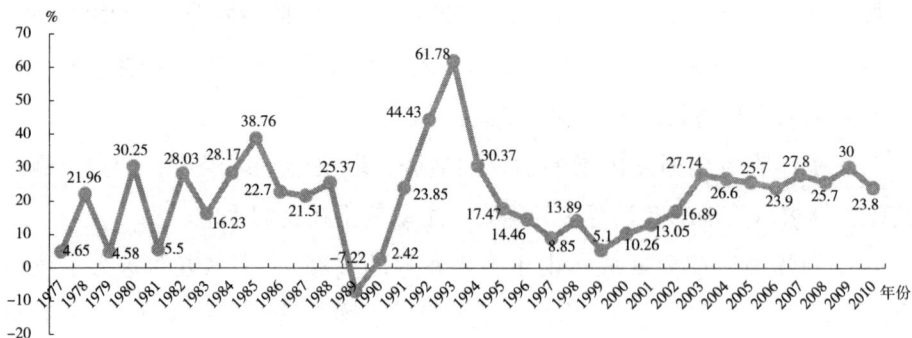

图 5　1977—2010 年固定资产投资增长率波动

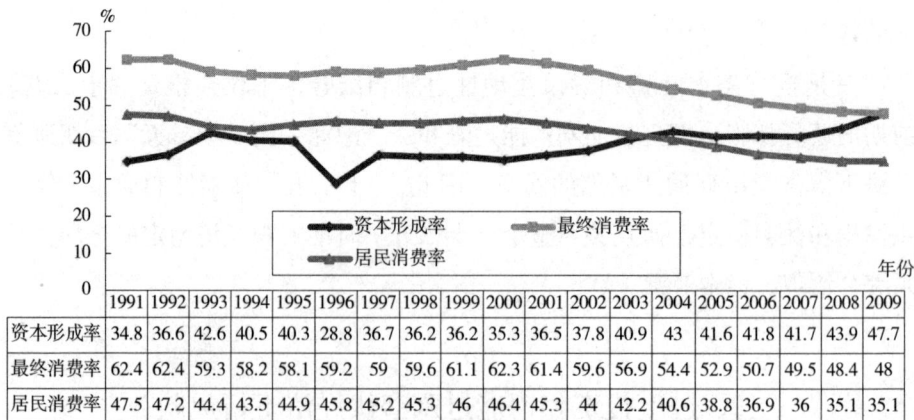

	1991	1992	1993	1994	1995	1996	1997	1998	1999	2000	2001	2002	2003	2004	2005	2006	2007	2008	2009
资本形成率	34.8	36.6	42.6	40.5	40.3	28.8	36.7	36.2	36.2	35.3	36.5	37.8	40.9	43	41.6	41.8	41.7	43.9	47.7
最终消费率	62.4	62.4	59.3	58.2	58.1	59.2	59	59.6	61.1	62.3	61.4	59.6	56.9	54.4	52.9	50.7	49.5	48.4	48
居民消费率	47.5	47.2	44.4	43.5	44.9	45.8	45.2	45.3	46	46.4	45.3	44	42.2	40.6	38.8	36.9	36	35.1	35.1

图 6　1991—2009 年资本形成率（投资率）、最终消费率（消费率）和居民消费率

发达国家投资需求占总需求的比重一般在 30% 以下，日本、韩国在经

济起飞时期投资率最高也未超过 40%；而最终消费率都在 60%—70% 之间。绝大多数与我国发展水平相近的国家，最终生产消费率和居民消费率也都显著超过我国。我国投资率长期居高不下，潜伏着因产能过剩积累到一定程度引发经济大幅下滑、甚至导致通货紧缩的风险。

在市场经济条件下生产和供给大于市场需求是正常现象。供给方的竞争有利于消费者，也有利于促进生产者不断提高供给水平。但是，超过合理限度的严重产能过剩却是一个必须重视的问题。历史上资本主义经济危机的典型特征就是生产过剩危机。21 世纪头 10 年美国的两次经济衰退，也是由于过度投资导致 IT 泡沫和房地产泡沫破裂引发的。我国在 20 世纪 90 年代中期告别"短缺经济"以来，也不断被产能过剩所困扰。集中和大规模爆发有两次：第一次是受亚洲金融危机冲击，外需和内需不足，产能严重过剩，造成了很大的经济损失。1998 年国家统计局对 900 多种主要工业产品生产能力的普查表明，有一半左右的工业产品生产能力利用率在 60% 以下，最低的仅有 10%。受供大于求的影响，1997—1999 年，工业品出厂价格指数连续 3 年低于 100，工业企业亏损和银行不良资产大幅度上升。第二次是 2008 年下半年开始，受国际金融危机冲击，外需萎缩使许多工业部门产能过剩加剧。此外，2003—2004 年和 2006 年前后，在经济增长速度 10% 以上的情况下，也出现了工业品出厂价格大幅下滑和企业效益回落的现象。这说明，我国除了存在周期性产能过剩外，还有非周期性产能过剩的特征。其中很重要的原因和我国当前发展阶段以及经济体制有关。

2003 年以来，我国重化工业发展明显加快，房地产、钢铁、汽车持续成为投资热点。2003—2008 年我国工业固定资产投资年均增速达到 28%，比 1991—1996 年年均增速提高 14 个百分点，比 1997—2002 年年均增速提高 17 个百分点；而且比同期全社会固定资产投资年均增速高 7 个百分点。重工业行业投资占全部工业固定资产投资的 70% 以上。重工业产值在工业中的比重由 1998 年的 57.1% 提高到 2008 年的 71.3%，10 年间提高 14.2 个百分点。重化工业的行业特点决定了其产品供给的弹性相对较低，产能的增加需要大量资本投入，因而产能难以短期内大幅度提高；同时，由于它的资产专用性较强，退出壁垒较高，产能也难以在短期内减少。另一方面，资本密集型的重化工业项目，因其利润率高、投资规模大，对GDP和税收的贡献也大，除了吸引大企业集团投资外，往往成为地方政府主导的投资项目的首选。而由于项目有政府背景或地方政府担保，商业银行也愿意提供贷款。由于以上原因，重化工业，一些行业的产能过剩问题持续不断。

2008年以来的危机暴露出全球高耗能行业已经投资过度，全球产能利用率不高，目前跨国公司的投资热点多集中在资源类上游行业和生物、信息以及低碳经济等新兴产业，而我国一些地方政府却仍然热心于在传统重化工业招商引资。最近，工业和信息化部表示，电解铝、平板玻璃、钢铁、水泥、煤化工等行业产能过剩问题仍然突出。

严重的产能过剩不仅会导致市场恶性竞争、企业效益下滑，发展到一定程度还会造成许多企业巨额亏损甚至倒闭，导致上下游产业链瘫痪、银行信贷风险加大等一系列问题。

产能过剩虽然短期内可以通过重工业内部循环加以消化，从而暂时掩盖产能过剩的压力，但从长期看，终究必须与消费需求、出口需求的增长相平衡。前些年，国内过大的产能靠扩大出口消化。国际金融危机爆发后，出口受阻，必须更多地依靠内需，虽然内需中的消费需求增长对此也作了贡献，但主要还是依靠扩大投资需求来填补因出口下降出现的需求缺口。"十二五"时期，在消费需求和出口需求增长相对稳定的条件下，长期高投资率积累的产能过剩将面临两难选择：要么继续依靠持续的过度投资来消化，其结果是投资与消费的失衡继续恶化，转变经济发展方式难以推进；要么主动地（也可能是被动地）进行调整，结果又会出现以往经历过的经济减速下行和银行不良资产增加。

四、关于金融风险防控问题

1998年以来，我国采取一系列措施，包括发行2700亿元特别国债为四大国有商业银行补充资本金，通过国有资产管理公司为四大行剥离1.4万亿元不良资产，拨付 450 亿美元为中国建设银行和中国银行补充资本金；四大行也通过资产重组上市，改革体制和改善内部管理。以上举措，显著改善了四大行资产负债状况，大大降低了不良资产的比例。原本因计划经济遗留的沉重历史包袱和不合理体制机制而十分脆弱的中国银行体系，经过改革挺住了亚洲金融危机和国际金融危机的冲击，并且经受住了我国加入 WTO 过渡期后金融开放的考验，还为实体经济应对危机作出了重大贡献。但是所有这些都并不能说明，我国不存在金融风险。历史经验一再表明，市场经济下的金融危机和经济危机，都是在经济繁荣、投资狂热达到顶点时，因信用链条突然断裂发生的。而这一切又常常是由于货币政策宽松（如美国 2001—2004 年）、信用创造过头引起的。一旦危机发生，借款方资产大幅缩水，甚至资不抵债，银行系统在资产和负债之间的差额就会迅速扩大，不良贷款比例大幅上升，这就是所谓"潮水效应"：经济繁荣（涨潮）时，问题暴露不出来；经济衰退（退潮）时，水落石出，麻烦就来了。大银行因大到不能倒闭，中小银行则会首当其冲。

应当看到，银行不良贷款最终实际上会成为国家债务，而由全社会"买单"。发达国家也出现过类似问题。如美国在 20 世纪八九十年代因为大部分存款银行的存款负债额大大超过它们放款业务量的真实价值，而发生偿债危机，美国政府不得不介入帮助银行填补资产与负债之间的差额。2008 年国际金融危机爆发后，各国政府动用全社会资源对银行进行救助，更是付出了巨大代价。我国政府也曾经花了很大力量帮助银行解决历史遗留的巨额不良资产问题。我们应当吸取这些教训，不要重蹈历史覆辙而让全社会和后代人不得不牺牲资源和福利，再去填补因银行贷款失误而捅下的"窟窿"。

从"十二五"时期防范金融风险来看，有两个密切相关的问题值得关注。

一是中长期贷款的风险问题。2000 年以来中长期贷款增速普遍高于贷款总额的增速。2010 年末中长期贷款余额比 2000 年增长了 9.35 倍，同期贷款总额增长了 3.82 倍。增速的领先导致中长期贷款占比持续上升，到 2010 年末已超过 60%，比 2000 年提高了 1 倍多。

表4 中长期贷款增长及占比情况

年份	贷款		中长期贷款		中长期贷款占比（%）
	余额（万亿元）	增长率*（%）	余额（万亿元）	增长率（%）	
2000	9.94	13.4	2.79	16.53	28.11
2001	11.23	11.6	3.92	40.48	34.94
2002	13.13	15.8	4.86	23.97	37.05
2003	15.9	21.1	6.34	30.34	39.88
2004	17.82	14.5	7.67	20.98	43.04
2005	19.47	12.98	8.75	14.02	44.92
2006	22.53	15.07	10.65	21.83	47.28
2007	26.17	16.1	13.15	23.45	50.27
2008	30.34	18.73	15.5	17.84	51.09
2009	39.97	31.74	22.24	43.50	55.65
2010	47.92	19.9	28.89	29.90	60.29

注：* 贷款增长率使用的是中国人民银行公布的数字，与贷款余额直接计算的增长率存在一定差异。

从增量上看，2009年和2010年新增中长期贷款规模扩张最为明显，2009年新增额几乎相当于之前3年的总和。企业中长期贷款是新增中长期贷款的主体部分，居民中长期贷款占比在2007年、2009年和2010年明显上升，分别达到34.11%、25.37%和31.82%，这一比率在2004—2006年及2008年均在20%以下。

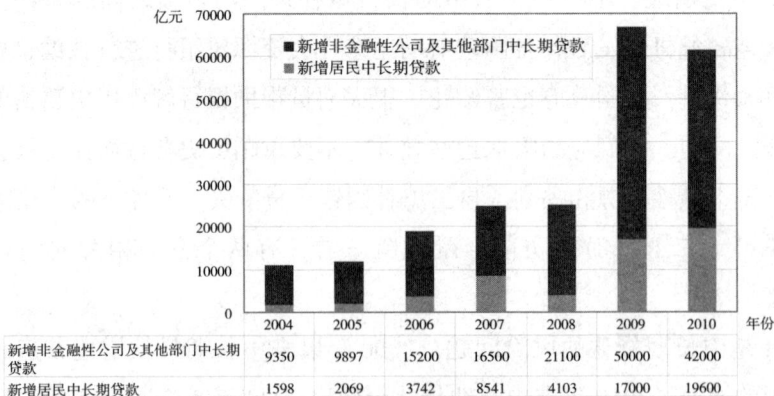

	2004	2005	2006	2007	2008	2009	2010
新增非金融性公司及其他部门中长期贷款	9350	9897	15200	16500	21100	50000	42000
新增居民中长期贷款	1598	2069	3742	8541	4103	17000	19600

图7 新增中长期贷款规模与结构

近几年影响中长期贷款增长和结构变化的主要因素：一是宏观经济政

策，2009 年实施积极的财政政策和适度宽松的货币政策，推出 4 万亿元经济刺激计划，带动了中长期贷款的大幅增加；二是房地产市场和房价，2007年、2009 年和 2010 年新增居民中长期贷款规模扩张，主要就是由于房地产市场成交活跃、房价明显上涨因素导致住房按揭贷款规模增长。

中长期贷款快速增长、占比持续上升并达到当前的高位，会加大银行体系的几类风险。一是流动性风险。近年来中长期贷款占比上升形成了银行资产的长期化趋势，与此同时，负债方面的存款却出现了短期化的趋势。居民储蓄存款中定期存款的比例由 2000 年的 73.5% 下降到 2010 年的 58.8%。两种趋势叠加，使银行资产负债期限匹配失衡的问题加剧。短借长贷的结构会加大银行的流动性风险。二是利率风险。由于当前及未来一段时间通货膨胀形势较为严峻，因此货币政策趋紧，进入新一轮升息周期。固定利率会因中长期贷款锁定了利率水平，在利率上升期银行的收益不变，但期限较短的负债，其成本会随利率的上升而增加。而浮动利率因中长期贷款的利率随基准利率的调整而变化，利率上升期借款人成本增加，又会加大违约风险。三是信用风险。贷款期长导致借款人违约的因素增加，因此贷款的信用风险会随着贷款期限的延长而加大，中长期贷款比重过高，意味着银行面临的信用风险增高。

应当指出，中长期建设项目的信贷风险，短期内往往难以准确评估。以前国家有关部门曾做过统计分析，自 20 世纪 50 年代末期至 90 年代中期的建设项目中有 1/3 从建成之日起，就一直是亏损的。当今，在经济全球化和我国对外开放不断扩大的条件下，因全球供求格局、技术进步等多种因素的影响，短期看经济效益很好的项目，条件一变就可能变成亏损甚至资不抵债。不能不看到，现在中长期建设项目贷款大幅度上升，背后有深刻的体制原因：政府主导的建设项目因为贷款时间长，现在的借款当事人很少考虑将来的偿债能力问题；而银行因为这类项目贷款有政府担保，短期内能付息，银行不良贷款反映不出来，因此，也较少考虑长期风险问题。"十一五"期间，我国基础设施建设飞速发展，成绩很大，但是，其中也存在求之过急、摊子过大和过于超前的问题。其中的信贷风险不能不引起重视。

还要看到，当前中小企业贷款难问题再度突出，这和银行中长期贷款与短期贷款比例不合理有直接关系。对就业和经济发展有重要贡献的中小企业，多数难于从资本市场融资，主要靠银行贷款。但是，由于银行中长期贷款占比高达60%，短期流动资金贷款则主要面向大型企业和效益好的企业，而中小企业尤其小型企业、微型企业贷款本来就比较困难，现在由于央行货币政策收紧，首先受到影响的就是小型企业、微型企业的贷款难度进一步增加。"该紧的没有紧，不该紧的紧了"，这反映银行贷款结构不合理和货币政策传导机制仍然存在问题。

二是地方政府投融资平台风险问题。据央行的信息，截至2010年11月末，全国共有各类地方融资平台公司总数接近1万家，平台公司贷款余额约9.09万亿元，占全部人民币贷款的19.16%，比6月末上升了近2个百分点。虽然2010年上半年有关部门曾就地方政府投融资平台贷款风险发出警示，但2010年下半年比上半年其贷款余额又增长了18.7%，因此地方政府投融资平台贷款的风险仍值得重视。

表5　地方政府投融资平台公司贷款占金融机构贷款情况

	地方融资平台公司贷款余额（万亿元）	银行贷款总余额（万亿元）	平台公司贷款占银行贷款总额的比重（％）
合计	7.66	44.6	17.2
政策性银行和大型国有银行	5.67	24.83	22.8
中小商业银行	1.99	11.17	17.8

特别是随着银行存贷款利率的上调，平台公司的利息压力也在逐步增加。据统计，2010年两次上调银行存贷款利率0.5%，使平台公司增加利息支出369亿元。2011年如果上调存贷款利率0.75%，则平台公司将增加利息支出682亿元，如果上调存贷款利率1%，则平台公司将增加利息支出909亿元。可见，随着货币政策的收紧，平台公司的还本付息压力在不断增加。从平台公司贷款期限看，2011—2013年将是平台公司还款高峰期，预计将占到平台公司贷款余额的70%左右。另外，近年来由于受到房价调控政策的影响，预计未来地方政府从土地出让中所获得的收入增长速度将明显放慢。由于土地出让收入是平台公司还款的主要来源，因此未来平台公司的还款能力将受到较大影响。

五、关于能源安全问题

能源的战略地位越来越重要。过去能源供给只是作为经济发展的重要支柱。现在,一方面,我国能源对进口的依赖程度越来越高;另一方面,国际能源市场受地缘政治和金融危机的影响,价格波动和供给不稳定性增加,能源安全已成为"十二五"时期我国宏观经济稳定和经济安全的一个重大问题。

近 10 年来,随着我国经济高速发展,能源消费总量快速增加,由 2001 年 15.04 亿吨标煤增加到 2010 年 32.5 亿吨标煤,增长 1.14 倍。2010 年我国万元产值能耗为 1.026 吨标煤。"十二五"期间,按单位 GDP 能源消耗降低 16% 计算,如果 GDP 年均增长 7%、8%、9%,那么到 2015 年,全年能源消费总量将分别达到 38.69 亿吨标煤、40.53 亿吨标煤和 42.45 亿吨标煤。如果 GDP 增长率达到 10%,2015 年能源消费总量将达到 44.43 亿吨标煤。之所以提出能源安全问题,不仅因为全国能源消费总量大、增长快,而且因为我国能源结构中化石能源比重很大。2009 年,煤炭占 70.6%,石油占 18.6%,天然气占 3.7%,水电、核能仅占 7.1%。

表6　2009 年全球能源消费结构

国家	能源消费总量 (百万吨标油)	消费比例(%)				
		石油	天然气	煤炭	核能	水电
美国	2182.0	38.6	27.0	22.8	8.7	2.9
中国	2177.0	18.6	3.7	70.6	0.7	6.4
俄罗斯	635.3	19.7	55.2	13.0	5.8	6.3
日本	463.9	42.6	17.0	23.4	13.4	3.6
印度	468.9	31.7	10.0	52.4	0.8	5.1
德国	289.8	39.3	24.2	24.5	10.5	1.4
加拿大	319.2	30.4	26.7	8.3	6.4	28.3
法国	241.9	36.2	15.9	4.2	38.4	5.4
英国	198.9	37.4	39.2	15.0	7.9	0.6
韩国	237.5	43.9	12.8	28.9	14.1	0.3
其他国家	3950.0	42.7	30.5	15.2	2.8	8.8
世界总量	11164.3	34.8	23.8	29.4	5.5	6.6

"十二五"规划纲要提出，非化石能源占一次能源的比重将从 2010 年的 8.3%，提高到 2015 年的 11.4%。达到这个目标，化石能源仍然占 88.6%，其中，以煤炭为主的局面仍不会改变，尤其是石油消费量还将大幅度增加。据工业和信息化部预测：到 2015 年我国汽车保有量将达 1.5 亿辆。2010 年我国汽车保有量为 7897 万辆，当年消费成品油 1.59 亿吨，平均每辆车消费成品油约 2 吨。"十二五"期间，按平均每辆车耗油下降 5% 计算，2015 年 1.5 亿辆汽车消费成品油将达到 2.34 亿吨。按每炼 1 吨成品油平均需要 1.8 吨原油计算，到 2015 年仅汽车耗油一项就需要原油 4.2 亿吨。由此推算，在国内原油产量保持 2 亿吨的情况下，"十二五"期末至少需进口原油 3 亿多吨。而据中石油预测，到 2015 年，我国石油消费量将达 6 亿吨，其中进口量将达 4 亿吨。届时石油进口量将占消费总量的 2/3，和现在美国对石油进口的依存度差不多。2010 年我国原油进口来源国前 4 位是沙特阿拉伯、安哥拉、伊朗、阿曼，占总进口量的 50.1%；此外，其他石油进口来源国还有：俄罗斯、苏丹、伊拉克、哈萨克斯坦、科威特、巴西、委内瑞拉、利比亚、阿联酋等。从以上 13 个国家的进口量占我国原油总进口量的 87%。由于目前西亚北非多个产油国局势动荡，石油产能增加具有很大的不确定性。我国到 2015 年要从国际市场进口 3.5 亿—4 亿吨原油，显然有很大潜在风险。2006 年，时任美国国务卿的赖斯曾要求其智囊研究中国崛起面临的障碍。后来提交的研究报告列举了制约中国崛起的"软肋"，其中之一就是中国能源消费量越来越大，对国外进口的依存度越来越高，但产油地区和海上石油运输受地缘政治影响很不稳定，而中国军事力量尚不能保障其进口石油地区和海上运输通道的安全。不能不说，这确实是说到了我们面临的一个大难题。

六、适当降低投资率和 GDP 增长速度

"十二五"时期解决关系宏观经济稳定的上述四个问题（通货膨胀、通货紧缩潜在风险、金融风险和能源安全），关键在于从"十二五"前期开始

就要逐步降低投资率和 GDP 增长速度。2009 年我国经济总量占全球 8.5%，而消耗的铁矿石占 54%、粗钢占 43%、氧化铝占 34%、水泥占 52%。我国电力、钢铁、有色金属、石化、建材、化工、轻工、轻纺 8 个高耗能行业的单位产品能耗比世界先进水平高 47%。由于主要依靠投资和重化工业带动的经济增长方式尚未转变，所以，投资率和 GDP 增长率越高，所需消耗资源越多，必然带动资源价格乃至整个价格水平上涨越快。同时，投资率和经济增长率越高，因产能过剩导致通货紧缩的潜在风险，以及金融风险、能源安全问题也相应地增大。

《中共中央关于制定国民经济和社会发展第十二个五年规划纲要（2011—2015 年）》提出 GDP 年均增长 7% 的预期目标，同党的十七大提出的"在优化结构、提高效益、降低消耗、保护环境的基础上实现人均国内生产总值到 2020 年比 2000 年翻两番"的战略目标是相衔接的。"十一五"期间 GDP 年均增长 11.2%，已经在速度上提前跨出一大步，因此，成功实施"十二五"规划的关键，不是比 7% 的预期目标再提高速度，而是在优化结构、提高效益、降低消耗和保护环境方面跨出一大步。应当考虑"十二五"规划前期，GDP 增长率从 2010 年的 10.3% 逐步降低，每年降低 1 个百分点，"十二五"后期或降到 7%—8% 之间。与此同时，对投资率和消费率进行较大幅度的双向调整，投资率逐渐降到 38%—36%。最终消费率和居民消费率"十二五"末期分别回升到 20 世纪 90 年代的 60% 和 45% 的平均水平。

对投资率和消费率进行重大调整，关键在于必须较大幅度地调整国民收入分配结构。在国民收入这块"蛋糕"中，投资份额占比越大，消费份额占比就越小，反之亦然。只有降低储蓄和投资率，才能提高最终消费率，特别是居民消费率。消费是收入的函数，收入是决定消费的根本因素。最终消费率和居民消费率下降，同居民可支配收入在国民收入分配中的比重下降有直接关系。2000—2008 年，这一比重从 63.8% 下降到 57.1%，下降 6.7 个百分点。再从储蓄率变化看，2000—2008 年，我国总储蓄率从 38.2% 提高到 49.1%，提升 10.9 个百分点，其中企业储蓄率从 15.5% 上升到 20.3%，政府储蓄率从 6.3% 上升到 7.7%，居民家庭储蓄率从 16.4% 上升到 21.1%。

表7　2001—2008 年三部门初次分配总收入和可支配总收入比重　（单位：%）

年份	初次分配总收入			可支配总收入		
	企业部门	政府部门	住户部门	企业部门	政府部门	住户部门
2001	18.1	18.4	63.5	15.1	21.1	63.8
2002	17.2	17.5	65.3	14.3	20.5	65.2
2003	18.8	18.0	63.2	15.5	21.8	62.7
2004	24.5	17.8	57.7	21.8	20.4	57.8
2005	22.9	17.5	59.6	20.0	20.5	59.4
2006	22.4	18.6	59.0	18.5	22.8	58.7
2007	22.6	19.5	57.9	18.4	24.1	57.5
2008	25.3	17.5	57.2	21.6	21.3	57.1

资料来源：相关年份《中国统计年鉴》资金流量表（实物部门）

表8　1996—2008 年三部门储蓄率变化　　　　　（单位：%）

年份	总储蓄率	企业部门储蓄 /GDP	政府部门储蓄 /GDP	住户部门储蓄 /GDP
1996	39.9	13.4	5.4	21.1
1997	40.7	14.6	5.6	20.5
1998	39.4	14.1	5.2	20.1
1999	38.1	14.1	5.7	18.3
2000	38.2	15.5	6.3	16.4
2001	38.5	15.0	7.5	16.0
2002	40.1	14.3	7.2	18.6
2003	43.2	15.6	9.4	18.2
2004	46.6	22.0	6.1	18.5
2005	48.3	20.4	6.4	21.5
2006	49.4	18.8	8.9	21.7
2007	51.8	18.8	10.8	22.2
2008	49.1	20.3	7.7	21.1

资料来源：相关年份《中国统计年鉴》资金流量表（实物部门）

以上数据说明，投资率持续上升是总储蓄率包括企业、政府和居民三部门储蓄率上升的结果。因《短缺经济学》的著作而闻名世界的匈牙利经济学家科尔奈 2010 年在《中国改革再建言》的答记者问中曾说，"中国的储蓄与投资占经济总量的比例在世界各国历史上绝无仅有。这么高的比例在多大程度上是自愿的，在多大程度上是一种强迫储蓄，我们难以判定，甚至可以说无法判定"。科尔奈说得没错。我国高储蓄形成高投资，而高投资使投资方获得更多的国民收入，进一步形成高储蓄；同时，医疗、养老等社会保障覆盖面窄、保障水平低，以及住房、教育等费用高，也使大多数居民减少即期消费，而增加预防性（强制性）储蓄。这是我国企业、政府、居民三个部门储蓄率居高不下，从而形成高投资率的原因所在。据央行最近对全国50个城市的储户调查，85.8%的城镇居民倾向于储蓄，只有14.2%的居民倾向于更多消费。因此，纠正投资和消费失衡的治本之策，是调整国民收入分配结构。

第一，采取多方面措施，提高劳动报酬在初次分配中的比重，改变企业有"利润侵蚀工资"的现象。增加劳动者投入，不仅包括提高工资水平，还应包括逐步提高资方为员工缴纳的医疗、养老等社会保险的水平。

第二，加大政府对国民收入再分配的调节力度。消费率下降与居民收入分配差距扩大有密切关系。我国作为人口大国，大众消费是消费的主体。中等收入群体比重越大，整体消费能力就越强。因此，应加大"调高、补低、扩中"的再分配调节力度。所谓扩中，就是要扩大中等收入群体。党的十七大报告把中等收入者占多数，作为到2020年实现全面建成小康社会目标的新要求之一。国际经验表明，两头小、中间大的"橄榄型"社会结构，中等收入群体占多数，就会形成一支能够拉动消费增长、维护社会稳定和推动创新的社会力量。所谓占多数，至少应当超过50%。根据国外研究机构的一项研究，目前中国中等收入群体比重不到15%，这个比例明显偏低。1965年日本国民收入刚达到中等收入水平，当时中产阶层已占总人口的48%。韩国1986年处于中国当前类似的发展阶段时，其中中产阶层占总人口的53%。据上述国外研究机构测算，如果中国居民个人收入占GDP的比重增加10%，即上升到20世纪90年代的水平，中等收入群体占总人口的比重将会扩大到55%。按照这个测算，今后10年我们应当在经济发展的基础上努力使居民收入占GDP比重每年提高1个百分点，这样到2020年就可以实现党的十七大报告提出的使中等收入者占多数的目标。另据 2007 年国家统计局提出的划分标准：我国中等收入者是家庭年收入 6 万到 20 万元之间的家庭。如果按这个标准计算的家庭每年能增加 3%—4%，到 2020 年也可以实现中等收入者占多数的目标。

第三，调整财政支出结构和政府投资结构，增加政府在提供公共物品和公共服务方面的财政支出，缩小教育、医疗卫生等公共产品和服务的供给缺口；同时逐步缩小公共物品和公共服务在城乡、区域和不同群体之间的分配差距。这两个方面都有很大的提升空间。从前一方面来看，2001 年，财政的教育支出占 GDP 的比重，高收入国家平均为 6.8%，中等收入国家平均为 4%，低收入国家平均水平为 3.7%，而我国 2008 年为 2.97%；财政的卫生支出占 GDP 的比重，高收入国家平均为 7.9%，中等收入国家平均为 1.9%，低收入国家平均为 1.2%，而我国 2008 年为 0.91%；财政的社会保障支出占 GDP 的比重，高收入国家平均为 13.4%，中等收入国家平均为 7.9%，低收入国家平均为 1.8%，而我国 2008 年为 2.25%。因此，逐步增加公共财政对教育、卫生等社会事业和社会保障的支出，同时逐步缩小公共物品和公共服务在城乡、区域和不同群体之间的分配差距，不仅可以缓解收入分配不公，而且可以改善居民对未来消费支出的预期，从而直接和间接地扩大消费需求。

（本文是作者为中国社会科学院主办的"第五届中国经济增长与经济周期论坛"提供的论文，在 2011 年 6 月 11 日举行的论坛上就论文要点作了发言）

"十二五"前期影响通货膨胀的主要因素

（2011 年 8 月 3 日）

目前乃至"十二五"前期面临的通货膨胀，具有不同于以往的新特点。输入性通货膨胀、国内要素成本上升、投资需求旺盛和货币流动性过剩三个方面因素的叠加，是目前乃至"十二五"前期通货膨胀的主要成因。

输入性通货膨胀因素。近期，国际石油、粮食和工业金属、矿石等大宗商品价格上涨。我国石油进口量占国内消费量的 50% 以上。据测算，我国每 1000 美元 GDP 产出约消费石油 0.65 桶，远远高于发达国家 0.4 桶的水平。因此，石油价格上涨对我国通货膨胀的影响比对发达国家更大。国际石油、铁矿石、铜等价格上涨将推高国内能源、原材料成本。例如，国际石油价格对国内价格的影响最先传导给能源化工类产品，国内汽油、柴油以及各种乙烯类化工品价格跟涨，导致化肥、农药价格以及农产品运输成本上升，从而推高农产品价格。能源价格和食品价格在消费者价格指数（CPI）构成中占有很大比重，石油价格和食品价格互相推动，将对通货膨胀率上升产生较大的影响。

国内要素成本上升因素。一是劳动力成本上升。多年来，我国工资水平上升缓慢，劳动力报酬在初次分配中占比下降。近年来沿海地区出现的"民工荒"现象，反映出过去劳动力近乎无限供给的状况正在发生变化。"十二五"时期，我国将迎来劳动力成本较快上升期。除工资外，劳动力成本还包括企业缴纳的员工养老、医疗等社会保险金。过去这个部分支付不多、欠账较多，今后将会逐渐增加。二是资源环境成本上升。长期以来，我国资源和资源性产品价格偏低，没有充分反映资源稀缺程度，也没有包括对环境损害成本的补偿。"十二五"时期将加快推进这方面的改革，这对于促进经济结构调整、资源节约和环境保护是完全必要的，但无疑也会增加企业的相关成本。三是融资成本上升。一段时间以来，我国存在利率较低的状况。较低的利率甚至负利率是导致信贷需求旺盛、投资增长过快乃至资产价格泡沫滋长的重要原因，从而助长通货膨胀。"十二五"规划纲要提出，要"稳步推进利率市场化改革，加强金融市场基准利率体系建设。完善以市场供求为基础的有管理的浮动汇率制度"。随着利率市场化和汇率形成机制改革的不断推进，长期以来的融资低成本格局在"十二五"时期将发生变化。上述几方面成本的上升都是符合市场经济规律和经济发展要求的，但相对集中到"十二五"时期，却会在一定程度上推动价格水平上涨。

投资需求旺盛和货币流动性过剩是因素。《中共中央关于制定国民经济和社会发展第十二个五年规划纲要（2011—2015年）》提出，"十二五"时期全国GDP预期目标是年均增长7%。但从目前情况看，大多数省、区、市提出的"十二五"经济增长预期目标都在10%以上。各地主要依靠投资项目支撑经济高速增长。除了持续的国债投资以及央企掌控的数额可观的利润可用于投资，投资资金主要来自各种渠道的社会融资。根据央行公布的数据，我国社会融资规模2002年为2万亿元，2010年增加到14.27万亿元，年均增长27.8%，比同期人民币各项贷款年均增速高9.4个百分点。2010年社会融资规模与GDP之比为35.9%，比2002年提高19.2个百分点。可见，各地旺盛的投资需求以及过剩的流动性仍然是"十二五"前期推动通货膨胀率上升的重要因素。

"十二五"前期抑制通货膨胀的有利因素是农业连续多年丰收，粮食等农产品和工业品供给还算比较充足。只要农业不出大的问题，就不会出现过高的通货膨胀率。不利因素是通货膨胀的成因复杂：一是输入性通货膨胀取决于全球经济、金融、能源和粮食供求以及地缘政治等多种因素，主动权不在我们手里。二是各种生产要素成本多年积累的欠账"十二五"时期进入了偿还期，因而刚性较强。同时，食品、能源等需求弹性较小，其价格又会计入所有产品的成本，因而尤其要防止工资与物价、农产品价格与工业品价格、上游产品价格与下游产品价格因互相推动而轮番上涨的情况。三是投资需求旺盛和货币流动性过剩相结合，不仅会推动"十二五"前期的通货膨胀，而且会加剧产能过剩和资产价格泡沫，给"十二五"后期经济平稳运行埋下隐患。因此，"十二五"前期抑制通货膨胀，不仅关系民生改善和社会稳定，而且关系整个"十二五"时期宏观经济稳定的全局，必须综合治理、标本兼治。

（本文载于《人民日报》理论版 2011 年 8 月 3 日）

世界经济走势与中国经济大局

（2012 年 1 月 6 日）

2011 年底召开的中央经济工作会议全面分析当前国际国内经济形势，深刻阐述今后一个时期经济工作必须把握好的重大问题，对今年经济工作的主要目标、主要任务和有关重大问题作出具体部署。全面学习领会和贯彻落实会议精神，需要科学分析和把握世界经济走势与中国经济大局。

一、国际金融危机深化和世界经济发展趋势

斗转星移，从美国次贷危机到欧洲主权债务危机，世界经济运行一波三折，在剧烈动荡中已经走过了 4 个年头。从国际金融危机的进程和暴露的问题，可以看出未来世界经济发展的一些趋势。

主要发达国家经济萧条可能持续较长时间。国际金融危机发生至今，主要发达国家经济复苏依然步履维艰。美国房地产市场持续低迷，失业率和赤字率居高不下，经济复苏前景尚不明朗；欧洲主权债务危机扩散蔓延，多个国家主权信用评级下降，借贷利率上升，面临无力再融资偿债的延期风险，引起全球信贷紧缩；日本结构性矛盾和经济低迷持续多年，如今又被政府高债务、日元升值制约出口增长等问题困扰，经济复苏态势不容乐观。从近期和中期看，制约发达国家经济复苏的因素仍然不少，经济萧条可能长期化。

全球市场可能陷入持续低迷。国际金融危机发生以来，世界主要股市暴跌，至今仍处于震荡之中，加之美国房地产市场泡沫破裂，美国财富大幅缩水；尤其是发达国家失业率高企，使包括中产阶级在内的多数居民即期收入下降；而提前偿还债务和经济低迷又迫使居民增加储蓄，多种因素造成居民消费能力下降。企业则由于经济危机使投资获利空间变窄、投资风险剧增，投资行为趋于谨慎；同时危机造成资金链断裂，银行无法重建资产负债表，也降低了企业投资能力。从宏观政策层面看，美、欧、日等发达国家长期"寅吃卯粮"，靠透支未来收入支撑过大开支和过高消费，导致债台高筑。因此，相关国家正在为减少赤字而紧缩财政开支，这与采用凯恩斯主义扩大政府开支以应对经济衰退正好南辕北辙。货币政策对刺激需求也已无能为力：美联储于3年前将联邦基金利率降至零；日本央行的政策利率已降至0%—0.1%区间；英格兰银行两年半以来一直将利率维持在0.5%的利率水平，欧洲中央银行目前的利率为1%左右，进一步降低利率的空间都很小。这些导致需求不振的因素短期内难以改善，甚至有可能恶化，从而将导致全球市场陷入持续低迷。

传统产业产能过剩和新兴产业发展不确定性可能长期并存。国际金融危机发生以来，发达国家总结金融泡沫破裂的教训，一方面加大对传统制造业和实体经济的支持，提出"振兴制造业""再工业化"；另一方面纷纷推出新兴产业发展战略，着力抢占未来科技和经济发展的制高点。这些动向值得重视。但是，发达国家在国内发展制造业，将使传统产业全球产能过剩的矛盾更加突出，因为发达国家制造业外包和外移，主要缘于跨国公司追求利润最大化而利用全球供应链配置资源，这在经济全球化条件下是不可能逆转的。新兴产业虽然发展前景广阔，但由于各国竞相进入和发展，市场竞争激烈，而需求环境和防范风险机制也有待完善。总之，由于传统行业产能过剩和新兴产业发展不确定性并存，全球产业结构处于"青黄不接"状态，未来较长时间还难以形成新的主导产业和国际分工格局。

围绕贸易投资、能源资源、货币政策等的国际竞争将更加激烈。由于市场需求不振成为制约经济发展的主要因素，各国之间争夺市场的竞争加剧，各种形式的贸易和投资保护主义愈演愈烈。危机延长和复苏缓慢虽然对能源资源需求增长有一定的抑制作用，但发达国家长期形成了对能源资源的巨大消耗，加上中国、印度等人口众多的新兴经济体正处于工业化、城市化发展阶段，经济增速较快，对能源资源的需求不断增长，而能源资源供给相对有限，因此全球能源资源的供需矛盾将长期成为制约经济发展和经济安全的重要因素。各国围绕能源资源在贸易、投资乃至领土主权、海洋权益、地缘政治等方面的竞争和较量将更加突出。欧洲主权债务危机暴露了欧元区统一货币和各国财政分散决策的体制性矛盾。国际金融危机更是集中暴露了美元霸权和美国的问题。长期以来，美元保持着世界主要储备货币的地位。由于美国货币政策和财政政策主要从美国经济形势和自身利益考虑，因此滥发货币、美元贬值就成了美国弥补其财政赤字和贸易赤字、向世界转嫁国内危机和困难的家常便饭。这次国际金融危机凸显了改革国际货币体系和加强对主要储备货币发行国的货币政策和财政政策监督的必要性。但是，由于这涉及各方利益特别是主要大国的利益，因而将是一个长期和艰难曲折的过程。

新兴市场国家经济将持续增长，并继续成为世界经济发展的亮点和引擎。同时，由于世界经济前景暗淡，新兴经济体发展虽然具备内部条件和潜力，但也面临外部需求减弱、输入性通胀、资源和环境压力加大、国际市场竞争加剧等多重严峻挑战。未来世界经济大环境在一段时期从总体上看将比国际金融危机前要差，新兴经济体经济增速将会放慢。而且由于发达国家在世界经济总量中占大头，新兴经济体在国际分工体系中处于价值链低端，技术和市场仍受制于发达国家，所以，新兴经济体的结构调整任务更为紧迫，必须把经济发展重心转到扩大内需、调整结构和改革创新上来。

二、继续把握和用好我国发展的重要战略机遇期

党的十六大报告指出："综观全局，二十一世纪头二十年，对我国来说，是一个必须紧紧抓住并且可以大有作为的重要战略机遇期。"这是基于国际和国内发展大趋势作出的重大战略判断。新世纪头 10 年我国经济社会发展

取得巨大成就，正是紧紧把握战略机遇期的结果。进入第二个 10 年，尽管国际金融危机使全球经济形势发生了重大变化，但是，本世纪初得出我国处于重要战略机遇期的判断所依据的国际和国内基本条件并没有发生大的改变。从国际环境看，世界多极化、经济全球化的大趋势没有变；和平、发展、合作的时代潮流没有变；国际大环境总体上有利于我国和平发展的局面没有变。同时，从历史经验看，危机是一种强制力量，它逼使企业和经济体加快技术创新和体制变革，正所谓"危中有机"。当前这次危机也正在催生新的科技革命，全球范围内新能源、新材料、绿色经济、低碳技术正在兴起和发展。我国在这些领域同发达国家的差距相对较小，只要我们抓住机遇，就可以在抢占科技、产业发展制高点的竞争中有更大作为。我国对外开放进入了进出口并重、引进外资和对外投资并重的新阶段，危机在这两个方面也提供了新的机会。10 年前提出"金砖国家"概念的高盛公司现任董事长吉姆·奥尼尔认为，目前可能是近 20 年来投资欧洲的最好机会，"永远别浪费一场好的危机"。从国内环境看，我国仍处于战略机遇期判断的条件支撑在不断强化：一是经过多年发展，经济实力显著增强，基础设施和科技、教育等发展的基础条件不断改善；二是工业化、信息化、城镇化、市场化、国际化的推进将继续成为经济发展的强大动力；三是我国作为人口大国消费总量大，随着居民收入稳步增长，消费结构升级加快，国内持续扩大消费需求的潜力巨大；四是劳动力和资金供给充裕，可以支撑进一步发展；五是政治和社会大局保持稳定，深化改革开放将进一步释放发展活力和潜力。总之，我国处于重要战略机遇期所依据的国际和国内基本条件并没有因为国际金融危机和世界经济形势的变化而发生根本性改变。未来 10 年乃至更长时期，仍然是我国必须紧紧抓住并且可以大有作为的重要战略机遇期。

也应看到，无论近期还是中长期，与国际金融危机前相比，我国发展的外部环境更趋严峻复杂，不利因素和挑战有所增加；由于国内经济长期高速增长，经济发展中不平衡、不协调、不可持续的矛盾很突出；随着我国进入上中等收入阶段，经济社会发展的结构性矛盾和体制性矛盾更加凸显，因此我国处于重要战略机遇期的国际和国内条件确实也发生了一些变化。适应这种新变化，我们在把握重要战略机遇期的内涵上必须与时俱进，不能把抓住机遇只是理解为加快经济发展速度，更重要的是必须加快转变经济发展方式，着力深化改革开放，积极创造参与国际经济合作和竞争的新优势。

三、正确处理稳增长、调结构和深化改革的关系

"十二五"规划纲要指出，"十二五"时期经济社会发展要以科学发展为主题、以加快转变经济发展方式为主线。这个主题和主线也是2012年经济社会发展的总要求。根据国际国内形势，中央确定2012年经济工作坚持稳中求进工作总基调。这既要求保持经济平稳较快发展和物价总水平基本稳定，保持社会大局稳定，也要求积极推进经济结构调整和经济发展方式转变，在深化改革开放上取得新突破。贯彻主题、主线和"稳中求进"的总要求，就是2012年中国经济的大局。按照这个大局，应当在认识上和实际工作中进一步明确和解决三个问题。

（一）全面地、实事求是地看待经济增长速度

在国际国内经济环境复杂性和不确定性上升的背景下，中央适当调低了2012年经济增长速度的预期目标。这是从客观实际出发的，也体现了与《中共中央关于制定国民经济和社会发展第十二个五年规划纲要（2011—2015年）》确定的年均增长目标7%的中期目标逐步衔接。由于30多年来中国经济年均增长速度达到近10%，2008年以来虽然受到国际金融危机冲击，但仍保持在9%以上，因而表明国内外存在一种对中国经济潜在增长率过高估计和对实际增长率过高期待的倾向。例如，据统计，全国各省、区、市"十二五"规划提出的年均增长率加权平均达到10.5%；又如，中国经济增长率一度出现从高位回落情况（尽管并未降到9%、8%以下），国外媒体往往就会有过度反应。因此，有必要全面地、实事求是地看待经济增长速度。

第一，7%—8%的速度不必说在危机年代是世界绝大多数国家可望而

不可即的高速度，就是在正常年份也是令人羡慕的高速度。从历史上看，美国 GDP 年均增长率 1820—1870 年为 4.2%；1870—1913 年为 3.94%；二战后 1950—1973 年为 3.93%；1973—1998 年降为 2.99%。法国、德国 GDP 年均增长率 1950—1973 年分别为 5.05% 和 5.68%；1973—1998 年分别降到 2.1% 和 1.76%。被认为创造了"东亚奇迹"的日本 1950—1973 年 GDP 年均增长率曾达到 9.29%，随后也慢了下来，1973—1998 年降到 2.97%。可见，随着经济总量越来越大和发展阶段的变化，除去经济周期的短期影响，长期经济增长速度回落是受客观经济规律支配的，非人的主观意志所能改变。

第二，适当调整 2012 年经济增速的预期目标，不仅是由于外需减弱和国内因素导致的周期性减速，而且是由于我国发展阶段正在发生变化，潜在经济增长率必然逐渐回落。这是《中共中央关于制定国民经济和社会发展第十二个五年规划纲要（2011—2015 年）》确定的年均经济增长 7% 的基本依据。导致发展阶段变化和潜在经济增长率回落的因素包括：全球需求和经济格局的变化使外需对我国经济增长拉动作用减弱，这不是短期现象，而将是长期的；国内过度依赖投资和重化工业拉动经济增长的局面，由于投资回报率下降、容易引发通胀和资产价格泡沫以及制造业产能过剩等问题，已经难以为继，需要转向更多地依靠消费和服务业带动增长，必然使经济增长率回落，这是发达国家历史经验已经证明了的；农村富余劳动力向城市工商业部门转移是经济高速增长的强大动力，表明这种转移结束的"刘易斯拐点"（从劳动力过剩到短缺的转折点）从全国看尚未到来，但东部发达地区近年来招工难和劳动力成本持续上升说明，"刘易斯拐点"在我国可能经历一个自东向西渐次出现的过程。由于东部发达地区在全国经济中占大头，如果"刘易斯拐点"先在东部出现，也会使我国经济增长率逐渐回落。

第三，实践证明，经济潜在增长率和实际增长率不仅取决于新增劳动力数量、劳动生产率提高和国内外市场需求容量等基本要素，而且取决于能源资源和环境的承载能力。超过这种承载能力的过高速度，不仅会使增长不可持续，而且会损害当代人和后代人的福祉，与发展经济的目的背道而驰。

尤其是我国经济长期高速增长主要是依靠高物质消耗和高污染物排放的粗放型增长，这使高速增长与资源环境的矛盾越来越突出。随着我国进入上中等收入阶段和全面建成小康社会的推进，城乡居民更加关注生活质量和健康安全，对洁净的水、空气和食品安全的要求更为迫切，越来越不能容忍以牺牲环境和生活质量为代价去换取经济的高速增长。

第四，对于国际和国内因素引起的经济周期性减速，政府采取反周期的财政和货币政策可以阻止经济增速过度下滑，但是，对于上述多种因素造成的发展阶段变化和潜在增长率回落，就不能期待通过政策刺激人为地拉高速度。那样做，会导致通货膨胀和资产价格泡沫、金融风险和结构恶化，为长期发展留下诸多隐患。这是国际经验和我国历史经验反复证明了的。

（二）积极利用经济形势严峻的倒逼作用推进经济结构调整和发展方式转变

我国经济发展中不平衡、不协调、不可持续的问题，主要表现为结构性矛盾。具体说就是：在需求结构上过于依赖投资和外需，在产业结构上过于依赖第二产业，在投入结构上过于依赖物质投入和外延扩张；同时还表现在城乡、地区和贫富差距的扩大，以及经济增长和资源环境矛盾的加剧。多年来我们为解决这些问题虽然做了不少努力，并不断取得进展，但从总体上看，"三不"的矛盾和问题仍很突出。其原因是复杂和多方面的，包括我国是世界上人口最多的发展中国家，人多地少、底子薄，人均资源占有水平较低，城乡二元结构典型，地区发展很不平衡等基本国情，以及实行赶超战略和时间压缩型工业化路径，又正处在工业化、城镇化加快阶段等特点，都是这些结构性矛盾和粗放型增长方式存在的客观条件。除此之外，还有两个重要原因：一是存在急于求成和追求过高速度的发展思路；二是存在创新驱动而不是抑制粗放型增长的体制条件。这样的发展思路和体制条件又相互强化。因此，当经济处于周期上行时，我国比别的国家更容易发生政府和企业投资过度扩张，并引起周期性经济过热，导致结构性矛盾和粗放型增长。而经济下行、需求紧缩，对经济发展固然不利，但由于市场竞争加剧，优胜劣汰法则对结构调整的强大作用就显现出来。现在正是充分利用市场需求紧缩的倒逼机制促进结构调整的有利时机，应当更加注重把稳增长和调结构、转方式紧密结合起来，更加注重在转变中谋发展。理论和实践都证明，经济发展不仅是经济规模和总量扩大的过程，而且是经济结构调整和升级的过程。在经济减速的情况下，调整优化结构，可以通过提高结构效益和发展质量抵消减速的负面影响，并为长期更高水平的发展创造条件。现在，我国经济规模和总量已经很大，尤其是在全球需求紧缩、产能过剩和国内投资扩张受到市场容量不足、利润率下降等因素约束的条件下，更应把重点放在提高发展质量和结构优化升级等内涵增长上。

（三）调结构、转方式的关键在于深化改革

现在有一种强大的惯性牵引着我国经济在原来熟悉的轨道上前行，这种惯性主要来自现存利益格局决定的、改革尚不到位的体制机制。不深化改革，不排除体制机制障碍，经济发展方式就难以根本转变，也不可能加快转变。党的十六大和十七大都强调在更大程度上发挥市场在资源配置中的基础性作用，但在现实经济生活中，一些政府部门和地方政府对投资项目和经济发展的主导与过多干预仍然十分普遍。这是国民收入分配过多向投资倾斜、投资率持续攀升的重要原因。由于资本密集型的重化工业项目和基础设施项目投资规模大，对 GDP 和税收的贡献大，因而成为一些政府部门和地方政府主导的投资的首选；而这类项目建设周期长，借贷风险短期看不出来，又有政府部门或地方政府担保，银行也乐于贷款。于是工业固定资产投资和基础设施投资的比重以及银行中长期贷款的比重，多年来一直大幅上升。这一方面造成经济增长过分依赖投资和工业，另一方面造成许多行业产能过剩、经济效益下降和金融风险积累。因此，深化行政管理体制、政府投融资体制和党政干部政绩考核制度等方面的改革，是调结构、转方式的重要条件。

过分依赖投资和工业，同我国生产要素和资源价格形成机制改革适配不到位有密切关系。建立在低成本之上的粗放型增长方式，其实并非真正的"低成本"，而是由于生产要素和资源价格没有真正反映资源稀缺程度、市

场供求关系，也没有把环境损害成本包括在内。因此从全局和长期看，粗放型增长的成本和代价其实是相当高昂的。只有积极推进生产要素价格市场化改革，才能釜底抽薪，以经济手段迫使经营主体出于追求自身利益去节约资源、保护环境，从而加快经济发展方式转变。推进要素价格改革同深化国有企业改革特别是垄断行业改革也有密切关系。党的十七大报告指出，深化垄断行业改革，引入竞争机制，加强政府监管和社会监督。现在有些垄断行业的利润率很高，其中相当一部分靠垄断因素获得的利润并没有上缴国家或给社会分红，而是由这些行业和企业用于投资扩张，这也是推高投资率的重要原因。同时，只有引入竞争机制，才能使垄断行业改善生产经营、改善对用户和消费者的服务。

（本文载于《人民日报》理论版 2012 年 1 月 6 日）

取得新的历史性成就的十年

（2012 年 11 月）

经过改革开放头 20 年的艰苦奋斗，到 20 世纪末，我国成功实现从计划经济体制到社会主义市场经济体制的转变，胜利实现现代化建设"三步走"战略的第一步和第二步目标，中国特色社会主义事业取得了举世瞩目的历史性成就。进入新世纪，我国改革开放和现代化建设进入新阶段。2002年，江泽民同志在党的十六大报告中明确提出，党在新阶段的奋斗目标是：到 2020 年全面建设惠及十几亿人口的更高水平的小康社会，在此基础上，到本世纪中叶基本实现现代化，实现现代化建设第三步战略目标。党的十六大以来这 10 年，经过全党全国各族人民坚持不懈的共同努力，我国在奋力推进中国特色社会主义伟大事业的接力跑中，实现了新的跨越，取得了一系列新的历史性成就。

纵观过去 10 年，国际形势风云变幻，世界经济政治格局发生深刻变化和重大战略调整，国内工业化、城镇化、信息化、市场化、国际化进程加快，与此同时，发展不平衡的结构性矛盾、深层次的体制性矛盾以及相关的社会矛盾凸显，资源环境对发展的约束日益强化，我国发展的内外环境和客观条件呈现诸多新的阶段性特征，既面临前所未有的有利机遇，也面临前所未有的严峻挑战。在新的国际国内环境中，我们党团结带领全国各族人民高举中国特色社会主义伟大旗帜，以邓小平理论和"三个代表"重要思想为指导，深入贯彻落实科学发展观，紧紧抓住和用好我国发展的重要战略机遇期，全面推进经济建设、政治建设、文化建设、社会建设、生态文明建设，进一步开创了我国现代化建设新局面。总的看，党的十六大以来的 10 年，是战胜来自国际国内的各种风险、困难和挑战，全面建设小康社会取得显著进展的 10 年，是社会生产力、经济实力、综合国力显著增强的 10 年，是城乡人民的生活水平和社会保障水平显著提高的 10 年，是我国国际地位和国际影响力显著提升的 10 年。

一、经济保持平稳较快发展

过去 10 年，从国际经济环境看，大体分为两段：前 5 年世界经济处于经济周期的上行区间，美欧等发达国家总需求上升，经济发展较快，2003 年至 2007 年世界经济年均增长 4.75%，全球商品贸易年均增长 16.5%，是 20 世纪 80 年代以来最快的。我国及时抓住有利时机，以加入世界贸易组织为契机，加快经济发展步伐，2003 年至 2007 年，我国对外贸易和利用外资年均分别增长 28.5% 和 9.65%，国内生产总值年均增长 11.65%。后 5 年，即 2008 年以来国际金融危机持续蔓延深化，发达国家经济处于 20 世纪 30 年代以来最严重的危机之中。按国际货币基金组织的数据计算，2008 年至 2011 年，美国、德国、法国的国内生产总值 4 年累计仅分别增长 0.82%、2.1% 和 0.21%；而日本、英国、意大利 4 年累计则分别下降 3.1%、2.8% 和 4.5%。全球商品贸易 4 年累计增长 29.1%，年均增长仅 6.6%。国际金融危机和经济衰退使我国发展遭遇严重困难，我们党及时作出果断决策，采取一系列重大举措，在全球率先实现经济企稳回升，保持了经济平稳较快发展的良好势头。2008 年至 2011 年，我国国内生产总值累计增长 44.4%，年均增长 9.6%。正是由于我国在前 5 年抓住有利时机，加快发展，并在后 5 年有效应对国际金融危机和国内一系列严重自然灾害的冲击，避免了经济衰退，才使得这 10 年经济实力大大增强，在国际经济中的地位显著提升。

经济总量大幅增长。2011 年，我国国内生产总值从 2002 年的 12.03 万亿元增加到 47.3 万亿元，扣除价格因素，实际增长 1.5 倍以上，年均增长

10.7%，远高于同期世界经济平均 3.9% 的增速，经济总量从世界第六位上升到第二位；占世界经济的份额由 4.4% 提高到 10% 左右，对世界经济增长的贡献率年平均超过 20%。2011 年，我国人均国内生产总值达到 35083 元，扣除价格因素，比 2002 年增长了 1.4 倍以上，年均增长 10.1%；按照年平均汇率折算，由 2002 年的 1135 美元指数上升至 2011 年的 5432 美元。据世界银行统计，2011 年我国人均国民收入 4930 美元，已进入中高收入国家行列。

10 年来在经济总量大幅增长的同时，经济发展还呈现以下特点：

产业结构调整持续推进。农业基础增强、工业生产能力全面提升、服务业发展加快的格局逐步形成。2003 年至 2011 年，第一产业年均增长 4.6%，第二产业年均增长 11.9%，第三产业年均增长 11.1%，均保持较快发展态势。农业综合生产能力稳步提高，粮食总产量从 8614 亿斤提高到 11424 亿斤，增长 2810 亿斤，年均增长 351 亿斤，实现"八连增"。钢铁、水泥、汽车等 220 多种工业品产量居世界第一位。2010 年我国制造业产出占世界的比重为 19.8%，超过美国成为全球制造业第一大国。新能源、新材料、新医药等新兴产业蓬勃发展。服务业发展加快，其增加值占国内生产总值比重 2011 年上升到 43.1%。

城乡、区域结构逐步改善。2003 年党中央在提出科学发展观的同时，提出了"五个统筹"的基本政策取向，其中摆在首位的就是统筹城乡发展。10 年来党和国家采取了一系列强农惠农富农的政策措施，有力地促进农业稳定增产和农民持续增收。2003 年至 2011 年，农民年人均纯收入从 2622 元提高到 6977 元，平均每年增加 544 元。2010 年和 2011 年农民收入增速快于城镇居民，城乡收入差距有所缩小。城镇化进程明显加快，2011 年城镇化率达到 51.3%，比 2002 年提高 12.2 个百分点。在统筹区域发展方面，10 年来党中央先后提出振兴东北地区等老工业基地、促进中部地区崛起等战略，同时深入实施西部大开发战略，支持中西部地区加快发展。2011 年中部地区、西部地区生产总值占全国的比重，分别比 2002 年提高 1.3 个和 2 个百分点；固定资产投资占全国的比重分别比 2002 年提高 5.5 个和 3.2 个百分点。

基础设施和基础产业快速发展。2003 年至 2011 年，基础设施累计投资 25.7 万亿元，年均增长 20% 以上。一批关系国计民生的重大项目建成投产，形成有利于长远发展的优良资产。能源生产供应能力稳步提高。2011 年能源生产总量比 2002 年增长 1.1 倍。交通运输能力持续增强，高速铁路迅速发展，"五纵七横"国道主干线和西部大开发八条公路干线建成。2011 年，铁路营业里程 9.3 万公里，比 2002 年增长 29.6%；公路里程 410.6 万公里，增长 1.3 倍，其中高速公路 8.5 万公里，增长 2.4 倍；民用航空航线里程 349.1 万公里，增长 1.1 倍；沿海规模以上主要港口货物吞吐量增长 2.7 倍。邮电通信业蓬勃发展，全国邮电业务总量年均增长 23.2%。2011 年移动电话年末用户达 98625 万，比 2002 年增长 3.8 倍。互联网上网人数 5.1 亿人，稳居全球第一。

节能减排取得明显进展。面对能源消耗和污染排放大幅增长的严峻形势，"十一五"规划将节能减排列为约束性指标，并取得了成效。"十一五"期间，5 年累计单位国内生产总值能耗下降 19.1%；化学需氧量和二氧化硫排放量分别下降 12.45% 和 14.29%；环境质量逐步得到改善。

二、社会建设全面加强、经济发展加快

2003 年"非典"疫情暴露了经济建设与社会建设一长一短的问题，同年党中央提出科学发展观，要求实现以人为本、全面协调可持续发展，使全党更加自觉地加强以改善民生为重点的社会建设；2006 年党的十六届六中全会就构建社会主义和谐社会作出决定和部署；2007 年党的十七大报告把社会建设与经济建设、政治建设、文化建设并列作为中国特色社会主义总体布局的重要组成部分进行谋划。多年来经济和财力持续增长，也使加强社会建设具备更好条件。所有这些，都是党的十六大以来的 10 年，成为我国社会建设全面加强和迅速发展的 10 年。

科技事业迅速发展、成果丰硕。科技投入持续增加，2011 年全国研究

与试验发展（R&D）经费支出 8610 亿元，比 2002 年增长 5.7 倍，占国内生产总值的比重由 1.07% 提高到 1.83%。深化科技体制改革，制定国家中长期科技发展规划纲要，组织实施 16 个国家重大科技专项，重要科学前沿和战略领域取得一批重大创新成果。千万亿次超级计算机系统"天河一号"研制成功；载人潜水器"蛟龙号"创下了 7062 米的下潜纪录；百亩超级杂交稻试验田亩产突破 900 公斤；嫦娥一号、嫦娥二号探月卫星成功发射；神舟九号载人飞船与天宫一号的成功对接，成为我国载人航天发展史上新的里程碑。

教育事业全面发展。教育体制改革继续深化。2012 年，国家财政性教育经费支出占国内生产总值 4% 的目标如期实现。全面实现城乡九年免费义务教育，义务教育人口覆盖率达 100%，青壮年文盲率达到 1.08%。学前教育加快发展，学前 3 年毛入园率达 62.3%。高中阶段教育加快普及，毛入学率从 42.8% 提高到 84.5%。职业教育取得突破性进展，中高等职业教育分别占到同级教育的"半壁江山"。高等教育大众化水平进一步提高，毛入学率从 15% 提高到 26.9%，总规模居世界第一。

文化建设成绩斐然。文化体制改革全面展开，公共文化服务体系建设取得重大进展。公共图书馆、博物馆、艺术表演团体数量显著增加。有线广播电视用户增加 10352 万户。广播节目和电视节目综合人口覆盖率分别达 97.1% 和 97.8%。文化事业和文化产品创作生产日益繁荣；文化产业发展迅速，比重显著提高，城乡居民精神文化生活更加丰富多彩。全民健身运动蓬勃开展；竞技体育成绩突出，在 2004 年、2008 年和 2012 年三届奥运会以及其他世界大赛中，我国运动员获得了优异成绩。成功举办北京奥运会、残奥会和上海世博会，向世界展现了我们国家和人民的崭新面貌。

医药卫生体制改革与发展取得新成就。成功应对了突如其来的"非典"和高致病性禽流感、甲型 H1N1 流感等重大疫情。医疗卫生服务体系建设步伐加快，城乡基本医疗卫生制度初步建立。2011 年末，全国共有医疗卫生机构 95 万个，卫生技术人员 620 万人，医院卫生机构床位 516 万张。医药卫生体制改革取得重大阶段性成果。启动以破除"以药养医"为重点的县级公立医院综合改革试点。从 2009 年开始，我国逐步向城乡居民统一提供疾病预防控制、妇幼保健、健康教育等基本公共卫生服务。2010 年我国人均预期寿命达 74.83 岁。

三、城乡人民生活显著改善

党的十六大以来，党和国家坚持把提高全国人民的生活水平和质量作为经济社会发展的根本出发点和落脚点，我国城乡人民生活得到明显改善，人民群众享有的公共服务水平显著提高。

就业规模持续扩大。就业是民生之本，多年来党和国家坚持实施积极的就业政策，千方百计促进就业。2011 年，城镇就业人员 35914 万人，比 2002 年增加 10755 万人，年均增加 1195 万人。城镇就业人员占全国就业总量的比重从 34.3% 提高到 47.0%。4000 多万高校毕业生实现稳定就业，先后有 2800 多万下岗职工实现再就业。2011 年农民工总量达到 2.53 亿人，其中外出农民工 1.59 亿人。城镇登记失业率保持在 4.3% 以下的较低水平。

城乡居民收入增加、生活改善。2011 年，城镇居民人均可支配收入 21810 元，比 2002 年增长 1.8 倍，扣除价格因素，年均实际增长 9.2%；农村居民人均纯收入 6977 元，比 2002 年增长 1.8 倍，扣除价格因素，年均实际增长 8.1%，是增长最快的时期之一。居民财产显著增加，城乡居民储蓄存款余额从 2002 年 8.69 万亿元增加到 2011 年 34.36 万亿元。2011 年，城乡居民家庭恩格尔系数分别为 36.3% 和 40.4%，比 2002 年收入分别降低 1.4 个和 5.8 个百分点。2011 年，城镇居民人均住房建筑面积 32.7 平方米，比 2002 年增加 8.2 平方米；农村居民人均住房面积 36.2 平方米，增加 9.7 平方米。主要耐用消费品拥有量大幅增长。2011 年底，城镇居民家庭平均每百户拥有家用汽车 18.6 辆，移动电话 205.3 部，家用电脑 81.9 台。农村居民家庭平均每百户拥有电冰箱 61.5 台，空调机 22.6 台，移动电话 179.7 部。

社会保障体系建设成效显著。社会保障制度建设取得突破性进展，城乡基本养老保险制度全面建立，新型社会救助体系基本形成。2011 年，城镇职工基本养老保险参保人数达 2.84 亿人；新型农村社会养老保险和城镇居民社会养老保险参保人数达 3.32 亿人，城乡社会养老保险制度覆盖范围达 6.16 亿人。参加失业保险和工伤保险的人数分别达 1.43 亿人和 1.77 亿人。社会保障水平稳步提高，2005 年至 2012 年连续 8 年提高企业退休人员养老金；并逐步提高失业、工伤、生育等保险待遇，以及城乡低保、优抚对象抚恤和生活补助标准。2011 年，城镇基本医疗保险参保人数达 4.73 亿人，新型农村合作医疗参合人数达 8.32 亿人，全民医保体系初步形成，覆盖率 95% 以上的城乡居民得到基本医疗保障。基本医疗保险报销比例和最高支付限额逐步提高。最低生活保障制度实现全覆盖，2011 年末，2277 万城市居民和 5306 万农村居民得到政府最低生活保障。大规模开展保障房建设，截至 2011 年底，全国通过实物住房和货币补贴方式，累计使 3000 多万住房困难家庭解决了住房问题。

农村贫困人口大幅减少。以低收入标准计算，农村贫困人口从 2002 年末的 8645 万人下降到 2010 年末的 2688 万人。2011 年，中央决定将农民人均纯收入 2300 元（2010 年不变价）作为新的国家扶贫标准，比 2009 年提高 92%，按照新标准，年末农村扶贫对象为 12238 万人。

四、改革开放持续深化

10 年来我国经济社会发展之所以能取得巨大成就，基本动力来自党和国家始终坚持并不断推进改革开放。

基本经济制度进一步完善。继续毫不动摇地巩固和发展公有制经济，推进国有资产管理体制改革和国有经济布局与结构调整。加快国有企业股份制改革和公司上市，一批具有国际竞争力的大公司大企业集团发展壮大。中央企业从国资委成立之初的 196 家，重组整合到 2011 年的 117 家，虽然央企数量同比减少 40%，但国有经济的活力、控制力和影响力明显增强。2003 年至 2011 年，中央企业资产总额由 7.13 万亿元增长到 28 万亿元。2012 年上榜《财富》世界 500 强的国有企业由 2003 年的 6 家增至 54 家。

邮政、电力、电信、民航、铁路等行业改革取得积极进展。继续毫不动摇地鼓励、支持、引导非公有制经济发展。国务院于 2005 年和 2009 年先后发布关于鼓励支持和引导非公有制经济发展和民间投资的政策措施（简称"36条"和"新 36 条"），进一步营造公平竞争的法制环境和市场环境，有力地促进了非公有制经济和民间投资发展。

财税体制改革迈出新步伐。财政转移支付制度和公共财政制度逐步完善，"省直管县"的财政管理体制和"乡财县管"的财政管理方式改革稳步推进，县级基本财力保障机制初步建立。内外资企业所得税实现统一，增值税转型改革全面推开，燃油税费改革全面实施。原油、天然气资源税从价计征改革在新疆试点后向全国推行，服务业营业税改增值税在上海试点后不断扩大范围。预算管理制度改革取得重要成果，中央和地方的预算外管理资金全部纳入预算管理。国家财政收入大幅增长，从 2002 年 1.89 万亿元增加到2011 年 10.37 万亿元。

金融体制改革取得重要进展。国有大型商业银行股份制改革顺利完成并成功上市，政策性金融机构改革取得积极进展，农村信用社改革全面推开，村镇银行和小贷公司发展迅速。上市公司股权分置改革完成，解决了长期困扰证券市场发展的制度性问题。创业板、股指期货和融资融券及场外市场平稳推出，证券市场功能进一步完善。重点国有保险企业重组改制上市。利率市场化改革逐步推进，银行存贷款利率均可浮动执行。实施人民币汇率形成机制改革，汇率弹性大幅增强。外汇管理体制改革有序推进，跨境贸易人民币结算从试点扩大到全国，启动境外直接投资人民币结算试点，开展外商直接投资人民币结算业务。国际收入状况良好，外汇储备从 2002 年 2864亿美元，增加到 2011 年 31811 亿美元；黄金储备从 2002 年 1929 万盎司，增加到 2011 年 3389 万盎司。投资体制改革继续深化，核准制和备案制全面实施。

价格改革逐步深化。完善资源性产品价格形成机制。出台电价改革方案，完成厂网价格分离，开展竞价上网试点，对部分高能耗行业实行差别电价政策。成品油价格改革顺利推出，新的成品油价格形成机制规范运行。出台天然气出厂价格改革方案，形成天然气价格与可替代能源价格挂钩调整机制。实行水价改革，出台水资源费征收标准管理办法，一些地区进行居民生活用水阶梯式水价试点和非居民用水超定额加价制度。

农村改革持续推进。深化农村税费改革，全面取消农业税和农业特产税。推进以乡镇机构改革、农村义务教育和县乡财政体制改革为主要内容的农村综合改革。继续深化粮食流通体制改革，粮食收购市场全面放开，实现了粮食购销市场化。土地有偿使用制度改革深入推进，土地承包经营权流转市场有序建立。集体林权制度改革在全国推开，国有林场改革试点启动。到2011年，已完成确权集体林地26亿亩。国有农场改革进展顺利。草原承包经营制度改革积极推进。水利体制改革继续深化。

开放型经济快速发展。2011年我国货物进出口总额36421亿美元，比2002年增长4.9倍；连续3年成为世界货物贸易第一出口大国和第二进口大国。2003年至2011年，货物出口贸易年均增长21.6%，进口贸易年均增长21.8%。坚持出口与进口并重战略，认真履行加入世贸组织的承诺，进口关税总水平达至9.8%，并进一步简化进口管理，基本取消了进口配额管理。近几年外贸顺差逐年减少，贸易平衡状况改善。形成了全方位和多元化进出口市场格局。进出口商品结构逐步优化，2011年在出口总额中，工业制成品占比达94.7%；机电产品占比达57.2%；高新技术产品占比达28.9%。先进技术、设备、关键零部件进口快速增长，大宗资源能源产品进口规模不断扩大。利用外资规模持续扩大，利用外资结构改善，从加工制造业向制造业两端延伸，从制造业向服务业发展，从东部地区向中西部地区拓展。2011年我国实际使用外资1160亿美元，连续多年成为吸收外商直接投资最多的发展中国家。对外投资增长迅速。2011年非金融类对外直接投资达601亿美元，比2003年增长19.7倍。企业走出去步伐明显加快，对外投资和合作方式不断创新，境外经贸合作区建设稳步推进。对外承包工程业务完成营业额比2002年增长6.2倍。积极参与国际和区域经济合作，多边双边经贸关系继续深化。

10年来，民主法制建设、国防和军队建设、港澳台工作、外交工作、党的建设也都取得了显著成绩。

党的十八大报告指出：10年来"我们能取得这样的历史性成就，靠的是党的基本理论、基本路线、基本纲领、基本经验的正确指引，靠的是新中国成立以来特别是改革开放以来奠定的深厚基础，靠的是全党全国各族人民的团结奋斗"。这三个依靠，也是今后我们实现新的奋斗目标的法宝和保证。

我国在过去10年取得的历史性成就是有目共睹的。与此同时，"必须清醒看到，我们工作中还存在许多不足，前进道路上还有不少困难和问题"。我们要牢记党的十八大报告对全党提出的这个警示，居安思危，增强忧患意识，进一步振奋精神，更加扎实地工作，不断推进中国特色社会主义事业。

（本文载于《党的十八大报告辅导读本》，人民出版社2012年11月出版）

对经济周期的再认识

（2013 年 6 月 22 日）

一、我国经济增速放缓符合经济规律

2012 年中国 GDP 比上年增长 7.8%，是近 13 年增速最慢的一年，其中，第三季度降到 7.4% 的低点之后，第四季度反弹至 7.9%，国外媒体和市场普遍希望中国经济今年继续回升，拉动全球增长。4 月初公布今年一季度中国 GDP 同比增长 7.7%，低于市场预期，也是自 2012 年二季度起连续 4 个季度增速低于 8%，再次引起了国内外舆论的关注。IMF、OECD 等国际机构相继调低了中国经济今明两年增长率的预期，国外一些评论对中国经济前景表示担忧。但也有不少评论认为中国经济增速放缓是件好事，比如，耶鲁大学高级研究员斯蒂芬·罗奇认为，增速放缓"反映出这个全球最富活力的经济体正在进行长久以来人们所期待的结构转型"。俄罗斯媒体评论认为，"增速放缓并不能说明中国经济遭遇了严重问题。相反，完全有理由认为，它正步入有别于 20 世纪末到 21 世纪初的新发展阶段"。英国《金融时报》评论认为，"预计中国经济今年仍将增长 7.5%，比全球五大经济体中其他任何经济体都要快得多，由于中国现在是全球第二大经济体，这样的增速仍意味着增添巨大的产能和需求"。"事实上，中国将迎来一段增长较慢的时期是可喜的消息——无论对中国本身还是对全球经济都是如此。"显然，这些评论是客观的和中肯的。

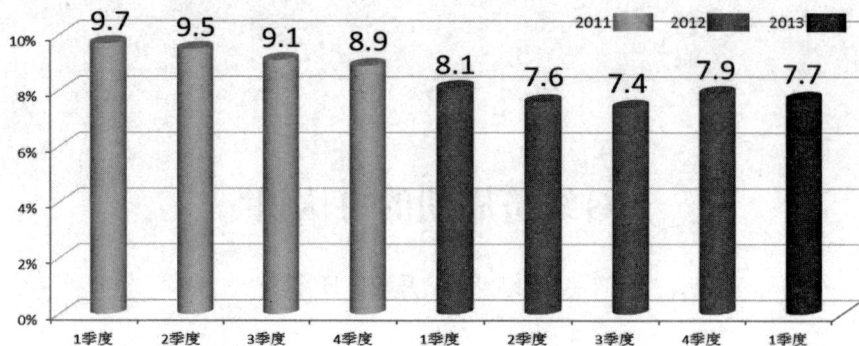

图 1　近年来中国经济走势

实际上，任何国家经济增长都不可能是直线上升的。我国改革开放以来，1979—2012 年 GDP 累计增长 23.3 倍，年均增长 9.8%，创造了世界经济史上的奇迹。即便如此，在这 34 年间中国经济由于外部冲击和内部调整等原因，也同样经历过几次不同幅度的升降起落。年均增长率并不是每年都保持均速的增长率。

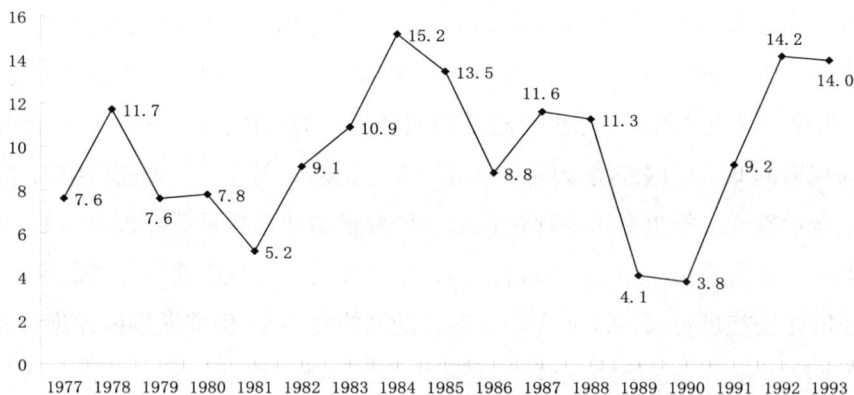

图 2　1977—1993 年国内生产总值增长率（%）

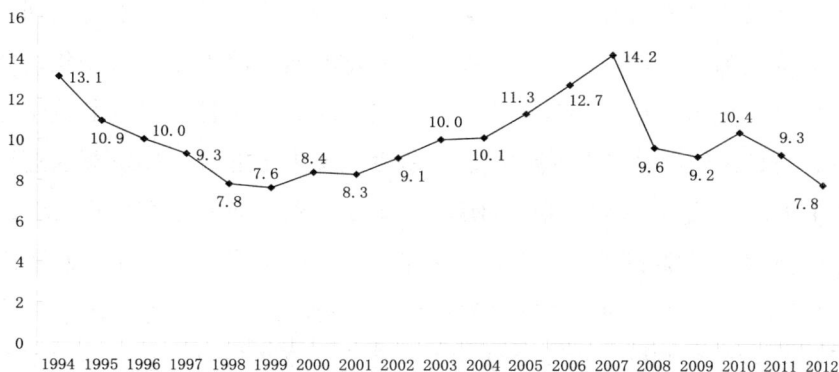

图3　1994—2012年国内生产总值增长率（%）

如图2、图3所示，1981年因经济调整GDP增长率降到5.2%，1984年上升到周期峰顶15.2%，1986年回落到8.8%，1988年开始的调整，更使1989年、1990年GDP增速降到4.1%和3.8%。1992年再次升到新一轮周期峰顶14.2%，而后因治理高通胀，增速逐年回落；1998年、1999年受亚洲金融危机冲击，增速降到7.8%和7.6%。2000年以后进入新一轮周期，受我国加入WTO和工业化、城镇化进程加快以及2003—2007年世界经济处于上升期等有利影响，2007年我国增速升到周期峰顶14.2%。但与此同时，由于2003—2007年连续5年10%以上的高速增长，也加剧了投资与消费、内需与外需失衡等结构性矛盾，以及资源消耗过多、环境污染严重等问题，加上国际金融危机的严重冲击，中国经济必然要经历一次大的周期性调整，经济下行和潜在经济增长率回落是不可避免的。历史事实说明，中国改革开放以来经济增长同样存在周期性波动，只是具有周期较长，扩展期长达七八年，下降期较短，没有出现负增长等不同于改革开放前经济周期的特征。

2009年6月，我在《危机对我国中长期经济增长格局的影响》一文中曾提出："研究GDP潜在增长率，除了要考虑新增劳动力和劳动生产率提高两个基本要素，还要考虑国内外市场需求容量以及资源、环境承载能力。""随着能源、资源、土地、环境以及资金、劳动力等要素成本上升，依靠低要素成本、低资源成本、低环境成本的投资结构、产业结构和粗放型增长方式已不可能再继续下去，必然导致经济由扩张转为收缩的周期性调整。""这次国际金融危机过后，我国经济增长格局将发生重大变化，像前些年那样主要依靠出口和投资带动经济高速增长的条件不仅在危机中已经改变，而且在危机后也不可能恢复。"我在论文中还指出："GDP 增长速度和结构和 GDP 总量有密切关系。GDP 总量越大，每增长一个百分点所含的绝对量就越多"，"随着我国经济总量越来越大，GDP 潜在增长率逐步下降是正常的，符合经济规律。""综合这些因素，我国今后中长期 GDP 潜在增长率为 7%—8% 的判断比较符合实际"。"总之，至关重要的是在适当降低经济增长率的同时，通过调整优化结构，提高每个百分点经济增长率的就业容量、科技含量和投入产出效益，并降低资源消耗和环境损害成本。这正是我国应对危机带来的经济增长格局重大变化的出路所在。"[①] 现在看来，4 年前的这些判断，是符合实际的，对分析当前正在经历的增速放缓，仍然有现实的针对性。

二、经济周期规律和历史经验的启示

（一）防止经济大起大落，首先要防止大起

改革开放以来，三次大起都带来通货膨胀、资产泡沫和结构失衡等严重问题。第一次是 1984 年增速冲到 15.2% 的峰顶，造成投资信贷增长过快、结构失调、通胀率上升，最终导致 1989 年和 1990 年的大落，速度降到 4.1% 和 3.8%。第二次是 1992 年再次加快速度，冲到 14.2% 的峰顶，紧接着就出现严重通胀，CPI 升到 20% 以上，被迫进行多年的治理通货膨胀。第三次是在 2003—2005 年连续三年 10% 以下高增长之后，2006 年和 2007 年冲到 12.7% 和 14.2% 的峰顶。这次冲刺同样付出了很大代价：货币信贷过量投放，引起物价上涨和资产泡沫，以及结构失衡和资源浪费、环境恶化等

---

① 林兆木. 危机对我国中长期经济增长格局的影响 [N]. 人民日报，2009-7-6.

问题。历史经验一再证明，经济大起之后必有大落，经济剧烈振荡造成了资源大量浪费和损失，一年或几年的过高速度所加剧的结构性矛盾和付出的资源环境代价往往是多少年也难以解决和弥补的。因此，当经济处于周期上升阶段时，不应当急功近利，人为地去加快速度。明智之举是应当采取措施"削峰"，减缓上冲速度，把各方面加快发展的积极性引导到优化结构、提高效益上来。

（二）防止大落，应把着力点放在深化改革、调整结构上

经济冲到峰顶之后，由于通货膨胀和结构性矛盾的积累，随之而来的经济结构调整和增速放缓是不可避免的。但这时由于刚刚经历高速增长，各方面对经济的预期仍然看涨，因而往往下不了决心调整和减速。例如，为解决 1984 年过高速度造成的货币信贷过度扩张问题，中央在 1985 年召开了 4 次省长会议，但由于认识不统一，1986 年经济尚未"软着陆"，1987年、1988 年又加快到 11.6% 和 11.3%，终于被迫在 1989—1990 年进行力度大得多的调整。又如，前几年在经历 5 年 10% 以上高速增长（其中 2007 年上冲到 14.2%）之后，又遇到国际金融危机猛烈冲击的情况下，对中国经济进行一次大的调整并降低增速，是符合经济规律的。但是，当时各方面追求高速度的惯性仍然很强，对经济刺激政策的期望值过高，导致财政、货币政策双宽松，货币信贷投放过量，使 2008 年、2009 年保持了 9.6% 和 9.2%的增速，并在 2010 年反弹到 10.4%。这给人们一种印象，似乎中国经济潜在增长率仍在 10% 左右。其实这并非客观的潜在增长率使然，而主要是财政、货币政策的作用和政府主导投资的结果。为获得超过 7%—8% 的 2、3个百分点的增长，不仅成本高、代价大，加剧了结构性矛盾和资源环境等问题，而且是不可持续的，随着政策刺激力度减弱，增速仍然要掉下来。1998年为应对亚洲金融危机，虽然也采取扩张性财政政策，但货币政策并没有扩张；而且国债资金都投向基础设施建设，并没有用于扩大制造业产能，相反，通过改革和调整，压缩了过剩产能、改善了产业结构。与此同时，通过"债转股"等措施，剥离银行不良资产，减轻企业债务负担，为企业脱困和

防范金融风险创造了条件。历史经验说明，当经济下行不可避免时，应当利用需求增速放缓、市场竞争加剧的压力，加大改革和结构调整力度，推动企业和整个经济转型升级。为防止经济过度下滑而采取的经济刺激政策，应当适时适度，避免违背经济规律而人为地去推高速度。

（三）保持投资适度规模和加强农业

这是防止经济周期大幅波动的两个重点。固定资产投资是一把"双刃剑"：一方面，它是经济增长的发动机，是增强发展后劲的必要条件；另一方面，投资过度又是通货膨胀、经济结构失调的主要动因。新中国成立以来几次经济调整和治理通货膨胀，都是由于投资过度、粮食生产下降"双碰头"引起的。今后较长一段时间内，投资仍然是决定经济周期的重要因素。关键是保持投资的适当增速和适度规模，既要充分利用经济增长的潜力，又不能导致严重通货膨胀和资源过度消耗。农业尤其是粮食生产仍然是不可忽视的薄弱环节，如果产量持续下降，不仅会影响供给，而且会影响农民收入和农村消费需求。在工业化和城镇化进程中，客观上存在着耕地减少的趋势，种粮收益又比较低，始终要注意防止因粮食生产的波动导致经济全局的不稳。

（四）扩大消费需求和加快发展服务业

这是增强经济发展稳定性和可持续性的重要基础。中国消费率持续偏低，投资率居高不下，经济发展过多地依赖投资和工业带动，既是资源消耗强化、环境压力加大、增长可持续性减弱的重要原因，也是形成大量低效重复建设和银行呆坏账的重要根源。逐步改变这种经济增长格局，转向主要依靠消费和服务业带动，才能使经济持续健康发展。消费是收入的函数。扩大消费需求，最重要的是在经济发展基础上，合理分配国民收入。当前要着力解决收入分配不公和收入差距过大的问题，着力增加中低收入居民的收入，使全社会具有适度的消费需求。这既是维护社会稳定的要求，也是增强经济持续发展动力的要求。

（五）正确处理局部与全局、当前与长远的关系

防止经济周期性大幅波动，维护宏观经济大环境的稳定，从根本上说有利于各地方、各行业的发展和利益，但从当前看，同某一个局部利益也很可能产生矛盾和冲突。而且宏观的、全局的问题，从各个行业、企业和各个地方的角度，是不好把握、难以完全看清楚的。在西方市场经济国家，一般情况是政府更关注经济增长和就业；而货币当局负责稳定币值，抑制通货膨胀，因而更关注宏观经济稳定。中国中央政府一身两任，既要促进经济增长，增加就业，又要稳定币值，保持宏观经济稳定。而地方政府较多地介入经济活动（这一点不同于西方国家的地方政府），所以，同宏观、全局的决策也就有可能产生矛盾。因此，为减少经济周期性大幅波动，必须防止由各个局部推动发展而导致全局性结构严重失衡和系统性财政、金融风险；防止由于政府换届周期所产生的只顾短期政绩而透支未来发展条件的做法。

（六）正确处理政府与市场的关系

中国经济体制改革的目标是建立和完善社会主义市场经济体制。在计划经济体制下，政府对经济社会的管理无所不包、高度集中，市场取向的改革就是要从政府直接配置资源转向由市场对资源配置起基础性作用，政府通过经济、法律手段和财政、货币政策对宏观经济进行间接调控。改革开放以来，中国市场取向的改革已经取得了重大进展。与 30 年前相比，政府与市场的关系发生了根本性变化。但是，行政管理体制改革和政府职能转变都还没有到位，政府仍然管了许多不该管的经济事务，主导投资项目、直接干预微观经济活动的情况仍很普遍，宏观调控过多使用行政手段，也往往导致对经营主体积极性、主动性的束缚。另外，由于政府将过多时间和精力用在直接干预经济事务上，也导致政府在市场监管、社会管理、公共服务等方面的工作不到位。继续推进行政管理体制和宏观调控部门的改革，才能从制度上更好地发挥市场在资源配置中的基础性作用，减少因政府干预不当或宏观调控失误对经济周期波动所产生的负面影响。

三、深化对新的历史条件下经济周期成因和影响的认识

2008 年以来的国际金融危机和欧洲主权债务危机，对未来全球经济的影响极为深远，其中之一就是深化了对全球化条件下经济周期的成因和影响的认识；从国内来看，危机冲击和应对危机的经验教训，也深化了在新的国际环境和国内发展进入新阶段背景下经济周期之复杂性的认识。因此，联系 5 年来新的实践和新的认识，进一步对经济周期的成因、影响和对策进行研究，是很有必要的。

（一）经济周期的成因

1. 机器大工业是经济周期的物质基础。机器大工业，特别是重化工业，投资和生产规模都很大，上下游的产业链条又很长，一旦需求扩大、价格上涨就会带动生产和投资扩张，并进一步带动中间需求和最终需求扩张；而一旦消费需求和投资需求扩张的链条断裂、价格下跌，就会导致投资萎缩，需求大幅减少，产品和生产能力过剩的矛盾就会导致经济危机或衰退。经济危机或衰退，一方面淘汰了落后的企业和技术；另一方面刺激了新技术的采用，并催生新的产业，成为结构优化和大规模投资的起点，从而促进经济走向复苏。正是机器大工业和社会化大生产，使生产规模具有巨大的、突然跳跃式的膨胀力和收缩力，并使整个社会经济活动产生扩张与收缩相交替的周期运动。

2. 市场经济是经济周期的体制原因。市场经济是为卖而买、为获取利润而生产的经济，企业追求利润的动机使得繁荣时期的投资决策受利益冲动和盲目乐观情绪所驱动，激烈的市场竞争也驱使企业加快技术进步并尽力扩大投资和产能；而信用制度、金融体系的发展和市场的扩大，也为投资与生产扩张提供资金和市场条件。以上几个方面因素结合在一起，构成了投资和生产的扩张与收缩交替运动的体制基础。

3. 资本主义的占有和分配制度是经济周期的制度根源。资本主义制度

不可避免地导致贫富两极分化，不仅在一国之内而且在全球范围内，都是少数人占有大部分国民收入和社会财富，而收入越高，其边际消费倾向越低；同时，占国民收入大多数的劳动者收入偏低，消费能力和消费需求不足，并与投资和生产的不断扩张形成尖锐矛盾，最终导致周期性危机或衰退。

（二）影响当代经济周期的三个因素

以上三个成因主要是从分析传统形态的经济周期得出的，对于分析新的历史条件下的经济周期，虽然也仍然适用，但又是不够的。我认为，有三个因素对当代经济周期产生了重大影响。

1. 经济全球化使各国经济联系和相互依存不断加深，对经济周期有深刻影响。20世纪70年代以来，发达国家制造业持续大规模向国外转移，伴随这种转移的是跨国公司主导的跨国贸易和投资迅猛发展。从此，国际贸易、国际价格变动、跨国投资、国际金融流动、国际资源转移等都越来越成为影响各国经济周期的重要因素。一个国家特别是大国的经济发生周期性波动时，都会透过贸易与资金的连锁关系影响到别的国家或地区，而任何国家、地区所发生的波动，也不再局限于从单行道的方式影响别国，而是会回过头来使自己受惠或受害。尤其是由于发达国家制造业比重过于降低和实体经济空心化，大量资金进入虚拟经济投机套利，导致资产泡沫持续积累，一旦发生金融危机，就必然引发全球性的经济衰退。这时经济全球化的正面溢出效应也就转变为负面溢出效应。

2. 虚拟经济的高度发展对经济周期的上下波动产生推波助澜的作用。近二三十年来名目繁多的金融衍生品超常发展，吸引大量资金进入虚拟经济领域，本来以对冲和规避风险为目的的金融衍生品，由于它本身的复杂性和难以监管，结果走向了反面，成了诱发金融危机和经济衰退的导火线。从亚洲金融危机和这次国际金融危机可以看出，由于虚拟经济出了问题而对实体经济产生的冲击力、破坏力，远远大于实体经济本身出了问题所造成的后果。

表 1　主要发达国家产业结构变动情况　　　　　　　　（单位：%）

年份	美国			日本			德国			法国			英国		
	农业	工业	服务业	农业	工业	服务业	农业	工业	服务业	农业	工业	服务业	农业	工业	服务业
1970	3.5	35.2	61.2	6.4	46.0	47.6	3.7	48.1	48.2	8.1	34.9	57.0	2.9	42.1	55.0
1980	2.9	33.5	63.6	3.8	41.3	54.9	2.4	41.1	56.5	4.9	31.8	63.3	2.1	40.7	57.2
1990	2.1	27.9	70.1	2.6	39.7	57.8	1.5	37.3	61.2	4.2	27.1	68.7	1.8	34.1	64.1
2000	1.2	24.2	74.6	1.8	32.4	65.8	1.3	30.3	68.5	2.8	22.9	74.3	1.0	27.3	71.7
2007	1.3	21.8	76.9	1.4	29.3	69.3	0.9	30.4	68.7	2.2	20.4	77.4	0.6	23.0	76.3

数据来源：帕尔格雷夫世界历史统计（2002）；世界发展指标（2010）

3. 发达国家财政政策和货币政策的失误加大了全球经济周期波动的幅度。本来应以熨平周期为目的的宏观经济政策也走向了反面，成了引发金融危机和经济衰退的重要杠杆。例如，在美国次贷危机发生前，美国货币当局在 2001 年经济衰退之后，为了刺激经济增长，将联邦基金利率从 2000 年的 6.5% 的高点，连续 13 次下调到 2003 年 6 月至 2004 年 6 月间的 1%，这就使得美国金融机构杠杆率大幅提高，金融机构、企业、政府和居民的债务大量增加。美国政府每年新增债务占 GDP 的比重，由 2001 年的 0.39% 逐年上升到 2008 年 5.9%。政府债务余额占 GDP 的比重，由 2001 年的 58.6% 逐年上升到 2008 年的 75%。私人也是大量借债消费。美国商务部数据显示，按照国民经济核算的美国经济透支率（私人和政府总支出与 GDP 的差值占 GDP 的比重）2000—2008 年平均超过 4.7%，次贷危机爆发前的 2006 年美国经济透支率达到 5.7%。欧洲国家主权债务危机也是由于财政政策失误，长期"寅吃卯粮"、债台高筑所致。

（三）近几年发达经济体货币政策的效果

现在值得严重关注的是，自国际金融危机发生以来，美、日等发达经济体为刺激经济复苏，故技重演，实施了超宽松的货币政策，大量购买国债，增加基础货币供给，造成了多方面的不良后果。

1. 政府债务大幅攀升。据 IMF 统计，2012 年，发达国家政府债务占 GDP 的比例已上升到 110%，为二战以来的最高水平。

以增加政府债务为代价拯救金融体系免于崩溃，虽然避免了更大的危机，但也增加了新的矛盾和问题。因为债务总要偿还，何况是以牺牲全社会资源和福利为代价，必然导致新的失衡。发达国家为应对本轮危机和衰退，虽然用尽财政、货币政策手段，但至今仍然失业率高企，经济复苏艰难，已经证明扬汤止沸不仅不能治本，还会为下一轮周期性衰退埋下祸根。

表 2　发达国家政府债务占 GDP 比重　　　　　（单位：%）

国别	2007	2012	2012 年比 2007 年上升
美国	64.00	101.60	37.6
日本	183.00	236.56	53.0
德国	65.36	83.04	18.0
法国	64.22	89.97	25.0
英国	43.71	88.68	45.0
意大利	103.08	126.33	23.0

2. 导致全球金融体系的流动性不断积累。根据 IMF 对 1929 年以来全球 14 轮经济周期的研究，2008 年以来这一轮全球经济复苏是最缓慢的，但信贷反弹是最快的。全球流动性泛滥，导致大量套利投机资本在全球乱窜，刺激全球股市和石油、粮食等大宗商品价格大幅波动，增加实体经济成本，特别是对新兴市场经济体带来资产泡沫等溢出风险；一旦巨大的流动性最终被迫收回，又将对金融、经济稳定造成冲击，因此很可能成为下一轮金融危机和经济衰退的重要原因。

表 3　2008—2012 年发达国家经济增长率　　　　（单位：%）

国别	2008	2009	2010	2011	2012	2008—2012 年 5 年累计
美国	0.36	−3.53	3.01	1.7	2.21	3.66
日本	−1.04	−5.53	4.4	−0.7	2.0	−1.26
德国	1.08	−5.13	4.16	3.03	0.87	3.74
法国	−0.08	−3.15	1.66	1.7	0.03	0.08
英国	−0.97	−3.97	1.8	0.76	0.17	−2.29
意大利	−1.16	−5.49	1.81	0.44	−2.37	−6.74

注：按 IMF 国内生产总值（不变价）计算

表4　发达国家央行资产负债规模及增长率

年份	美国		欧元区		日本	
	亿美元	%	亿欧元	%	亿日元	%
2007	8938	100.00	15112	100.00	1112845	100.00
2008	22409	250.73	20767	137.42	1227709	110.32
2009	22373	250.32	18525	122.58	1225337	110.11
2010	24235	271.15	20044	132.63	1287105	115.66
2011	29285	327.66	27356	181.02	1430219	128.52
2012	29089	325.46	30182	199.72	1583627	142.30

表5　发达国家基础货币及增长率

年份	美国		欧元区		日本	
	亿美元	%	亿欧元	%	亿日元	%
2007	8248	100.00	8419	100.00	907835	100.00
2008	16550	2.00.65	11507	136.68	924351	101.82
2009	20192	2.44.81	10523	125.00	972143	107.08
2010	20111	2.43.82	10731	127.46	1040238	114.58
2011	26121	3.16.69	13353	158.61	1180195	130.00
2012	26726	3.24.02	16310	193.73	1319837	145.38

表6　发达国家银行信贷及增长率

年份	美国		欧元区		日本	
	亿美元	%	亿欧元	%	亿日元	%
2007	89296	100.00	145001	100.00	4133287	100.00
2008	93037	104.19	155347	107.14	4329570	104.75
2009	89818	100.58	159791	110.20	4259806	103.06
2010	91767	102.77	164574	113.50	4178937	101.10
2011	94220	105.51	164440	113.41	4234275	102.44
2012	99800	111.76	164640	113.54	4315933	104.42

表 7　发达国家货币供应量 M_2 及增长率

年份	美国		欧元区		日本	
	亿美元	%	亿欧元	%	亿日元	%
2007	74745	100.00	74369	100.00	7285588	100.00
2008	82048	109.77	81031	108.96	7420000	101.84
2009	85113	113.87	82751	111.27	7644352	104.92
2010	88225	118.03	84713	113.91	7822875	107.37
2011	96900	129.64	86702	116.58	8069882	110.77
2012	104826	140.24	90510	121.70	8278247	113.63

从表 3 与表 4、表 5 的比较可以看出，2008—2012 年发达国家经济持续低迷，如美国 5 年累计 GDP 仅增长 3.66%，但是美联储资产负债规模和基础货币却都增长 2.2 倍。日本经济 5 年累计负增长 1.26%，而日本央行资产负债规模和基础货币 5 年累计也增长 40% 以上。欧元区经济同样持续低迷，而欧洲央行资产负债规模和基础货币也增长近 1 倍。央行基础货币是高能量的货币，央行放出的基础货币会在商业银行产生数倍的乘数效应，引起信贷大规模扩张。虽然从表 6、表 7 看，发达国家的银行信贷和广义货币 M_2 供应量增长率，比其央行基础货币增长率低得多，其主要原因：一是危机前美国等发达国家商业银行杠杆率太高，危机发生后资金链条断裂，急需央行救助才能免于破产，因此，央行投放的基础货币被用于填补原来的窟窿，没有都用于新的信贷投放。二是危机发生后，发达国家经济低迷，投资热点少，贷款风险高，商业银行贷款行为谨慎。但这并不是说，发达国家央行资产负债规模和基础货币前所未有地扩张不存在风险。央行放出去的这些高能量货币实际上已经存在于金融体系之中，一旦经济回暖仍然会产生乘数效应，成为巨大的信贷资金流，既可以支持实体经济发展，也可能成为脱缰之马，再次冲击世界经济。获得 1974 年诺贝尔经济学奖的经济学家哈耶克曾论证了美国政府在 1927 年至 1929 年间因担心经济景气趋缓，为了延长繁荣期而使用扩张货币政策，由此点燃了过度投资，虽然将繁荣延长了两年，但当后来美国政府无法再使用经济政策来维持消费和生产扩张时，就将本来相对自然而平稳的不景气，最终演变成为历史上永难忘怀的"大萧条"。哈耶

克认为，信用贷款突然注入经济体系，会改变商品的相对价格，由此产生无法维持的过度投资，资源将被误引至原本不会被引进的领域，而信贷的增加刺激投资，但此种投资无法持续维持，以至发生经济波动。不幸的是，哈耶克早已指出的扩张性货币政策所产生的这些弊端，近几年又一再重复出现。

近几年发达国家在实行超低利率的同时，推出史无前例的量化宽松货币政策，现在这种政策只有对经济复苏的效果不佳这一点是清楚的，其他都是不清楚的：例如，对发达国家经济和全球经济将产生什么危害，尚不清楚；对新兴市场和发展中经济体将会产生怎样的冲击，不清楚；今后如何退出收场，一旦退出又会产生什么冲击，不清楚。

在上述发达国家宏观经济政策和世界经济走势的大背景下，我们不仅要关注短期问题，即对我国近期外贸、外资和经济增长的影响，而且要研究对我国中长期发展可能带来的负面效应。尤其要防范国际虚拟经济、投机资本的冲击，坚持稳健的宏观经济政策，留有足够的回旋余地，以避免发生财政、金融的系统性风险。

（本文载于《全球化》杂志 2013 年第 10 期）

我国经济转型升级势在必行

（2013 年 8 月 29 日）

前不久召开的中央政治局会议对下半年经济工作作出了全面部署，特别强调"着力推进转型升级"。当前，我们能否充分利用有利条件，有效应对挑战，将发展的巨大潜力转变为现实生产力，推动经济持续健康发展，关键就在于能否实现经济转型升级。

一、我国经济转型升级的目标和内涵

研究我国经济转型升级的目标和内涵，应同党的十八大提出的目标、任务、战略和重大举措紧密联系和统一起来。据此，我国经济转型升级的目标应是"推动经济更有效率、更加公平、更可持续发展"。其内涵可以概括为以下六个方面：

保持合理的经济增长速度。推动经济转型升级，不是说速度不重要。党的十八大提出到 2020 年实现国内生产总值和城乡居民人均收入比 2010 年翻一番，就是对速度的要求，而且提出要"在发展平衡性、协调性、可持续性明显增强的基础上"实现这个速度。这就是说，实现"两个翻一番"的基础是经济转型升级。合理的经济增长速度，一方面是符合经济潜在增长率、能够使生产要素得到充分利用、满足比较充分就业要求的速度；另一方面是不会导致明显通货膨胀和资产价格泡沫的速度。实现这样速度的基本途径，就是推进经济转型升级。

积极推进经济发展方式转型、经济结构升级。经济发展既是资本、劳动投入增加的结果，更是技术进步、经济结构优化升级、资源更有效配置的结果。过去 10 多年我国发展速度很快，但经济结构优化升级缓慢，这是当前经济发展中诸多矛盾的症结所在。我国经济转型升级的本质内涵在于经济发展方式转型和结构升级，转型和升级相辅相成、相互促进。必须以加快转变经济发展方式为主线，大力推进经济结构战略性调整和升级，包括需求结构升级，从主要依靠投资、出口拉动转向内需为主、投资与消费协调拉动；促进工业化、信息化、城镇化、农业现代化同步发展，促进产业结构、城乡结构、区域结构全面优化升级。

大幅度提高经济增长质量和效益。这是经济转型升级最重要的标志。价值规律是市场经济的基本规律，它的本质要求是以最小的投入（费用）取得最大的产出（效益）。马克思曾经讲过，节约是新社会的第一规律。我们现在搞社会主义市场经济，但不讲节约、不讲价值规律的现象还十分普遍。片面追求 GDP 的高速度，不考虑高速度所付出的经济成本、环境成本、社会成本有多大，就不可能提高经济增长质量和效益。因此，推动发展要以提高质量和效益为中心，这是我国经济转型升级最核心的内容。

协调推进经济发展与资源节约型、环境友好型社会建设。加快发展绿色、低碳、循环经济，是我国经济转型升级的重要内涵。过去我国经济高速发展，但由于高投入、高消耗、高排放的粗放型发展方式居主导，过分依赖投资和重化工业拉动增长，因而资源过度消耗、环境恶化的问题相当严重，不仅不可持续，而且违背发展经济的目的在于提高人民生活水平和质量的要求。能不能改变这种状况，是对我国经济能否成功转型升级的严峻考验。

发展成果合理分配。逐步实现全体人民共同富裕，是我国经济转型升级的重要内涵，也是根本目的。共同富裕是中国特色社会主义的根本原则，是全国人民的共同愿望，既是发展最终要达到的目标，又是一个渐进的过程。从当前看，逐步解决收入差距过大和财富分配不公问题，既是调动大多数人积极性、保持社会和谐稳定的必然要求，也是提高中等收入群体比重、扩大消费需求的根本举措。

发展动力机制转型升级。党的十八大把加快完善社会主义市场经济体制和加快转变经济发展方式作为推进中国特色社会主义经济建设的两大任务，并指出深化改革是加快转变经济发展方式的关键；同时，提出实施创新驱动发展战略。这是根据国际环境重大变化和我国发展进入新阶段的客观要求作出的决策部署。能不能顺利实现改革驱动和创新驱动，能不能充分发挥这两大动力机制的作用，将决定经济转型升级能否取得成功。

二、国际经济环境重大变化带来的挑战和机遇

2008 年国际金融危机以来，世界经济格局和形势发生了重大变化，从挑战和机遇两个方面决定了我国经济转型升级势在必行、十分紧迫。

全球总需求及其结构出现新变化。发达国家经济复苏步履维艰，全球经济整体低迷可能持续。我国经济过多依赖出口，特别是依赖向发达国家出口，不论短期还是中长期都是靠不住的，迫切要求调整内外需结构和外需市场结构。另一方面，国际金融危机以来，海外资产贬值，国际投资不足，为我国企业对外投资、海外并购提供了重大机遇。引进外资和对外投资并重，通过对外投资，利用国际资源、技术并带动国内商品出口，正是我国经济转型升级的重要方面。

全球宏观经济环境出现新变化。发达国家近几年为应对金融危机和刺激经济复苏，实施超宽松的货币政策，导致政府债务大幅攀升和金融体系流动性泛滥，这将大大增加未来世界经济的不确定性和风险。同时，如果巨大的流动性最终被迫收回，也将对全球金融、经济稳定造成冲击。亚洲金融危机和这次国际金融危机都证明，对于新兴市场经济体来说，要避免或减轻全球流动性泛滥和国际投机资本的冲击，关键在于加快自身经济的转型升级。

全球实体经济竞争态势出现新变化。发达国家纷纷提出以创新振兴制造业和发展新兴产业为核心的再工业化战略，其目的一方面是为了重振制造业，增加国内就业岗位；另一方面是要抢占新一轮工业革命的先机和制高

点。在正在兴起的高新技术领域，我国与发达国家总体上处在相同的起跑线上，因而新一轮工业革命为我国提供了迎头赶上的历史机遇。与此同时，全球制造业转移正在出现新变化。在发达国家再工业化政策支持下，一部分跨国公司的制造企业向发达国家本土回流；另一部分制造企业或制造环节向劳动力成本更低的发展中国家转移。我国经济只有加快转型升级，在全球价值链中高端奋力向上攀升，才能既应对发达国家制造业从高端并向中端延伸的竞争，又应对新兴市场和发展中国家制造业从低端并向中端发展的竞争。

全球贸易和投资环境出现新变化。在世界经济复苏艰难、需求不振、市场竞争激烈的大背景下，发达国家贸易保护主义抬头，经常对我国出口产品采取反倾销等报复措施。不仅如此，近几年美国积极推动跨太平洋战略经济伙伴协定（TPP）与跨太平洋伙伴关系协议（CPTPP）谈判，涵盖知识产权、劳工和环境、政府采购、国有企业等非传统条款，而且标准高，不论加入谈判与否，都将对我国形成很大压力。同时，美国正在同欧盟谈判签订跨大西洋贸易与投资伙伴协议（TTIP），旨在使发达国家"在全球竞争中更好地应对崛起中的新兴经济体的挑战"。这些都要求我们以高标准的投资、贸易规则为目标来倒逼经济转型升级。

三、国内发展环境变化的迫切要求

我国经济比较优势变化的迫切要求。改革开放以来，我国抓住了经济全球化和发达国家制造业向外转移的机遇，发挥了劳动力资源丰富、成本低的比较优势，有效促进了国内就业和经济快速发展。现在我国经济的比较优势正在发生变化。一方面，我国劳动力低成本的优势正在弱化、人口红利正在减少，依靠劳动力以及土地、能源、资源、环境等低成本的发展模式已经难以为继；另一方面，经过30多年的发展，我国经济新的比较优势正在形成，为经济转型升级提供了必要条件。我国劳动力素质快速提高，基础设施和产业配套体系不断完善，特别是我国的市场规模随着工业化、城镇化推进，中等收入群体扩大，消费结构升级且具有巨大潜力。只有推动经济转型升级，才能更好地扬长避短，克服传统比较优势弱化的影响，更好地培育和利用新的比较优势。

我国经济发展的约束条件变化的迫切要求。一方面，我国许多重要资源短缺，人均占有量显著低于世界平均水平；另一方面，我国资源消耗量越来越大，2011年我国经济总量占全球10.5%，却消耗了全球约30%的资源。到目前为止，欧、美等发达国家只有10多亿人口，它们依靠本国优越的自然条件和全球资源，用二三百年时间实现了工业化、城市化。我国有13亿多人口，自然条件和资源禀赋远不如欧、美等西方国家，又要在不到100年的时间实现工业化、城镇化，如果不转变高投入、高消耗、高排放的粗放型发展方式，不仅我国的资源和环境承载不了，全球的资源和环境也承载不起。

全面建成小康社会和人民群众的迫切要求。我国发展社会生产力，推进中国特色社会主义建设，是为了满足人民群众日益增长的物质文化需要。当前不少行业出现产能过剩，增长动力不足，显然不是由于人民群众的需求都已得到满足，而是由于资源错配、供求结构错位所致。所以，如果从推进城镇化、制造业转型升级、加快发展服务业、扩大消费等方面的潜力看，就会发现我国经济发展前景一片光明。关键是要看到由于发展阶段的变化，发展潜力的重点领域也发生了变化。今后，基础设施现代化包括城镇公共设施的配套建设、智能化等仍然有很大发展空间，但更重要的发展潜力和空间在于：加快科技创新，推动制造业转型升级；发展新能源和节能环保产业；提升城镇化水平和质量，加快农业转移人口市民化和农业现代化；加快服务业特别是现代服务业发展。这些方面既是我国经济未来发展的主要潜力和空间所在，也是我国经济转型升级的重点所在。

（本文载于《人民日报》理论版2013年8月29日）

使市场在资源配置中起决定性作用

（2013 年 11 月 15 日）

党的十八届三中全会通过的《中共中央关于全面深化改革若干重大问题的决定》（以下简称《决定》），提出了一系列新论断、新观点、新决策、新举措，是中国特色社会主义的最新成果和最新发展。其中对全面深化改革具有全局和战略意义的是：《决定》明确提出"紧紧围绕使市场在资源配置中起决定性作用深化经济体制改革"，并按照这个要求，提出了经济领域众多新的重大改革举措。这是我国改革开放历史进程中具有里程碑意义的创新和发展，将对在新的历史起点上全面深化改革产生深远影响。

一、我国改革理论的重大发展

党的十八大报告指出："经济体制改革的核心问题是处理好政府和市场的关系。"所谓政府和市场的关系，实际上就是在资源配置中是市场起决定性作用，还是政府起决定性作用的问题。35 年来，我国经济体制改革和对外开放，始终是围绕着正确认识与处理政府（计划）和市场的关系这一核心问题展开的。

改革开放以前，我国实行的是高度集中的计划经济体制，其根本特征就是否定和排斥市场作用，完全由政府通过国家计划进行资源配置。当时资本主义主导的传统观念认为，市场经济是资本主义特有的，计划经济才是社会主义经济的基本特征。因此，改革开放要在实践上突破计划经济体制的束缚，就必须在思想上突破否定和排斥市场的传统观念的束缚。20 世纪 80 年代，随着改革开放实践的推进，我们对政府（计划）和市场关系的认识逐步摆脱了传统观念的束缚，对推动改革和发展起了重要作用。特别是 1992 年初邓小平同志在视察南方重要谈话中明确指出："计划多一点还是市场多一点，不是社会主义与资本主义的本质区别。计划经济不等于社会主义，资本主义也有计划经济；市场经济不等于资本主义，社会主义也有市场。计划和市场都是经济手段。"这个精辟论断，使我们对政府（计划）和市场关系的认识有了重大突破。随后党的十四大明确提出："我国经济体制改革的目标是建立社会主义市场经济体制"，"就是要使市场在社会主义国家宏观调控下对资源配置起基础性作用"。这一重大理论突破，对推动我国改革开放和经济社会发展发挥了极为重要的作用。

在党的十四大提出市场作用的定位之后，我们党一直在继续探索适应改革和发展客观实际变化要求的准确定位。党的十六大提出"在更大程度上发挥市场在资源配置中的基础性作用"，同时删去了"在国家宏观调控下"的定语。党的十七大提出"从制度上更好发挥市场在资源配置中的基础性作用"。党的十八大进一步提出"更大程度更广范围发挥市场在资源配置中的基础性作用"。从党的十六大到十八大，在市场基础性作用前面所加的关键词虽有所不同，但都集中在强调改革导向是增强市场作用。这些重要论断为此次《决定》提出的"使市场在资源配置中起决定性作用"在思想和理论上作了准备。

从实践背景看，国际经济环境和国内发展阶段的重大变化，迫切要求我国经济加快转型升级，进一步增强发展活力和创新动力；而当前经济发展中不可持续的突出矛盾，如部分商品和要素价格扭曲、经济结构和发展方式不合理、产能过剩、地方债务和金融风险积累、生态环境恶化等，都与政府对资源配置干预过多和干预不当、市场功能发挥不够有密切关系。《决定》根据完善社会主义市场经济体制和现阶段经济社会发展的客观要求，广泛考虑各方面意见，将使市场在资源配置中起"基础性作用"修改为"决定性作用",虽然只有两字之差,但却是提出了一个重大理论观点。"决定性作用"和"基础性作用",这两种表述不是矛盾和对立的,而是一致和衔接的,前者是在后者基础上与时俱进的发展。"决定性作用"的表述,在理论上更为明确、到位,对于现阶段经济体制改革的指导更有针对性,是我国改革理论在新的历史条件下的重大发展。这个新表述有利于进一步在全党全社会树立关于政府和市场关系的正确观念,有利于进一步解放和发展生产力,进一步解放和增强社会活力。紧紧围绕使市场在资源配置中起决定性作用深化经济体制改革,将开创我国改革开放的崭新局面。

二、市场决定性作用的内涵和实践意义

为什么要使市场在资源配置中起决定性作用?

市场有多种含义,这里说的市场是指以商品等价交换为准则的经济活动方式,即市场经济。市场经济是人类文明发展的共同成果。商品生产和商品交换作为市场经济的原始形态在世界各国古已有之,只是到资本主义产生后,简单商品经济才发展成为近代市场经济,并极大地促进了生产力发展。1848年马克思和恩格斯在《共产党宣言》中说:"资产阶级在它的不到一百年的阶级统治中所创造的生产力,比过去一切世代创造的全部生产力还要多,还要大。"之所以如此,就是因为资产阶级革命清除了封建社会制度束缚市场经济发展的障碍;而正是市场经济的发展催生了人类历史上第一次工业革命,使机器大工业和社会化生产得以迅速发展。自1848年至今160多年间,全球化创造的生产力更是大大超过历史上所创造的全部生产力。全球生产力的这种巨大发展,应归因于经济全球化所带动的市场经济在全球的发展。历史和现实表明,与其他经济体制相比,市场经济是资源配置最有效率的体制,也是发展生产力和实现现代化的最优途径。

所有经济活动最根本的问题,就是如何最有效地配置资源。所谓资源配置,指的是各种生产资源如何用于各种商品的生产,以及所生产的商品如何分配到各生产要素所有者。资源配置的不同方式,会产生不同的配置效

率。市场经济之所以能够使资源配置以最低成本取得最大利益，是因为在市场经济体制下，有关资源配置和生产的决策是以价格为基础的，而由价值决定资源的价格，是生产者、消费者、工人和生产要素所有者之间在市场自愿交换中发现和形成的。市场决定资源配置的优势在于：作为市场经济基本规律的价值规律，具有通过市场交换形成分工和协作的社会生产的机制，通过市场竞争激励先进、鞭策落后和优胜劣汰的机制，通过市场价格自动调节生产（供给）和需求的机制，从而可以引导资源配置符合价值规律以最小投入（费用）取得最大产出（效益）的要求。因此，市场决定资源配置的本质要求，是在经济活动中遵循和贯彻价值规律。使市场在资源配置中起决定性作用，其实质就是让价值规律、竞争规律和供求规律等市场经济规律在资源配置中起决定性作用。

市场决定资源配置是市场经济的一般规律，我国经济体制改革总体上是遵循这一规律不断深化的，因而能够推动经济社会发展取得震惊世界的辉煌成就。我国的实践证明，社会主义和市场经济能够成功结合。市场经济为社会主义注入蓬勃生机和发展活力，社会主义为市场经济开辟崭新境界和广阔前景。社会主义和市场经济都不是僵化不变的，而是能动的、不断向前发展的。社会主义市场经济体制的巨大优越性和强大生命力就在于：它不仅能够将社会主义和市场经济两者的优势结合在一起，而且留有很大空间，可以随着实践和认识的发展，通过深化改革不断优化这种结合。提出使市场在资源配置中起决定性作用，就是从理论上和实践上对这种结合形成新的重大发展。

从我国经济社会发展的实践要求看，改革开放 35 年来，随着市场化改革的不断深入，我国绝大多数经济领域的资源配置已基本上通过市场进行。但是，在各个经济领域，在生产、建设、流通、消费各个环节，资源配置违背价值规律要求导致资源低效配置乃至严重浪费的现象还十分普遍。其根本原因在于现行经济体制仍然存在不少束缚经营主体活力，以及干扰、阻碍市场和价值规律起决定性作用的体制机制弊端。《决定》明确指出，要"着力解决市场体系不完善、政府干预过多和监管不到位问题""必须积极稳妥从广度和深度上推进市场化改革，大幅度减少政府对资源的直接配置，推动资源配置依据市场规则、市场价格、市场竞争实现效益最大化和效率最优化"。按照使市场在资源配置中起决定性作用的要求，全面贯彻落实《决定》提出的深化经济体制改革各项部署，对于建立完善的社会主义市场经济体制，激发全社会创业、创新、创造活力，加快转变经济发展方式，促进经济持续健康发展，具有重大现实意义。

第一，有利于最大限度激发各类经营主体创业、创新活力。企业是市场经济的细胞，是创业、创新的主体，是整个经济生机活力和蓬勃发展的基础。而平等的市场准入和产权保护、公平的竞争条件和营商环境，是经营主体焕发生机活力的根本保证。现在束缚经营主体创业、创新活力的体制障碍，主要是对民营企业的不公平待遇，阻碍民间投资的"玻璃门""弹簧门"仍然存在；竞争性经济领域的投资审批，既不利于市场机制发挥优胜劣汰的功能，也容易造成对民营资本的"挤出"效应；一些领域存在明显或变相的行政性垄断，妨碍公平竞争，公用事业和社会事业领域存在准入壁垒，导致大量民间资本不得不拥挤在竞争性经济领域，加剧一些行业产能过剩。科技体制中政府与市场定位不清，妨碍企业成为技术创新主体。政府一方面对企业技术创新过度干预，拔苗助长，不利于激发企业内生动力；另一方面在为创新营造良好环境方面又作为不够，对知识产权保护不力，人才评价机制不够合理。解决体制机制中这些妨碍各类经营主体发挥创业、创新积极性问题，关键是要在经济领域依据市场规则、市场价格、市场竞争进行资源配置。

马克思主义认为，生产力是一切社会发展的最终决定力量。人是生产力中最重要的因素。我国是有13亿多人口的发展中大国，人口超过美、日、欧等发达国家和地区人口的总和，发展需求和潜力也大得多。这么多人的就业、创业，这么多需求的满足，这么多经济、社会建设事业的发展，这一切都必须依靠最广泛、最充分地调动全社会所有人的积极性、主动性和创造性。使市场在资源配置中起决定性作用，归根到底是要进一步解放对生产力发展的所有束缚，让一切劳动、知识、技术、管理、资本的活力竞相迸发，让一切创造社会财富的源泉充分涌流，让发展成果更多更公平惠及全体人民。

第二，有利于加快我国经济转型升级。我国经济结构不合理，粗放型经济发展方式转变迟缓，当前不少行业产能过剩、效益下降，究其原因，同政府对经济干预过多和干预不当、妨碍市场起决定性作用有很大关系。例如，政府定价或管制的价格仍然较多，电力、成品油、天然气等重要商品价格形成的行政性管制特征明显，利率尚未实现市场化，资本市场体系不完善，金融机构多元化程度较低，城乡建设用地市场不统一，户籍制度限制城乡人口流动，等等，这些问题导致多种要素价格不能真实反映资源稀缺程度和供求关系变化。与此同时，财税体制不够合理，党政干部政绩考核过于看重 GDP 增长率，助长地方追求速度型经济增长，以及上项目、铺摊子的投资冲动，加剧重复建设和产能过剩；政府以不当方式直接干预资源配置，如以低地价供地、税收减免、财政补贴等方式招商引资等，也扭曲要素价格、干扰市场机制作用，误导资源配置。根据使市场在资源配置中起决定性作用的要求深化相关改革，是加快转变经济发展方式，推动经济更有效率、更加公平、更可持续发展的关键举措。

第三，有利于建设高效廉洁的服务型政府。现在政府治理与市场功能的边界不够清晰，政府越位与缺位并存。政府仍然管了许多不该管、管不了、也管不好的事情：一方面将过多时间和精力用在审批项目、招商引资等直接干预微观经济事务上，导致政府在市场监管、社会管理、公共服务等方面的缺位；另一方面政府对社会事务包揽过多，没有充分发挥社会力量参与社会管理和提供公共服务的作用，不仅影响社会管理效率和公共服务供给，也导致政府成为这些方面矛盾的焦点。因此，必须使市场在资源配置中起决定性作用，凡是市场和企业能解决的，放给市场和企业；凡是社会中介组织能承担的职能，交给社会中介组织。这不仅有利于政府真正转变职能，把重点转到加强市场监管、增强公共服务和维护社会公平正义上来，而且有利于铲除滋生公职人员受贿、权钱交易等腐败现象的土壤和根源。20 世纪八九十年代，重要物资和外汇等双轨制，党政机关经商办企业，都曾经是腐败现象的多发高发领域，后来通过改革从体制和制度上解决了这些问题，相关领域滋生腐败的那些土壤就被铲除了。现在政府审批投资项目和直接干预微观经济活动，同样存在权力寻租的机会，因而也导致腐败问题多发高发。

使市场在资源配置中起决定性作用，大幅度减少政府对资源的直接配置，是抑制和消除腐败现象的治本之策。

第四，有利于构建开放型经济新体制。国内改革和对外开放相辅相成、相互促进，是35年来我国一条成功经验。对外开放不仅使我国得以充分利用国际市场和国外资源有力推动国内发展，而且为国内改革提供了发展市场经济的经验、规则和借鉴，成为促进改革的重要动力和活力源泉。我国和其他新兴市场经济体是经济全球化和贸易投资自由化的很大受益者。国际金融危机以来，世界经济深度调整，各个领域包括贸易投资规则的竞争更趋激烈。主要发达国家正在推动新一轮贸易投资自由化谈判，涵盖环境保护、竞争中立、政府采购、电子商务、劳工标准等所谓"21世纪新议题"，具有领域广、标准高、影响大等特点。正在开展的中美投资协定谈判，焦点问题是要求我国改变现行的外商投资逐案审批制和产业指导目录管理方式，实行准入前国民待遇和负面清单管理方式。这些既涉及市场准入，又涉及体制改革，要求我们加快改革投资管理模式和制度创新，建立统一、公平、透明的投资准入体制，使微观主体获得更大的自主投资权限，使政府部门从项目审批向反垄断和安全审查等宏观管理职能转变。从对外开放范围看，我国与世界主要经济体的差距，主要在服务业领域开放。据世界银行研究，我国服务业开放水平在103个参与排名的国家中仅列第77位。服务业是我国经济的短板，也是今后我国经济发展的重要潜力所在。推进金融、教育、文化、医疗等服务业领域有序开放，放开相关领域投资准入限制，这有利于引入竞争，加快我国服务业发展。总之，使市场在资源配置中起决定性作用，才能适应新一轮国际贸易投资自由化形势的要求，构建开放型经济新体制，推动我国更高质量、更高水平的对外开放，在广度和深度上进一步融入经济全球化。

三、全面认识市场作用和政府作用的关系

发展社会主义市场经济，既要发挥市场在资源配置中的决定性作用，也要发挥政府的经济职能和重要作用。《决定》对更好发挥政府作用提出了

明确要求，强调指出："科学的宏观调控，有效的政府治理是发挥社会主义市场经济体制优势的内在要求"。"政府的职责和作用主要是保持宏观经济稳定，加强和优化公共服务，保障公平竞争，加强市场监管，维护市场秩序，推动可持续发展，促进共同富裕，弥补市场失灵。"

西方古典经济学创始人亚当·斯密主张自由放任的市场经济，由市场这只"无形的手"使资源得到合理配置，政府只承担"守夜人"职能。这主要是因为亚当·斯密生活在资本主义市场经济早期，未能看到它由于内在矛盾发展而产生的重大变化：从 1825 年起，几乎每隔 10 年就发生一次周期性经济危机；自由竞争引起资本积聚和集中进而产生垄断；特别是 1929 年世界性严重经济危机，导致 20 世纪 30 年代全球经济大萧条。在此大背景下，英国经济学家凯恩斯在 1936 年创立了宏观经济学理论，主张当经济周期处于衰退阶段或繁荣阶段时，由政府分别实施扩张性或紧缩性财政政策，以及通过货币政策传导机制，调节消费和投资，进而影响总需求和总产出。第二次世界大战后，各市场经济国家在市场决定资源配置的同时，普遍实行不同方式的政府干预，包括宏观经济管理（宏观调控）和微观经济规制（市场监管）。政府干预不是要弱化或取代市场作用，而是要弥补市场失灵，并为市场有效配置资源和经济有序运行创造良好环境。

在西方发达国家，政府干预的对象是市场功能充分发挥的成熟市场经济，与之不同的是，市场经济在我国从未得到充分发展；我国经济体制改革的起始点，不是自由竞争和发达的市场经济，而是政府高度干预的计划经济；当前改革开放所要解决的主要问题，也仍然是进一步发挥市场机制作用，解决政府对经济干预过多、干预不当和监管不到位问题，因此提出使市场在资源配置中起决定性作用。但这绝不是说市场是万能的、可以把一切交给市场、所有领域都市场化；更不是认为政府对市场可以撒手不管。《决定》强调"坚持社会主义市场经济改革方向"，说明我国的市场化改革是坚持中国特色社会主义方向的经济市场化改革。市场在资源配置中起决定性作用，并不是起全部作用。市场经济是法治经济，也是讲道德、讲诚信的经济，市场主体的经济行为，不仅受利益动机和竞争压力约束，而且要受法律、法规约束和职业道德、社会公德约束。因此，政府"有形的手"有效配合市场"无形的手"发挥作用，才能保证市场经济健康发展。

我国有党的统一领导，可以制定体现市场经济规律和人民利益要求的经济社会发展规划，并动员、组织全国人民为之实现而奋斗；可以从中国实际出发，借鉴国际经验，根据经济形势变化，实施正确宏观经济政策，引导经济发展。实践证明，党的正确和强有力领导，政府的有效宏观调控和积极有为，是我国社会主义市场经济体制的独特优势。改革开放 35 年来，我国经济社会发展之所以能够取得历史和全球罕见的巨大成就，这同我们党和政府在推动改革开放和发展、维护发展环境稳定方面所发挥的作用是分不开的。在这个进程中，我国加强宏观调控和政府治理，也积累了包括成功应对亚洲金融危机和国际金融危机在内的丰富经验。这些经验是今后应当坚持并在实践中不断发展的。其中一条重要经验，就是以国家发展战略和规划为导向，正确运用财政政策和货币政策等宏观经济政策手段，调节总需求和总供给水平，防范财政、金融的系统性风险，防止经济周期性大幅波动，保持宏观经济稳定。同时，由于市场机制作用具有一定的自发性、盲目性，经营主体为获得自身利益最大化有可能与社会利益发生冲突，政府必须加强市场监管，维护市场秩序，解决市场外部性问题，保护生态环境和劳动者、消费者的安全、健康等权益。政府还必须采取反对垄断和不公平竞争的经济性措施，保障竞争公平和消费者利益。尤其重要的是，由于市场机制不能很好地解决公共产品供给和收入分配公平问题，政府必须加强和优化公共服务，推进基本公共服务均等化；维护和规范由市场形成的初次分配秩序，并通过税收、社会保障、转移支付等手段对收入再分配进行合理调节，防止收入分配差距过大，促进共同富裕，维护公平正义和社会稳定。

（本文载于《〈中共中央关于全面深化改革若干重大问题决定〉辅导读本》，《人民日报》2013 年 12 月 4 日、《光明日报》2013 年 11 月 29 日、《新华文摘》2014 年第 4 期转载）

如何处理好政府与市场的关系

（2013 年 12 月 8 日）

党的十八届三中全会通过的《中共中央关于全面深化改革若干重大问题的决定》提出，"经济体制改革是全面深化改革的重点，核心问题是处理好政府和市场的关系，使市场在资源配置中起决定性作用和更好发挥政府作用"。

市场在资源配置中的作用从"基础性"到"决定性"，两字之差，意义何在？如何确保市场在资源配置中起决定性作用？"有形之手"又该做哪些调整？记者就此专访了国家发展和改革委员会研究员林兆木。

从"基础性"到"决定性"，《决定》最大亮点之一

记　者： 在新的历史条件下提出"市场在资源配置中起决定性作用"，历史必然性与现实紧迫性何在？

林兆木： 我国从计划经济体制转到社会主义市场经济体制，经济体制改革始终是围绕着处理好政府和市场的关系这个核心问题展开的。所谓政府和市场的关系，实际上就是哪一方在资源配置中起决定性作用的问题。

"使市场在资源配置中起决定性作用和更好发挥政府作用"，是《决定》的最大亮点之一。这个新表述抓住了新的历史条件下推动经济体制改革和经济发展的"牛鼻子"。

从国际发展经验看，1960年全世界属于中等收入的国家和地区共有101个，到目前只有13个经济体进入高收入行列，大多数经济体之所以掉入中等收入陷阱，主要教训之一就在于未能正确处理政府与市场的关系，有些是过分依赖政府忽视市场作用；有些则是只重视市场忽视政府作用。

从国内实践背景看，经济发展阶段的重大变化迫切要求我国经济加快转型升级，而当前经济发展中不可持续的突出矛盾，如部分商品和要素价格扭曲、产能过剩、地方债务和金融风险积累、生态环境恶化、公共服务缺失等，都与政府对资源配置干预过多、干预不当和市场监管、公共服务缺位，而市场功能发挥不够有密切关系。

理论与实践、历史与现实都证明，市场经济是资源配置最有效率的体制机制，也是发展生产力和实现现代化的最优途径。使市场在资源配置中起决定性作用，它的实质就是让价值规律、竞争规律和供求规律等市场经济规律在资源配置中起决定性作用，只有如此，中国经济发展的奇迹才能顺利进入提质增效的"第二季"。

使市场起决定性作用，就是要进一步解放对生产力发展的所有束缚

记　者："市场在资源配置中起决定性作用和更好发挥政府作用"，对经济社会发展有怎样的重大意义？

林兆木：从《决定》关于深化经济体制改革的决策部署，我们可以清晰地看到，使市场在资源配置中起决定性作用，对于建立完善的社会主义市场经济体制，推动经济持续健康发展，具有重大现实意义。

第一，有利于最大限度激发各类市场主体创业、创新活力。现在阻碍民间投资的"玻璃门""弹簧门"仍然存在。政府对企业技术创新过度干预，而在知识产权保护方面又作为不够。解决这些问题，关键是要在经济领域依据市场规则、市场价格、市场竞争进行资源配置。

第二，有利于加快我国经济转型升级。我国经济结构不合理，不少行

业产能严重过剩，同政府对经济干预过多，导致要素价格扭曲、资源错配有很大关系。根据使市场在资源配置中起决定性作用的要求深化相关改革，才能推动经济更有效率、更加公平、更可持续发展。

第三，有利于建设高效廉洁的服务型政府。现在政府治理与市场功能的边界不够清晰，政府将过多时间和精力用在审批项目、招商引资等直接干预微观经济事务上。使市场在资源配置中起决定性作用，有利于政府把重点转到加强市场监管、增强公共服务和维护社会公平正义上来，也有利于铲除滋生权钱交易等腐败现象的土壤。

第四，有利于构建开放型经济新体制。国际金融危机以来，世界经济深度调整，竞争更趋激烈，主要发达国家正在推动新一轮贸易投资自由化谈判。使市场在资源配置中起决定性作用，才能适应新一轮国际竞争的要求，推动我国更高质量、更高水平的对外开放。

记　者：百姓能从市场与政府的新关系中得到什么实惠呢？

林兆木：这种新的关系不仅是重大的理论发展，而且是与百姓利益密切相关的改革与政策导向。使市场在资源配置中起决定性作用，才能使价格更放开，竞争更充分，资源利用更经济、更有效。这就意味着，作为企业经营者和劳动者，百姓能有更多创业、就业、致富的机会；作为消费者，百姓能有更多物美价廉的商品供选择，得到更多实惠。更好发挥政府作用，政府就要不越位、不缺位，做好该做的，管好该管的，解决对公共服务、市场监管不到位的问题。这就意味着，作为社会成员，百姓能得到更公平的上学就业机会，更安全的食品药品，更好的医疗、养老等社会保障，以及更干净的水和空气。

归根到底，使市场在资源配置中起决定性作用，就是要进一步解放对生产力发展的所有束缚，让一切劳动、知识、技术、管理、资本的活力竞相迸发，让一切创造社会财富的源泉充分涌流，让发展成果更多更公平惠及全体人民。

政府不要当"运动员",而是要当好"裁判员", 维护好经济活动秩序

记　者: 怎样才能使市场起决定性作用?

林兆木: "使市场在资源配置中起决定性作用和更好发挥政府作用",不是抽象命题,它是贯穿《决定》关于经济体制改革决策部署的主线。《决定》有关经济体制改革的六个部分,都是紧紧围绕这个主线展开的。

使市场起决定性作用,加快完善现代市场体系是基础。《决定》从多个方面提出改革举措,包括:加快形成企业自主经营、公平竞争,消费者自由选择、自主消费,商品和要素自由流动、平等交换的现代市场体系;建立公平开放透明的市场规则,实行统一的市场准入制度,推进工商注册制度便利化;建设法治化营商环境,实行统一的市场监管;完善主要由市场决定价格的机制;建立城乡统一的城镇建设用地市场;完善金融市场体系,加快推进利率市场化等。

使市场起决定性作用,政府主动放权是关键。调整政府与市场的关系,主要压力来自政府内部,面临着思想观念束缚、传统行为惯性与利益固化三大障碍。为破除三大障碍,《决定》给了我们"三字经":"让",大幅度减少政府对资源的直接配置,让市场对资源配置起决定性作用;"放",进一步简政放权,深化行政审批制度改革,最大限度减少中央政府对微观事务的管理,由地方管理更方便有效的经济社会事项一律下放地方和基层管理;"交",凡是能有市场形成价格的都交给市场,凡是市场和企业能解决的,交给市场和企业,凡是社会中介组织能承担的职能交给社会中介组织。

记　者: 怎样理解更好发挥政府作用中的"更好"二字?政府简政放权的同时,还有哪些是要补位加强的?

林兆木: 使市场在资源配置中起决定性作用,绝不是说市场是万能的、可以把一切交给市场;更不是认为政府对市场可以撒手不管。市场经济是法治经济,也是讲道德、讲诚信的经济。政府"有形的手"有效配合市场"无

形的手"发挥作用，才能保证市场经济健康发展。

在现代市场经济中，政府宏观调控和市场监管，都不是要弱化市场作用，更不是要取代市场作用，而是要弥补市场失灵，并为市场有效配置资源和经济有序运行创造良好环境。对此，《决定》明确指出："政府的职责和作用主要是保持宏观经济稳定，加强和优化公共服务，保障市场公平竞争，加强市场监管，维护市场秩序，推动可持续发展，促进共同富裕，弥补市场失灵。"

换言之，更好发挥政府作用，一方面是要解决政府越位，即对市场干预过多和干预不当问题；另一方面是要解决政府缺位，政府要把该做的事做好，把该管的事管好。曾有一个比喻：在经济活动中，政府不要当"运动员"上场比赛，而是要制定比赛规则，当好"裁判员"，维持好比赛秩序。

（本文是作者接受《人民日报》记者陆娅楠采访的记录稿，载于《人民日报》2013 年 12 月 8 日）

"十三五"时期我国经济发展需要关注的几个问题

（2014 年 5 月 16 日）

一、"十三五"时期的国际国内环境问题

"十三五"时期在我国改革开放和现代化建设进程中，具有特殊重要的历史地位，既是实现全面建成小康社会目标的决战时期，也是实现三中全会确定的全面深化改革目标的攻坚时期；就经济发展而言，又是实现经济转型升级的关键时期。因此，可以说也是"三期"叠加，几个方面都要"爬坡过坎"，任务十分艰巨。另一方面，从现在看，"十三五"时期的国际和国内发展环境存在诸多不确定因素，国际国内经济走势可能错综复杂，今明两年提前进行准确研判的难度很大。

制定长期发展战略和中长期发展规划，是我国社会主义制度的一大优势，也是改革开放以来我国经济发展取得历史和全球罕见巨大成就的一个重要原因。但是，总结历史经验，我们也看到，制定五年计划和规划时，对未来五年国际国内经济环境和经济走势的预判，与后来的实际情况往往都有很大差距。改革开放以来制定了七个五年计划和规划，除"十二五"规划还在执行中，尚不好评论外，从"六五"计划到"十一五"规划几乎都是如此。

"六五"计划制定时因为正在进行经济结构调整，提出"六五"经济增长目标是"保四争五"，执行结果是前低后高，1981 年 5.2%，1982

年 9.1%，1983 年 10.9%，1984 年 15.2%，1985 年 13.5%，五年年均增长
10.7%，比原计划超过一倍以上。这主要是因为 1979 年开始的三年经济
调整，在紧缩之后为后来的发展储蓄了能量，特别是从农村改革和创办经
济特区开始的第一轮改革开放，解放了久被束缚的生产力。正因为如此，
"六五"时期不仅速度快，而且农轻重、积累与消费等重大关系比较协调，
人民生活改善显著，但 1984 年和 1985 年增长速度过快，投资、信贷增长过
猛，也为"七五"时期发展留下隐患。

　　如果说"六五"是没有料到经济调整特别是改革开放对经济发展的巨
大促进作用，那么"七五"则是没有料到改革受挫和经济调整带来经济大幅
下滑。"七五"开始时提出"软着陆"，1986 年速度降到 8.8%，但 1987 年、
1988 年又回升到 11.6% 和 11.3%。由于 1988 年提出的价格改革因当年 7、8
月的抢购风严重受挫，1988 年第四季度开始的治理整顿又因经验不足而力
度过大，加上 1989 年"政治风波"后西方国家对我国进行经济贸易制裁，
导致 1989 年和 1990 年经济增速降到 4.1% 和 3.8%。这是在改革开放初期
10 年经济的一次大起大落。五年平均为 7.9%。

　　"八五"计划制订时经济正处于低谷，因此，提出 6% 的年均增长目标，
这一次是没有料到的 1992 年邓小平同志南方谈话后掀起了新一轮的改革开
放热潮，再次促进了生产力加快发展。经过治理整顿，1991 年经济增速已
回升到 9.2%，1992 年和 1993 年进一步攀升到 14.2% 和 14%，与此同时也
出现了严重通胀，1993 年 6 月开始的宏观调控使 1994 年和 1995 年回落到
13.1% 和 10.9%。五年平均为 12.3%。

　　与"八五"计划未料到经济高涨正好相反，"九五"计划是没有料到经济走
向低潮，当时提出"九五"计划首要任务是抑制通胀。但是在 1996 年经济实现
"软着陆"之后，国内供求格局由长期短缺转为相对过剩，特别是受亚洲金融危
机冲击，1998 年和 1999 年出现内需不足与外需下降双碰头，以及由于总需求不
足引起的通货紧缩。在实行积极财政政策和扩大内需的正确决策之后，才避免
了经济进一步下滑。经济增速由 1996 年的 11%、1997 年的 9.3% 回落到 1998 年
的 7.8% 和 1999 年的 7.6%，2000 年回升到 8.4%。5 年平均为 8.6%。

"十五"计划和"八五"计划一样,是没有料到经济走向高涨。这主要是由于我国加入WTO以后扩大开放,又碰到2003年以后连续几年发达国家和全球贸易与经济走向繁荣,带动了我国经济发展显著加快。由2001年、2002年8.3%和9.1%,上升到2003年、2004年10%和10.1%,2005年进一步升到11.3%。5年平均为9.8%。

"十一五"规划是在高点起步的,完全没有料到会碰到2008年的国际金融危机。2006年、2007年增速为12.7%和14.2%,2008年因国际金融危机冲击下降到9.6%,由于采取一系列措施应对危机,2009年增速只降到9.2%,2010年回升到10.4%。5年平均为11.2%。

"十二五"时期,一方面有前10年高速增长创造的条件和打下的基础,另一方面也面临2003—2007年高增长遗留的结构失衡,以及2009年和2010年为应对危机货币信贷投放过多,导致银行杠杆率大幅上升、不少行业产能过剩、地方政府债务风险较大等突出问题。"十二五"时期经济增速下行,不仅是由于受世界经济衰退导致总需求不足的冲击,也是国内结构性矛盾和体制性问题叠加所致。从GDP增速来看,2011年9.3%,2012年和2013年均为7.7%,据经合组织等机构预测,2014年和2015年我国经济增速均在7.5%左右。按照这个预测,5年平均约为7.9%。

回顾七个五年计划和规划的历史,主要是想说一个观点:世界经济和我国经济都存在周期性波动,两者有时一致,有时不一致。"六五""八五""十五"时期,我国经济都是处于周期上升期,而"七五"后期、"九五"后期和"十一五"后期,都是由于国际和国内因素叠加,使我国经济处于周期下行期。"十三五"时期如何发展,需要认真研究。市场经济的运动,如同其他一切事物的运动一样,是对立面互相矛盾又相互统一的过程,平衡是相对的,不平衡是绝对的。社会总供给与总需求以及各个产业供需双方,在市场竞争中由平衡→不平衡→再平衡→再不平衡→……,形成繁荣(高涨)→衰退(低谷)→复苏(回升)→再繁荣……的循环往复。据国际货币基金组织研究,1929年以来全球经济经历了14轮周期。"十三五"期间,由于世界经济刚刚经历了1929年危机之后时间最长、冲击最大的金融危机和经济衰退，经过近几年的调整之后，应该会进入新一轮的经济周期。因此，国际经济环境恶化，可能不如 2003—2007 年那五年好，但会比 2008—2013 年这几年好。从国内经济环境来看，由于"十二五"时期实际上处在经济周期收缩阶段，因此经过调整，"十三五"期间很可能处于周期回升阶段，虽然这种回升不一定表现为经济增速再次加快，而会主要表现在经济结构优化和效益提升上。

二、"十三五"经济预期增长速度问题

"十三五"时期需要也有可能保持合理的经济增长速度。党的十八大提出到 2020 年实现国内生产总值和城乡居民人均收入比 2010 年翻一番，就是对合理速度的要求，而且提出要"在发展平衡性、协调性、可持续性明显增强的基础上"实现这个速度。这就是说，实现"两个翻一番"的基础是经济转型升级。合理的经济增长速度，一方面是符合经济潜在增长率、能够使生产要素得到充分利用、满足比较充分就业要求的速度；另一方面又是不会导致明显通货膨胀和资产价格泡沫的速度。

关于"十三五"预期增长速度，我建议提高年均增长 6.5%。主要理由是，如果 2014 年和 2015 年增速均为 7.5%，据我测算，"十二五"期间五年累计可增长 46.5%，"十三五"时期年均增长 6.5%，到 2020 年就可以实现 GDP 比 2010 年产值翻一番的目标。按照今、明两年分别增长 7.5%、"十三五"年均增长 6.5% 计算，到 2020 年，我国 GDP 可达 90.10 万亿元人民币（按 2013 年价格计算），如果再按 2013 年人民币与美元的平均汇率折算，约为 14.54 万亿美元。据测算，2020 年我国总人口约为 14.24 亿人，届时人均 GDP 约为 10300 美元。如果 GDP 按 2020 年当年价格计算，再考虑人民币对美元升值的因素，估计按汇率法计算，2020 年我国人均国民收入（即人均国民生产总值）可能达到或接近按世界银行划分标准的高收入国家的门槛。由于我国城乡、地区经济发展很不平衡，即使全国人均国民收入跨入高收入国家的门槛，也将有相当一部分人口处在按联合国规定标准的贫困

线之下。何况人均国民收入只是计算当年经济产出，发达国家不仅人均国民收入比我国高好多倍，而且按几十年乃至上百年积累的财富和经济实力比较，我国同它们差距更大，即使 2020 年跨入高收入国家的门槛，严格讲也只能算是"准"高收入国家①。因此，我建议最好不公开提出"十三五"是我国迈入或进入高收入国家行列的时期。

2002 年党的十六大提出 20 年 GDP 总量翻两番目标之后，2007 年党的十七大追加为 20 年人均 GDP 翻两番，2012 年党的十八大进一步提出 2020 年 GDP 比 2010 年收入翻一番，这个要求高于 20 年人均 GDP 翻两番。如果在此基础上又提出更高的要求，可能是不切实际的。因此，确定"十三五"的预期增长目标，一方面要与十八大提出的目标衔接，另一方面也不宜再加码。

这里我们讨论一下潜在经济增长率问题。英国古典经济学创始人亚当·斯密认为，为了增加国民财富，只有采取两种方法：一是提高在业工人的劳动生产率，二是增加生产工人的人数。前者需要加强劳动分工，后者需要增加用以雇佣工人的资本。西方经济学讲的潜在经济增长率依据的正是斯密这一原理。因此它包含两个因素：即新增劳动力和劳动生产率提高的指数。1996 年我在美国斯坦福大学听刘遵义教授介绍：当时美国就业劳动力年均增长 1%，劳动生产率年均提高 1.5%—2%，而美国潜在经济增长率是 2.5%—3%。可见，潜在经济增长率只是考虑生产供给方面的因素，而不考虑需求因素，即假定供给和需求是平衡的。但是在现实经济中，需求因素对生产供给从而对经济增长率有重大影响，这是不能不考虑的。今年初，世界大型企业研究会（以下简称世企研）根据 2013 年的经济数据得出一个结论，全球劳动生产率已经连续 3 年下降，主要原因是这个期间新兴市场生产率增长减速，而发达经济体生产率下滑。世企研首席经济学家说："目前还不能确定生产率增长下滑的原因是需求疲软导致经济体产出下降，还是消费

———————

① 按世界银行 2012 年划分标准：中上等收入国家人均国民收入为 4086—12615 美元；人均国民收入 12616 美元以上属高收入国家。2012 年人均国民收入，美国为 50120 美元，日本为 47870 美元，德国为 44012 美元，法国为 41750 美元，英国为 38250 美元，俄罗斯为 12700 美元，中国为 5740 美元（居世界第 94 位）。

创新其实并未提高经济活动效率"。"也许两者皆有可能。真相可能在两者之间"。据世企研研究分析：2010 年全球劳动生产率增速为 3.9%，2012 年降到 1.8%，2013 年降到 1.7%。2013 年美国劳动生产率增速只有 0.9%，欧洲只有 0.4%。新兴经济体的生产率也从非常高的增速跌至 3.3%。据世企研预测，2014 年由于需求情况改善将导致经济产出增速超过经济投入增速，全球生产率增长将有所回升。

关于我国"十三五"期间潜在经济增长率，国内学者大体有三种判断：6.5%—7%；7%—8%；8% 以上。2009 年 7 月，我在《危机对我国中长期经济增长格局的影响》一文中曾提出："研究 GDP 潜在增长率，除了要考虑新增劳动力和劳动生产率提高两个基本要素，还要考虑国内外市场需求容量以及资源、环境承载能力。""GDP 增长速度和结构和 GDP 总量有密切关系。GDP 总量越大，每增长一个百分点所含的绝对量就越多"，"随着我国经济总量越来越大，GDP 潜在增长率逐步下降是正常的，符合经济规律"。"综合各种因素，我国今后中长期 GDP 潜在增长率为 7%—8% 的判断比较符合实际"。"至关重要的是在适当降低经济增长率的同时，通过调整优化结构，提高每个百分点经济增长率的就业容量、科技含量和投入产出效益，并降低资源消耗和环境损害成本。这正是我国应对危机带来的经济增长格局重大变化的出路所在"[1]。我虽然认为"十三五"时期我国从生产供给面测算的潜在经济增长率有可能在 7% 以上，但是考虑国内外市场需求容量和资源、环境承载能力等因素，"十三五"预期经济增长率定为年均 6.5% 是适宜的。

三、"十三五"时期经济运行风险问题

"十三五"时期世界经济虽然有很大可能企稳回升，进入新一轮增长周期，但仍然存在诸多不确定因素和风险。最近，经合组织研究报告预测，世界经济增速 2014 年将升到 3.4%，2015 年升到 3.9%，经合组织 34 个成员国

---

① 《人民日报》2009 年 7 月 6 日理论版。

增速分别为 2.2% 和 2.8%。同时该报告认为："尽管世界经济正在经历回暖过程，但主要风险犹存。"尤其要"重视此前危机遗留的老问题和衍生的新问题"。该报告认为，"经合组织成员国的失业情况正面临出现倒退性回流的风险，到 2015 年底，经合组织国家的失业人数或超过 4400 万人，比危机前增加 1150 万人"。这种情况将给 2016 年后经合组织国家经济带来新的风险。

无论从国际经济还是从国内经济看，最主要的风险仍然是金融领域的风险。最近，国际著名投资家巴菲特把金融衍生品称为"大规模杀伤性武器"，他预测总有一天（他也不知道什么时候）会出现一场大规模金融"断裂"，而且这种情形可能比 2008 年金融危机还要糟糕。他认为，"总有一天，无论摩根大通银行资产负债表上的资产水平有多大，它都不再重要了。在数字足够大以后，风险控制体系就会失效。我不相信他们建议的资金储备能够抵御衍生品的损失。所有的安全措施都没有意义"。国外有评论认为，巴菲特的看法反映了各国央行行长普遍持有的观点，那就是公众得知的大银行信息极其贫乏、极不完整且非常有限。所以巴菲特说，他拒绝和任何机构签署任何长期衍生品合约，因为他想避免因无法从交易对手那里收回预期应收账款而陷入危机。

我国银行体系曾经因为计划经济时期遗留的沉重历史包袱和体制机制的根本性缺陷而十分脆弱，后来经过改革，虽然在 1997 年和 2008 年两次国际金融风暴中没有直接爆发金融危机，但是，我国金融改革并没有到位，金融风险仍在积累。最近，美国著名经济学家斯蒂格利茨说："2008 年的金融危机给了我们一个重大教训，那就是市场不会自我监管。市场总是有产生资产和信贷泡沫的倾向，而且必然会崩溃（通常发生在跨境资本流动突然转向的时候），并带来巨大的社会成本。""十三五"时期，在我国实现了资本项目可兑换和人民币国际化进程加快的背景下，如何既加快金融改革开放和创新，又吸取国际金融危机的教训，切实加强监管，防止发生系统性金融风险，保持宏观经济环境稳定，将是一个过去没有碰到的新课题，需要认真加以应对。

还有一个重要情况，即美联储正在逐步退出量化宽松货币政策，随着美国经济复苏加快，美元有可能进入加息周期。据银监会前主席刘明康估计：美联储加息一个百分点，相当于经济收缩 2.3 万亿美元的流动性。如果利率经过几年从零提高到 4%，就相当于在全球范围收紧 9.2 万亿美元的流动性。果真如此，显然将会对全球经济特别是对新兴市场经济体产生很大冲击。国外有评论认为，今年一些新兴经济体证券、汇率暴跌是世界经济危机的第三阶段。2008 年以后，发达国家经济持续低迷，但由于实行超宽松的货币政策，2008—2012 年，美联储资产负债规模和基础货币均增长 2.2 倍；欧洲央行资产负债规模和基础货币增长近 1 倍；日本央行资产负债规模和基础货币增长 40% 以上。因此这几年，发达国家过多的流动性大量流入新兴市场经济体，支撑了这些国家的增长，一旦大量流出就会产生很大的负面效应，反过来又会对发达经济体形成冲击。最近有西方智库研究认为，现在发达经济体比 20 世纪 90 年代更容易受新兴市场衰退的冲击。1997—1998 年新兴市场经济体产出约占全球产出的 37%，现在上升到 50% 左右。摩根斯丹利的研究报告认为：新兴市场如果出现 20 世纪 90 年代那样的需求减退，那么美国将有 4 个季度的增速平均下降 1.4%，欧元区和日本可能陷入衰退。这种情况出现的概率有多大，如果出现会对我国经济产生什么影响，需要加以研判。

四、"十三五"时期经济转型升级问题

以全面深化改革促进经济转型升级，应成为"十三五"规划的主线。经济转型升级的方向已经明确，"十三五"规划主要是进一步明确目标、重点和重大举措。我从几个侧面提出几个需要研究的问题。

（一）重要经济关系将有较大调整，从近几年到"十三五"期间我国经济已经或将出现一些拐点

1. 投资率从高位回落，消费率逐步回升。1991—2000 年投资率（即资本形成率＝投资需求占总需求之比）平均为 37.8%，2003 年以来持续攀升，其中 2009—2013 年连续 5 年在 47% 以上，这显然是不可持续的。2011

年达到48.3%的高位以后开始缓慢下降，2012年为47.8%，2013年约为48.2%，预计2014年和2015年将继续下降。估计"十三五"期间可能降到42%左右。与此相对应，最终消费率和居民消费率可能分别回升到56%左右和42%左右。

表1 1991—2013年资本形成率（投资率）、最终消费率（消费率）和居民消费率（单位：%）

年 份	资本形成率	最终消费率	居民消费率
1991—2000	37.8	60.1	45.6
2001	36.5	61.4	45.3
2002	37.8	59.6	44.0
2003	41.0	56.9	42.2
2004	43.0	54.4	40.5
2005	41.5	53.0	38.9
2006	41.7	50.8	37.0
2007	41.6	49.6	36.1
2008	43.8	48.6	35.3
2009	47.2	48.5	35.4
2010	48.1	48.2	34.9
2011	48.3	49.1	35.7
2012	47.8	49.5	35.9
2013	48.2	49.2	36.1

注：2013年是估计数

2. 服务业比重超过第二产业后较快提升。21世纪头10年我国经济高速增长过程中，服务业比重提高比较缓慢，2010年仅比2000年提高4.2个百分点。最近3年服务业发展加快，2013年服务增加值占GDP比重首次超过第二产业，达到46.1%，比2010年提高2.9个百分点。但与国际比较，我国服务业发展潜力还很大。据世界银行统计，2010年，高收入国家服务业增加值占GDP比重平均为74.3%，中等收入国家平均为55.6%，低收入国家平均为50%，全世界平均为70.9%。2013年，我国服务业就业比重仅有34.6%，与国际比较差距也很大。"十三五"期间我国服务业增加值比重和就业比重，经过努力应该每年都能提高1个百分点，我国产业结构将会有较大改善。

表2 2010年三次产业就业构成比较   （单位：%）

国 别	第一产业	第二产业	第三产业
中 国	36.7	28.7	34.6
印 度	51.1	22.4	26.6
巴 西	17.0	22.1	60.7
俄罗斯	9.7	27.9	62.3
南 非	4.9	24.5	61.9
美 国	1.6	16.7	81.2
日 本	3.7	25.3	69.7
德 国	1.6	28.4	70.0
英 国	1.2	19.1	78.9

注：巴西、俄罗斯为2009年数据

3.劳动年龄人口从峰顶下降。2012年，我国15岁至59岁劳动力9.37亿人，比上年末减少345万人，约占总人口69.2%，比上年末下降0.6个百分点，首次出现数量和比重双下降。随着我国劳动年龄人口峰值的到来，农村富余劳动力供给总量预计也将在今后5年内到达由增加到减少的拐点。据预测，我国总人口2020年比2010年将增加8318万人，比2015年将增加4729万人。其中15—59岁人口，2020虽然仍有9.221亿人，但将比2010年减少1840万人，比2015年减少590万人；而60岁以上人口，2020年将达2.592亿人，比2010年增加8140万人，比2015年增加3750万人。人口结构的这种变化，将对"十三五"时期潜在经济增长率以及储蓄与消费结构等产生较大影响。

表3 2010—2020年我国不同年龄段人口变化趋势预测 （单位：亿）

年 份	总人口	0—14岁	15—59岁	60岁以上	16岁及以上
2010	13.4091	2.226	9.405	1.778	10.932
2015	13.768	2.272	9.280	2.217	11.372
2016	13.858	2.299	9.259	2.300	11.434
2017	13.95	2.328	9.250	2.372	11.496
2018	14.044	2.354	9.233	2.458	11.564
2019	14.1401	2.384	9.225	2.531	11.629
2020	14.2409	2.428	9.221	2.592	11.685

4.货物贸易顺差占GDP比重和国家外汇储备保持合理水平。我国自1994年以来已经连续20年保持货物贸易顺差，其中多数年份顺差占GDP比重，在1%—2%和2%—3%之间；升至6%以上的只有2006—2008年3年，之后就回落到4%和3%以下。预计"十三五"期间，我国货物贸易有可能继续保持顺差，但其占GDP比重平均可能在2%以下。同时，随着我国金融改革深化和对外投资加快，国家外汇储备增长速度将明显放慢，也有可能从高位回落。这对我国宏观经济效益将是有利的。

表4　货物贸易顺差占GDP比率及外汇储备

年份	货物贸易顺差（亿元）	GDP（亿元）	占GDP比率（%）	外汇储备（亿美元）
2000	1995.6	99214.6	2.01	1655.74
2001	1865.2	109655.2	1.70	2121.65
2002	2517.6	120332.7	2.09	2864.07
2003	2092.3	135822.8	1.54	4032.51
2004	2667.5	159878.3	1.67	6099.32
2005	8374.4	184937.4	4.53	8188.72
2006	14220.3	216314.4	6.57	10663.40
2007	20263.5	265810.3	7.62	15282.49
2008	20868.4	314045.4	6.65	19460.30
2009	13411.3	340902.8	3.93	23991.52
2010	12323.5	401512.8	3.07	28473.38
2011	10079.2	473104.0	2.13	31811.48
2012	14558.3	518942.1	2.81	33115.89
2013	16072.0	568845.0	2.83	38213.00

5.货币供应量大幅增长可能到达拐点。广义货币（M_2）2002年为18.5万亿元，2013年为110.7万亿元，增长近6倍。M_2占GDP的比重由2002年的154%上升为2013年195%。国外学者认为，中国金融体系改革以"深化但较窄"为特征。由于各个国家金融深化和金融宽化的程度各不相同[①]，

---

① 金融深化是指金融资产与国内生产总值之比率的增加，金融宽化是指大量金融机构和金融工具的增加。

因而不能简单地拿 M_2 与 GDP 的占比进行国际比较；同时，也不能只拿 M_2 增幅与 GDP 增幅作对比，说明货币超发了多少。然而，M_2 增长率及 M_2 与 GDP 占比的大幅上升，确实也反映了货币超发和流动性过剩。"十三五"期间，随着金融改革深化和经济转型升级取得进展，M_2 与 GDP 占比可能出现下降趋势。

表5　广义货币供应量 M_2 占 GDP 比率

年份	M_2（亿元）	GDP（亿元）	M_2/GDP（%）
2001	158302	109655	144.36
2002	185007	120333	153.75
2003	221223	135823	162.88
2004	254107	159878	158.94
2005	298755	184937.4	161.54
2006	345604	216314.4	159.77
2007	403442	265810.3	151.78
2008	475167	314045.4	151.31
2009	606225	340902.8	177.83
2010	725852	401512.8	180.78
2011	851591	473104	180.00
2012	974160	518942	187.72
2013	1107000	568845	194.60

6. 城乡居民收入增速与经济增长同步，收入差距逐步缩小。"十三五"是实现党的十八大提出的 2020 年 GDP 和城乡居民收入比 2010 年翻一番目标的关键时期。1991—2000 年，GDP 增长率明显快于城乡居民收入增长率，2001—2010 年城乡居民收入增速加快，但仍慢于 GDP 增长。最近 3 年虽然经济增速放缓，但城乡居民收入增长加快，如果保持这种态势，就可能实现两者同步。与此同时，反映全国居民收入差距的基尼系数，2003 年以来一直保持在 0.47 以上。虽然 2009 年以来逐年下降，2013 年已经降到 0.473，但是保持下降势头并争取降到 0.45 以下还相当艰巨。

表6　城乡居民家庭人均收入增长率　　　　　（单位：%）

年份	GDP增长率	城镇居民家庭人均可支配收入增长率	农村居民家庭人均纯收入增长率
1991—2000	10.43	6.83	4.50
2001	8.30	8.50	4.20
2002	9.08	13.41	4.80
2003	10.03	9.00	4.30
2004	10.09	7.70	6.79
2005	11.31	9.60	6.21
2006	12.68	10.42	7.40
2007	14.16	12.20	9.50
2008	9.63	8.40	8.00
2009	9.21	9.77	8.50
2010	10.45	7.80	10.90
2001—2010	10.48	9.66	7.04
2011	9.30	8.40	11.40
2012	7.65	9.59	10.70
2013	7.70	7.00	9.30

表7　全国居民收入的基尼系数

年份	2003	2004	2005	2006	2007	2008	2009	2010	2011	2012	2013
基尼系数	0.479	0.473	0.485	0.487	0.484	0.491	0.490	0.481	0.477	0.474	0.473

7.降低能源消费弹性系数和改善能源消费结构。这是"十三五"时期的一个重要任务。1981—2000年能源消费弹性系数（即能源消费增长率与GDP增长率之比）为0.4，即能源消费增长40%实现GDP增长1倍。2001—2010年能源消费弹性系数升至0.72，2011年略有反弹，2012年和2013年明显下降。"十三五"时期，如果能降到1981—2000年的平均弹性系数0.4，将使经济增长与资源环境的矛盾明显缓和。近几年来，中国能源消费结构正在逐步改善。2013年与2006年相比，煤炭消费比重下降4.9个百分点，石油消费比重下降0.9个百分点，天然气消费比重上升2.7个百分点，水电、核电、风电消费比重上升3.1个百分点。预计，2014年和2015

年，上述此降彼升的趋势还将继续。预测到 2020 年，煤炭比重可能降到 62.5%，石油比重降到 14.5%，天然气比重升至 8%，水电、核电、风电比重升至 15%。

表 8　能源消费弹性系数

年　份	能源消费增长	国内生产总值增长	能源消费弹性
1991—2000	3.96	10.43	0.27
2001—2010	8.37	10.48	0.72
2011	7.1	9.30	0.76
2012	3.9	7.65	0.51
2013	3.7	7.70	0.48

表 9　能源消费结构

年份	煤炭（%）	石油（%）	天然气（%）	水电、核电、风电（%）
2000	69.2	22.2	2.2	6.4
2001	68.3	21.8	2.4	7.5
2002	68.0	22.3	2.4	7.3
2003	69.8	21.2	2.5	6.5
2004	69.5	21.3	2.5	6.7
2005	70.8	19.8	2.6	6.8
2006	71.1	19.3	2.9	6.7
2007	71.1	18.8	3.3	6.8
2008	70.3	18.3	3.7	7.7
2009	70.4	17.9	3.9	7.8
2010	68.0	19.0	4.4	8.6
2011	68.4	18.6	5.0	8.0
2012	66.6	18.8	5.2	9.4
2013	66.2	18.4	5.6	9.8

注：表 1 至表 9 的数据来源于《中国统计年鉴 2013》《2013 年国民经济和社会发展统计公报》

　　上述七个方面涉及投资与消费、三次产业结构、劳动力市场、对外贸易及国际收支、货币供给、居民收入、能源消费总量及结构等重要经济关系，都是"十三五"规划需要重点研究的问题。

（二）需求管理与供给管理相结合问题

西方古典经济学是以供给侧为核心的分析，从 19 世纪 70 年代边际学派才转到以需求为核心的分析。凯恩斯主义产生于 20 世纪 30 年代经济大萧条之后，因此，主张加强需求管理，即当经济周期处于衰退阶段或繁荣阶段时，由政府分别采取扩张性或紧缩性财政政策及相应的货币政策，调节投资与消费，进而影响总需求和总供给。但需求管理并不能从根本上消除结构性失衡，相反有可能加剧结构性失衡。我国近几年到"十三五"时期，要以提高经济增长质量和效益为中心，加快转变经济发展方式，解决产能过剩等结构性失衡问题，因此，在搞好需求管理，努力扩大需求的同时，更应加强供给管理。马克思认为，生产和消费、供给和需求具有同一性。他说："消费和生产之间的同一性表现在三方面：（1）直接的同一性：生产就是消费；消费就是生产。""前者表现为再生产；后者表现为生产的消费。""（2）每一方表现为对方的手段；以对方为媒介。没有生产就没有消费，没有消费就没有生产"。（3）"生产不仅是消费的手段，消费不仅是生产的目的"，"而且两者的每一方当自己实现时也就创造对方，把自己当作对方创造出来"。"这第三项所说的这个最后的同一性，经济学在论述需求和供给、对象和需要、社会创造的需要和自然需要的关系时，曾多次加以解释"[①]。重温马克思在《〈政治经济学批判〉导言》中的这些论述，对于平息当前学界关于经济发展的动力究竟是投资（供给）还是消费（需求）的争论，无疑提供了一把打开解决问题之门的钥匙。供给创造需求，需求也创造供给，两者相互依存、互相促进。因此，当需求不足和供给过剩并存，而且原因复杂时，应当采取需求管理和供给管理相结合的宏观经济政策。加强供给侧管理，主要是发挥市场在资源配置中的决定性作用，同时更好发挥政府作用，通过推进结构性改革和政策引导，把体制改革和结构升级结合起来，优化供给结构，加快提质增效。"十三五"规划应当突出这一政策导向。

---

① 中共中央马克思恩格斯列宁斯大林编译局. 马克思恩格斯选集（第 2 卷）[M]. 北京：人民出版社，1972：95—96.

（三）加强研发、创新和人力资本合作问题

加强研发、创新和人力资本合作，这是经济转型升级的基础和动力，应成为"十三五"规划的两个战略重点。

研发、创新的主体和生力军是企业。我国近几年研发投入增长并不慢，但前沿的重大创新较少，科技与经济脱节，创新成果转化缓慢，仍然是制约我国从制造到创造、从产品到品牌跨越的瓶颈。在这个方面，国际经验值得借鉴。1993 年，我曾经参加国家计委科技司组织的一个团到美国和韩国考察科技和经济结合的经验。美、韩的一个共同特点是：许多企业不仅拥有很强的研发队伍和资金实力，而且具有很强的创新动力和活力。硅谷是最突出的，当时硅谷已经聚集众多创新公司，而且创新成果层出不穷，其中很重要的原因，是有创新的良好环境。有人总结说，硅谷是创新企业的栖息地，包括硅谷有企业家的创新冲动、创新精神，有鼓励创新、宽容失败的创新文化，有开放的企业结构，有允许人才流动的法律环境，有便于创新公司上市的股票市场，有支持创新企业的风险投资，等等。硅谷经验说明：要聚集创新企业、创新人才，需要有激励创新的体制环境，以及支持创新的外部条件。在这些方面，除了企业的努力，也离不开政府的积极作为，包括严格保护知识产权，并从各个方面鼓励、支持创新。最近国外有评论认为："20 世纪中叶的英国极具创新性，为计算机技术、雷达、喷气式发动机和电视的开发做出了贡献。但是，由于缺乏现代化的工业基础、成功的大型工业公司和足够规模的政府采购，所以英国注定落后于美国、德国和日本等竞争对手。"而美国优势之一在于政府与军方的大量科技投入和采购，是美国众多创新发明的实际支持者和最早用户。正如上述评论所说："美国军方是二战期间哈佛大学的特曼无线电研究实验室的客户，在几十年内，它仍是最早的计算机技术的主顾。此外，大公司（其中许多都是像洛克希德公司这样的防务承包商）是斯坦福大学工业园区（简称硅谷）的早期入驻者。""十三五"时期，我国要加快创新驱动发展，必须大力推进改革开放，充分激发社会、市场、企业、个人的创新活力和动力，同时要充分发挥经济、科技政策对创

新的促进作用。在创造良好环境和支持创新方面，政府对不该管的要坚决不管，对该管该做的要管好做好。

经过 30 多年发展，我国人口红利正在减弱，但新的比较优势也正在形成，为经济转型升级提供了新的有利条件。这其中包括我国劳动力素质快速提高，高等教育毛入学率已达 30%，主要劳动年龄人口中受过高等教育的比例达 12.5%。因此，强化人力资本具备比过去更好的基础。"十三五"时期加强职业培训尤为重要。在这个方面，德国的经验值得借鉴。1989 年和 1992 年，我曾两次到德国考察，了解到德国的职业培训实际是双轨制，不仅教育部门搞培训，而且企业也十分重视职业培训。许多企业都有专门的培训机构、培训基地和培训制度。不论什么岗位都要先培训后上岗。每年还要抽出一定时间进行轮训，使员工能跟上技术发展的步伐。德国企业不只为本企业培训员工，也为本行业和社会培训人才。据介绍，企业搞职业培训的优点在于与企业生产及技术紧密结合，学用结合，不会落后于快速变化的技术。这些方面的做法值得我们借鉴。我国现在大量农民工进入二、三产业，产业技术发展变化又很快，要提高产品质量，强化生产和产品安全，加快技术创新，都需要强化人力资本，加强职业培训。这是最基础的工作，"十三五"时期应当在这个方面有一个显著的进步。

（本文是作者在国家发改委召开的"十三五"规划前期研究专家座谈会上的发言稿，2014 年 5 月 16 日）

"十二五"时期我国发展取得重大成就

（2015 年 11 月 12 日）

"十二五"时期，是我国在实现"两个一百年"奋斗目标历史进程中极为重要的五年。面对错综复杂的国际环境和艰巨繁重的国内改革发展稳定任务，我们党团结带领全国各族人民顽强拼搏、开拓创新，奋力开创了党和国家事业发展新局面，经济社会发展取得了新的重大成就，我国经济实力、科技实力、国防实力、国际影响力又上了一个大台阶。

一、经济、科技实力显著增强

经济总量稳定增长。"十二五"期间，我国妥善应对国际金融危机持续影响等一系列重大风险挑战，适应经济发展新常态，不断创新宏观调控方式，推动形成经济结构优化、发展动力转换、发展方式转变加快的良好态势。"十二五"规划目标即将胜利实现。2014 年与 2010 年相比，国内生产总值从 40.2 万亿元增至 63.6 万亿元；按美元折算，从 6 万亿美元增至 10.4 万亿美元，稳居世界第二位；占全球经济比重由 9.2% 上升到 13.3%。2011—2014 年我国对世界经济增长的贡献率超过 25%。据世界银行数据，我国人均国民总收入由 2010 年的 4300 美元提高至 2014 年的 7380 美元，在世界上中等收入国家中的位次不断提高。对于有 13 亿多人口的大国来讲，这是了不起的成就。

经济结构继续优化。"十二五"期间，经济结构出现了一些转折性的可喜变化。一是消费对经济增长的拉动作用超过投资，2011—2014年，最终消费对经济增长的年均贡献率为54.8%，高于投资贡献率7.8个百分点。二是第三产业增加值占国内生产总值比重超过第二产业，从44.2%上升到48.1%，比2010年提高3.9个百分点；第二产业由46.2%下降到42.7%；第三产业就业占比从34.6%上升到40.6%。三是城镇化率（常住人口）从2010年的49.95%上升到2014年的54.77%。与此同时，农业连续增产增收，粮食产量实现"十一连增"。四是中西部地区投资和经济的增速超过东部，地区发展差距扩大的势头得到了初步抑制。

基础设施水平全面跃升。交通、水利、能源、信息等基础设施建设步伐加快。高效、便捷的铁路网、公路网、航空运输网、城际铁路网、航道网逐渐形成。2014年末，铁路营业里程、公路里程、高速公路里程、定期航班航线里程分别达到11.2万公里、446.4万公里、11.2万公里、463.7万公里，分别比2010年末增长22.6%、11.4%、51%、67.7%。特别是高速铁路运营里程突破1.6万公里，居世界首位。建设了一批跨流域调水工程和骨干水源工程。信息化水平全面提高，新一代移动通信网、下一代互联网、数字广播电视网、卫星通信网等设施建设加快，逐步形成了超高速、大容量、高智能国家干线传输网络；推动了"三网"互联、互通和业务融合。

科技创新能力明显增强。科技整体水平加速提升，一批重大科技成果达到世界先进水平。在基础研究领域，取得量子调控、中微子振荡、90α热休克蛋白、CiPS干细胞等一批重大原创性成果。载人航天、探月工程、深海潜器、超级计算、北斗导航等战略高技术领域取得重大突破。高铁、4G移动通信、核电、电动汽车、特高压输变电、杂交水稻等重大创新成果加速应用，产生重大效益。2014年，研究与试验发展（R&D）经费支出达13312亿元，占国内生产总值的2.09%，比2010年提高0.36个百分点。科技进步对经济增长贡献率从2010年的50.9%提升到2014年的54%。每万人均发明专利拥有量达到4.9件，比2010年增加2.8件。科技体制改革取得重要突破，企业的技术创新主体地位增强，大众创业、万众创新蓬勃开展。

对外开放成绩显著。2014 年,我国货物进出口总额达到 26.4 万亿元,居世界第一位,比 2010 年增长 31%。2011—2014 年累计实际使用外商直接投资 4649 亿美元,其中 2014 年为 1196 亿美元,首次跃居全球第一。对外投资增长迅速,2014 年非金融类对外投资 1072 亿美元,比 2010 年增长 78.1%,成为主要对外投资大国。

生态文明建设取得新进展。生态文明制度、法律法规不断完善,相关的体制机制改革和重点建设任务全面推进。2011—2014 年,单位国内生产总值能耗和水耗累计分别下降 13.4% 和 24.3%,资源产出率比 2010 年提高约 9 个百分点。能源结构逐步优化,2014 年,水电、风电、核电、天然气等清洁能源消费量占能源消费总量的比重达到 16.9%,比 2010 年提高 3.5 个百分点。风电、太阳能并网装机规模比 2010 年分别增长 2.1 倍和 33 倍。污染减排效果显著,到 2014 年,化学需氧量、氨氮、二氧化硫、氮氧化物排放总量累计分别下降 10.1%、9.8%、12.9%、8.6%。截至 2014 年底,城市生活污水处理率达 90.2%,垃圾无害化处理率达 91.8%,森林覆盖率达到 21.63%。

二、社会发展成就斐然

城镇新增就业和城乡居民收入持续增加。"十二五"时期,城镇新增就业数量在经济增速下降的情况下持续增加,2011—2014 年累计新增 5119 万人;城镇登记失业率保持 4.1% 左右。扣除价格因素,城镇居民、农村居民人均可支配收入年均实际增长分别为 7.9% 和 10.1%。2014 年全国居民人均可支配收入达到 20167 元,比上年增长 8%,比全年经济增长快 0.7 个百分点。物价保持基本稳定,最低工资标准和工资水平逐步提升,人民生活明显改善。

覆盖城乡居民的社会保障体系不断健全。社会事业和民生保障的财政支出逐年增大,养老、医疗、住房等社会保障水平稳步提高。新型农村养老保险和城镇居民养老保险合并为统一的城乡居民基本养老保险制度,实现制度全覆盖。企业退休人员基本养老金 2010 年月人均为 1362 元，2014 年已超过 2000 元。城乡居民最低生活保障标准年均增长 10% 以上。2011—2014 年贫困人口数量累计减少近 1 亿人。全国城镇保障性安居工程建设提速，2011—2015 年 9 月底，累计开工 3920 万套，基本建成 2695 万套，保障性住房覆盖面明显扩大。

医疗卫生事业取得显著成绩。医疗保障制度得到完善，城镇职工、城镇居民基本医保和新型农村合作医疗三项基本医保参保（合）人数达到 13.3 亿，参保（合）率年均稳定在 95% 以上。三项基本医保政策范围内住院费用报销比例分别达到 80%、70% 和 75%。到 2015 年底前，大病医保覆盖所有城乡居民基本医保参保人群，大病保险支付比例将达 50% 以上。疾病应急救助制度全面建立。城乡基层医疗卫生服务体系不断完善。所有政府办乡镇卫生院、社区卫生服务中心和 86% 的村卫生室配备使用基本药物。公立医院综合改革全面推开，医改综合改革试点取得进展。实施 12 类 45 项基本公共卫生服务项目，惠及近 2 亿人。国民健康水平进一步提高，人均预期寿命提高 1 岁，目前已达 76 岁左右。

文化事业、文化产业繁荣发展。各项重点文化惠民工程提前实现"十二五"目标，图书馆、文化馆、科技馆等公共文化设施向社会免费开放。文化产业快速增长，文化市场繁荣活跃，国际传播能力显著提升，国家文化软实力不断增强。文化体制改革扎实推进，有利于文化创新创造的体制机制初步形成。深入推进群众性精神文明创建活动，中华民族伟大复兴的中国梦和社会主义核心价值观深入人心，全党全国人民团结奋斗的共同思想基础更加巩固。

各级各类教育发展水平明显提高。九年义务教育全面普及，巩固率从 89.7% 增至 92.6%。高中阶段教育基本普及，毛入学率从 82.5% 增至 86.5%。现代职业教育体系框架基本形成，新增劳动力大部分受过高中阶段教育。高等教育规模稳步扩大，毛入学率从 26.5% 提高到 37.5%。教育领域综合改革不断深化。考试招生制度改革全方位推进。以管办评分离为导向的教育管理体制和办学体制改革出现新的格局。

三、国防实力、国际影响力大幅提升

国防和军队建设成就显著。加速推进中国特色军事变革,强军兴军迈出新步伐。坚持用党的创新理论武装全军,实现军事战略指导新飞跃,军队现代化战略转型成果丰硕。部队信息化综合集成建设加快推进,全面建设现代后勤不断深化,航空母舰、大型运输机、新型战略导弹等高新技术武器研制取得重要突破。国防和军队改革有序推进。军民融合发展体制机制日趋完善,国防科技工业综合实力显著增强。严密组织海洋维权和重大军事行动,有力捍卫了国家主权、安全和发展利益。积极开展国际军事合作,成功进行中俄海上联合军事演习和上合组织联合军事演习,积极参加亚丁湾护航和利比亚、也门撤侨,支援西非抗击埃博拉疫情,为维护地区稳定与世界和平发挥了重要作用。

全方位外交取得重大进展。根据世情和国情变化的新特点和新趋势,坚持统筹国内国际两个大局,高举和平、发展、合作、共赢的旗帜,坚定奉行独立自主的和平外交政策,倡导构建互利共赢的新型国际关系,全方位推进大国、周边、发展中国家、多边和各领域外交。积极开展高层互访,加强中俄全面战略协作伙伴关系,全面开展中美战略对话,推动构建不冲突、不对抗、相互尊重、合作共赢的新型大国关系。打造中欧和平、增长、改革、文明四大伙伴关系。秉持亲诚惠容的周边外交理念,坚持与邻为善、以邻为伴,坚持睦邻、安邻、富邻,深化同周边国家的互利合作和互联互通,打造周边命运共同体。加强对外援助工作,增进与发展中国家团结合作。成功主办亚太经合组织(APEC)会议,积极参与国际事务,发挥负责任大国作用,共同应对国际金融危机、气候变化等全球性挑战,我国在国际事务中的影响力显著增强。积极参与区域经济合作,成功签署中澳、中韩自贸协议,加强与上合组织国家经贸合作,发起设立亚投行、新开发银行和丝路基金,推进"一带一路"建设,构建全方位对外开放新格局。

四、深化改革、依法治国、从严治党全面推进

全面深化改革迈出有力步伐。党中央加强了全面深化改革的顶层设计和组织领导，各个领域改革有力有序推进。行政体制改革和政府职能转变取得重要进展。大力推进简政放权和行政审批制度改革，已取消和下放约600项行政审批事项，实施市场准入负面清单、政府权力清单和责任清单制度。全面推开商事制度改革。投资体制改革进一步深化，大幅精简了审批事项和前置手续。深化预算制度改革，加大预算公开力度，完善财政转移支付制度，推进税收制度改革。金融体制改革稳步推进。利率市场化改革迈出重大步伐，存款保险制度正式施行。中小金融机构、民营银行、互联网金融得到快速发展。多层次资本市场进一步发展。人民币汇率形成机制不断完善，汇率弹性显著增强。人民币国际化取得重要进展。价格改革迈出新步伐。完善成品油价格形成机制，实施天然气价格"三步走"改革计划，全面推进工商业用电同价，推行居民用电用水阶梯价格制度。将实行政府指导价、政府定价的商品和服务从139种（类）精简为79种（类），定价项目从约100项减至20项。基本经济制度进一步完善。继续推进国有资本调整和重组，中央企业由2010年底的122家调整为目前的110家。改革国有企业负责人薪酬制度。垄断行业改革不断推进。进一步消除制约民间投资的障碍。发展混合所有制经济取得积极进展。农业农村改革继续深化。户籍制度改革迈出实质性步伐，土地管理制度改革深入推进，启动了农村土地征收、集体经营性建设用地入市、宅基地制度改革三项试点。外贸外资体制改革深入推进。有序推进通关便利化改革。在上海、广东、天津、福建设立自由贸易试验区。推进外商投资和境外投资管理体制改革，推动优势产能走出去。

依法治国开启新征程。人民民主不断扩大，民主制度更加完善，民主形式更加丰富。依法治国基本方略全面、深入、扎实推进。宪法的地位和作用得到进一步彰显和加强。将每年12月4日确定为国家宪法日，在全社会弘扬宪法精神。深入推进科学立法、民主立法，加强重点领域立法，中国特色社

会主义法律体系不断完善。深入推进依法行政，法治政府建设步伐加快。坚持法定职责必须为、法无授权不可为，行政机关不得在法外设定权力。深入推进公正司法，深化司法体制改革，设立巡回法庭，审理跨行政区域案件；设立知识产权法院，加强知识产权司法保护。推进以审判为中心的诉讼制度改革，冤假错案预防和纠正机制不断健全。深入推进法治社会建设，健全普法宣传教育机制，提高社会治理法治化水平。法律服务体系建设日趋完备，法律援助制度不断完善，依法维权和矛盾纠纷解决机制不断健全。加强和改进党对法治工作的领导，党依据宪法法律治国理政的能力与水平不断提高。

全面从严治党开创新局面。把全面从严治党提到战略布局的高度进行部署并推进，全面加强党的思想建设、组织建设、作风建设、反腐倡廉建设、制度建设。出台八项规定，在全党深入开展党的群众路线教育实践活动和"三严三实"专题教育，着力构建改进作风长效机制。全面推进惩治和预防腐败体系建设，坚定不移惩治腐败，一批腐败分子相继受到惩处。深化党的建设制度改革，党内法规体系、干部人事制度、党员和干部管理制度更加完善，党的各级组织建设特别是基层服务型党组织建设得到加强。这些重大举措，显著改善了党风政风，赢得了党心民心，为改革发展稳定提供了有力保障。

"十二五"时期的发展成就从各方面为全面建成小康社会奠定了坚实基础。尤为重要的是，党的十八大以来，以习近平同志为总书记的党中央毫不动摇坚持和发展中国特色社会主义，勇于实践、善于创新，深化对共产党执政规律、社会主义建设规律、人类社会发展规律的认识，形成一系列治国理政新理念新思想新战略，为在新的历史条件下深化改革开放、加快推进社会主义现代化提供了科学理论指导和行动指南。这对于实现"两个一百年"奋斗目标具有重大和深远的意义。

（原载于党的十八届五中全会《关于我国经济社会发展"十二五"规划建议辅导读本》，人民出版社 2015 年 11 月出版，《光明日报》2015 年 11 月 16 日转载）

关于推进供给侧结构性改革的几个问题

（2016 年 5 月 5 日）

推进供给侧结构性改革，是以习近平同志为核心的党中央深刻总结国内外应对国际金融危机的经验教训，深刻把握世界经济新格局、新趋势，深刻分析我国经济新常态的基本特征、突出矛盾作出的重大决策。既是 2016 年经济工作的重点任务，又是"十三五"经济社会发展规划的主线。其内涵深刻、意义重大，体现了党中央关于宏观经济决策思路的与时俱进和重大创新，具有很强的现实针对性、指导性和操作性。为落实好这个既管近期又管中长期的重大决策，需要从理论和实践的结合上加深对它的理解，并澄清一些模糊认识。

一、供给侧结构性改革的内涵和重要意义

（一）什么是供给侧结构性改革

所谓供给侧结构性改革，就是以改革的思路和举措推进经济结构调整，重点解决供给侧结构性矛盾和问题。其实质是解放和发展社会生产力，目的是扩大有效和中高端供给，减少无效和低端供给，增强供给结构对国内外市场需求变化的适应性和灵活性，提高供给质量和资源配置整体效率。

着力推进供给侧结构性改革，是适应和引领我国经济新常态的重大决

策。"十三五"时期，我国经济发展的显著特征就是进入新常态。新常态下，我国经济发展表现出速度变化、结构优化、动力转换的三大特点：即增长速度从高速转向中高速，发展方式从规模速度型转向质量效率型，经济结构从增量扩张为主转向调整存量与做优增量并举，发展动力从主要依靠资源和低成本劳动力等要素投入转向创新驱动。在新常态下，我国经济发展面临的矛盾和问题，既有供给侧的，也有需求侧的，而主要矛盾是供给侧结构性矛盾。这是由国际和国内、历史和现实的多方面原因决定的。

（二）供给侧存在哪些结构性矛盾和问题

（1）供给侧产能高速增长和大规模扩张遇到外需萎缩、内需减速而出现严重过剩。从国际看，2002—2007年世界经济经历了一个黄金发展期，但从2008年9月美国雷曼公司破产引发国际金融危机以来，国际经济环境发生了转折性的重大变化：国际金融危机和随后发生的欧洲主权债务危机，导致世界经济陷入衰退，持续时间之长，复苏之艰难、缓慢，为历史罕见。2009—2014年，按不变价计算，美国GDP累计仅增长8.4%，年均1.4%；欧元区累计为 –1.1%，年均 –0.18%；日本累计仅增长2%，年均0.33%。危机爆发后，美、日、欧为刺激经济复苏，相继推出史无前例的量化宽松货币政策，实行超低利率，导致大量游资流向新兴市场和发展中国家套利，而2013年6月当美联储宣布即将退出量化宽松货币政策之后，又使大量资金向美国回流，对一些新兴市场经济体形成很大冲击，引发这些国家本币贬值、资本外流、经济衰退。上述因素叠加使全球经济复苏更为艰难，大宗商品价格大幅回落，导致全球贸易持续低速增长，增速已连续5年低于3%，一改过去几十年全球贸易增速快于世界经济增速的基本态势。全球经济、贸易低速对我国经济发展造成很大冲击，货物出口增速大幅下降，成为加剧国内产能过剩和经济下行的重要因素。

从国内看，进入新世纪以后，在我国加入世贸组织、全球经济与贸易快速增长、国内经济处于周期上升阶段等多重有利因素推动下，我国经济增速连续多年在10%左右，2007年达到14.5%；2000—2008年出口和投资年均增长 20% 以上，从而带动众多行业产能井喷式增长。加之 2008 年以后为应对危机，采取了力度很大的刺激政策，财政支出扩张、货币信贷大量投放，推动基础设施建设、房地产和制造业投资持续扩张，并使钢铁、水泥、玻璃等许多行业产能持续快速增长。随之而来的是，国内房地产、制造业和基础设施建设相继进入调整减速期，从而使外需萎缩和内需减速"双碰头"。

（2）供给侧创新不足导致关键设备、核心技术和高端产品大量依赖进口。尽管我国是世界第一制造业大国，但是总体上处于全球产业分工和价值链的中低端，缺乏核心技术和著名品牌，产品的技术附加值较低，因而在不少行业和产品严重过剩的同时，国内的高端产品市场却掌握在外国企业手里。例如，数控机床大量依赖进口德国和日本的设备。又如，从 2013 年起，我国已成为全球最大的工业机器人市场，但是 90% 以上的机器人从日本、德国、瑞士进口。电子信息领域的芯片 90% 靠进口，每年进口额超过石油进口额。

（3）产业结构升级缓慢不能适应消费结构升级的要求。许多消费品低端产能严重过剩，而质量好、性能优良的产品供不应求。2015 年，我国出国旅游人数达 1.2 亿人次，境外消费 1.5 万亿元，其中约 60% 用于购物。据媒体报道，中国消费者在日本、欧美市场扫货、爆买，包括大量购买儿童奶粉、电饭煲、马桶盖、感冒药，等等。这反映随着我国居民收入水平持续提升，消费需求已经从数量型转向质量型，对产品质量尤其是食品、药品的质量和安全要求越来越高。而且，现在"80 后""90 后"的消费群体，正在成为主流的消费人群，他们更关注品质和服务，更重视品牌价值和自身的消费体验，正在从性价比消费者转为质量消费者。以上变化反映出消费品供给结构升级严重滞后，已成为国内消费市场扩张的重要障碍。

（4）房地产市场的问题也主要在供给侧，集中表现为一线城市房价高企，三四线城市库存严重积压。我国房地产市场发展比较晚，开始于 20 世纪 90 年代后期的住房商品化改革，后来逐步发展成为支柱产业。2000—2015 年，房地产投资年均增速为 21.6%，占 GDP 的比重由 4.9% 上升到 13.9%。在高速发展的同时，房价上涨过快，资产价格泡沫积累，进而刺激房地产投资盲目扩张；在采取抑制房价上涨的政策之后，又使房地产市场进入低速调整期，库存大量增加。房地产市场的结构性问题突出，主要是因为供给侧结构性改革滞后。一是由于受到土地财政和城乡二元管理制度的限制，土地供给不能完全根据市场变化进行调整。房地产市场区域差异明显：一二线城市的城中村和城乡结合部大量的集体土地由于受到管理制度的限制而不能形成市场有效供给，土地供应不足；而三四线城市为追求土地财政收入而超量供应土地，导致供给大大超过需求，形成大量土地积压。二是缺乏对机构和出租人的培育，住房租赁市场发展程度低。据统计，我国住房租赁市场中中介机构出租的房源不足5%，远远低于英国、德国等国家大约30%的比例。缺乏机构出租人参与，导致市场不能提供足够的稳定租住场所，制约了住房租赁市场发展，大量住房需求不得不转向销售市场，加大了住房销售市场的供求矛盾。

（5）服务业发展滞后与需求增长严重脱节。21世纪头10年我国经济高速增长过程中，服务业比重提高比较缓慢，2010年仅比2000年提高4.2个百分点。最近几年服务业发展加快，2013年以来服务业增加值占GDP比重持续超过第二产业，2015年达到50%。但与国际比较，我国服务业发展水平还有很大差距。据世界银行统计，2010年，高收入国家服务业增加值占GDP比重平均为74.3%，中等收入国家平均为55.6%，低收入国家平均为50%，全世界平均为70.9%。2015年，我国服务业就业比重仅有42.3%，与国际比较差距也很大。同时，服务业内部结构也不平衡，有两个短板更为滞后：一是生产性服务业发展滞后，既制约了制造业转型升级，也阻碍了国民经济整体效率提高和成本降低。我国物流成本仍高达16.8%，而发达国家为10%左右。二是医疗、教育、养老等服务业发展滞后，同人民群众日益增长的需求尤其是优质服务需求的矛盾越来越突出。

（6）经济发展方式转变滞后导致各类环境污染呈高发态势。2014年全国开展空气质量新标准监测的161个城市中，仅有16个城市的空气质量年均值达标，占比不到10%。202个地级及以上城市的地下水质量监测，水质优良的监测点仅占10.8%，较差、极差的占比超过60%。全国土壤污染严重超标率达 16.1%，其中重度污染点的比例超 1%。良好的生态环境，是全面建成小康社会的重要标志，也是人民群众的迫切需求，因而是推进供给侧结构性改革的重要任务。

（7）在要素成本上升的同时，要素生产率下降，导致潜在经济增长率下降。英国古典经济学创始人亚当·斯密认为，为了增加国民财富只有采取两种方法：一是提高在业工人的劳动生产率；二是增加生产工人的人数。而提高劳动生产率和增加生产工人都需要增加资本。潜在经济增长率，主要是由供给侧的这两个要素决定的。从劳动力供给来看，2012 年以来，我国 15—59 岁农村劳动力连续几年出现总量和比重双下降。农村富余劳动力在总量减少的同时，又受到户籍制度等流动障碍制约。与此同时，劳动力供给与需求还存在结构性矛盾，即技工和高端人才更为短缺。近几年劳动力成本持续上升，一个重要的原因是，劳动力市场供求形势发生了重大变化。从另一生产要素即资本来看，我国投资率一直处于高位，1991—2000 年为 37.8%，近年来已连续 5 年在 47% 以上，但是投资边际产出率和要素生产率均明显下降。

（8）供给侧相关的体制机制改革滞后。供给侧既包括硬件供给，也包括软件供给，即体制机制和制度建设的供给。这两个方面的供给存在密切关系。我国结构调整和转变发展方式已经提出多年，虽然也不断取得进展，但是总地看来，结构性矛盾特别是供给侧结构性矛盾仍在积累和加深，究其原因就在于导致供给侧结构性矛盾产生和发展的体制机制改革滞后。深化改革旨在解决供给侧结构性矛盾的改革任务十分繁重，这是提出着力推进供给侧结构性改革的重要原因。

（三）为什么着力推进供给侧结构性改革是解决当前经济发展面临的"四降一升"等突出问题的重大决策

"四降"：一是经济增速下降：2000—2010 年，GDP 年均增长 10.4%；2011—2015 年分别为 9.5%、7.7%、7.7%、7.3%、6.9%；2016 年一季度为 6.8%。二是工业品价格下降：从 2012 年 3 月到 2016 年 4 月，工业生产

者出厂价格指数（PPI）已连续50个月同比下降，其中2012年为-1.7%；2013年为-1.9%；2014年为-1.9%；2015年为-5.2%；2016年1—3月为-5.4%、-4.9%、-4.3%。三是实体经济企业盈利下降：工业企业利润总额2011年年收入比上年增长25.3%；2012年增长5.27%；2013年增长12.15%；2014年增长3.3%；2015年为下降2.3%。四是财政收入下降：2011年年收入比上年增长24.8%。2012年增长12.8%；2013年增长10.1%；2014年增长8.6%；2015年增长8.4%。"一升"指经济风险发生概率上升，这主要是因为全社会债务率（杠杆率）大幅上升。包括居民、政府、金融机构、企业在内的总债务占GDP比重，2000年为142%；2005年为163%；2010年为192%；2014年上升到235.7%。"四降一升"问题的产生原因，主要不是经济周期性矛盾引起的，而是结构性矛盾导致的。因为自2008年第4季度开始，我国为应对国际金融危机冲击所采取的刺激需求政策力度并不小，全社会杠杆率从2009年到2014年上升65.7个百分点就说明了这一点。因此，问题主要是由于供给侧结构错配的问题严重。刺激需求的政策边际效益不断递减，单纯依靠刺激需求的政策难以解决产能严重过剩等结构性矛盾，必须把改善供给结构作为主攻方向，才能缓解经济运行中的突出矛盾，并促进全社会总供求格局从低水平平衡向高水平平衡跃升。

（四）为什么要把供给侧结构性改革作为"十三五"规划的主线

先从五年规划的功能定位说起。制定和实施五年计划（规划），是我们党和国家领导、组织和推动经济社会发展的一种重要方式，也是我国社会主义制度的一个独特优势。改革开放以来，在经济体制的深刻变革中，计划（规划）体制本身也经历了重大改革，五年计划（规划）的内涵、功能与作用方式发生了很大变化。在社会主义市场经济体制下，中长期规划仍有不可替代的重要功能和作用，主要包括：通过制定体现客观规律和人民利益要求的经济社会发展规划，有利于统一全党全国人民对未来规划期内国际国内大局和奋斗目标、主要任务、重大方针的认识；有利于正确引导社会舆论和市场预期，动员全党和全社会为中长期规划目标的实现而奋斗；有利于提出应对重大问题的长期战略，提前谋划、部署跨年度甚至跨五年的重大项目建设，发挥新型举国体制集中力量办大事的优势；有利于通过五年规划的实施有步骤地加强经济社会发展的短板和薄弱环节，促进其加快发展；有利于更有效地增加城乡居民收入，更快地消除贫困，更好地保障和改善民生，等等。

基于中长期规划的上述功能，解决结构性矛盾历来是五年规划的重大任务。"十五"计划提出以发展为主题，以结构调整为主线；"十二五"规划提出以科学发展为主题，以加快转变经济发展方式为主线。这次"十三五"规划提出以供给侧结构性改革为主线，就其实质内容来看，这条主线同推进结构调整和发展方式转变是一脉相承的，但由于"十三五"的基本特征是经济发展进入新常态，因此，"十三五"规划的这条主线也就有了全新的内涵和意义。一是确定供给侧结构性矛盾是主要矛盾，明确了结构调整的重点和主攻方向在供给侧，这是和以往不同的。二是确定以改革的思路和举措推进结构调整，从解决供给侧结构性矛盾背后的体制机制问题入手，把深化改革和调整结构紧密结合起来，这也是和以往不同的。三是深化供给侧结构性改革，是以习近平总书记提出的创新、协调、绿色、开放、共享的新发展理念为引领的。这五大新发展理念，是"十三五"和我国长期发展的发展方向、总体思路、发展着力点的集中体现，也是我国发展经验的集中体现，对于破解发展难题、增强发展动力、培植发展优势具有重大指导意义。

（五）以供给侧结构性改革为主线和贯彻新发展理念是什么关系

供给侧结构性改革是以新发展理念为引领和指导的。发展理念是发展行动的先导，新发展理念为供给侧结构性改革指明了方向和路径。同时，供给侧结构性改革是贯彻落实新发展理念的重大举措和具体抓手。新发展理念要引领并落实到发展行动上，必须排除面前的"拦路虎"，破除结构性、体制性障碍。因此，贯彻落实新发展理念必须从解决供给侧结构性矛盾入手，并作为主攻方向。例如，坚持创新发展，着力提高发展质量和效益，优化劳动力、资本、土地、技术、管理等要素配置，激发创新创业活力，拓展发展新空间，深入实施创新驱动发展战略，构建产业新体系，推进农业现代化，构建人才发展新体制，等等。这些都是供给侧结构性改革的重要内容。再如，坚持协调发展，着力形成平衡发展结构；坚持绿色发展，着力改善生态环境；坚持开放发展，着力实现互利合作共赢；坚持共享发展，着力增进人民福祉、促进共同富裕等，也都是供给侧结构性改革所要解决的问题，目的都是进一步解放和发展生产力，提高供给质量，扩大有效供给，以更好地满足全国人民日益增长的物质、精神生活的需求，体现以人民为中心的发展思想。因此，"十三五"规划以供给侧结构性改革为主线，与贯彻落实新发展理念是完全一致的。

二、供给与需求的辩证关系

（一）怎样全面认识供给与需求的辩证关系

西方古典经济学是以供给侧为核心的分析，从 19 世纪 70 年代边际学派才转到以需求为核心的分析。凯恩斯主义产生于 20 世纪 30 年代经济大萧条之后，因此，主张加强需求管理，即当经济周期处于衰退阶段或繁荣阶段时，由政府分别采取扩张性或紧缩性财政政策，以及相应的货币政策，调节投资与消费，进而影响总需求和总供给。2008 年国际金融危机以来，发达国家采取了力度空前的刺激政策，虽然阻止了危机的进一步发展，并不同程度地实现了复苏，然而事实证明，需求管理并不能消除结构性失衡，而这正是世界经济复苏缓慢、乏力的重要原因。由于认识到不能单靠刺激需求的政策，因此相关国家都相继推出内容各不相同的结构性改革措施。我国供给侧存在的结构性问题，虽然在国际金融危机冲击前已经存在，但由于应对危机采取的刺激需求政策主要是推动投资扩张，所以总供给与总需求的总量矛盾和结构矛盾并没有解决；有些方面甚至趋于恶化。这是因为投资具有双重功能：在扩大内需从而扩大总需求的同时，也增加了投资品供给从而扩大了总供给。在西方市场经济国家，当生产严重过剩时往往爆发经济危机，一批企业在危机中倒闭，随着供给大量减少，供给与需求的相对平衡得以恢复，价格跟着回升；同时危机也迫使生存下来的企业加快创新，提高供给质量。正是市场竞争和出清的功能，使优胜劣汰得以实现，从而推动经济进入新一轮发展。这是只在扩大总需求方面着力所不能解决的。同时，国内外经验还证明：以货币信贷的超常规扩张带动投资、从而推动经济增长的政策是不可持续的，一般都会带来资本的边际效率递减，并伴随着产能过剩和债务率攀升，留下很大隐患。把重点放在解决供给侧结构性矛盾上面，才能避免出现这些问题。

强调着力推进供给侧结构性改革，并不是认为需求侧不重要。供给与需求是市场经济内在关系的两个基本方面，两者相互依存、互为条件，是既对立又统一的辩证关系。马克思在《〈政治经济学批判〉导言》中深刻阐述了生产和消费、供给和需求的辩证关系。马克思曾指出："消费和生产之间的同一性表现在三方面：（1）直接的同一性：生产是消费；消费是生产。""前者表现为再生产；后者表现为生产的消费。""（2）每一方表现为对方的手段；以对方为中介"。"没有生产就没有消费，没有消费就没有生产。""（3）生产也不仅是消费的手段，消费也不仅是生产的目的"，"而且，两者的每一方由于自己的实现才创造对方；每一方都是把自己当作对方创造出来的。""这第三项所说的这个最后的同一性，在经济学中常常是以需求和供给、对象和需要、社会创造的需要和自然需要的关系来说明的。"①

---

① 马克思对资本主义经济的逻辑分析框架，也是体现了生产与消费、供给与需求的辩证关系。《资本论》三卷，第一卷分析资本的生产过程，第二卷分析资本的流通过程，第三卷分析包括交换、分配在内的资本主义生产的总过程。第一卷第一章从分析资本主义经济的细胞——商品开始，揭示了商品的双重性：使用价值和生产价值的对立统一关系。正如没有生产就没有消费一样，没有使用价值就没有价值，但又如没有消费便没有再生产一样，如果商品使用价值不适合市场需求而卖不出去，商品中的价值及其中所包含的剩余价值（利润）便不能实现。个别商品、个别企业是这样，整个经济也是这样。所以马克思认为，商品的使用价值和生产价值的矛盾，包含了资本主义经济中由于供给与需求矛盾的发展必然导致经济危机的萌芽。马克思在《资本论》第二卷分析社会再生产时，把社会产品分为第一部类（生产资料）和第二部类（消费资料），从社会范围内研究生产和消费、供给和需求的比例关系，即社会再生产保持正常循环的条件。在《资本论》第三卷研究资本主义生产的总过程时，马克思进一步分析了各个部门商品的价值，是由各个部门总生产（供给）同社会对该部门产品总需求相符合的条件下的社会必要劳动时间所决定的原理（即第二种社会必要劳动时间）。

这就是说：供给决定需求，需求也决定供给，没有需求，供给就无从实现，新的需求可以催生新的供给；没有供给，需求就无法满足，新的供给可以创造新的需求。当然，在不同的经济体制下，供给与需求相互关系的主导方面有所不同。高度集中的计划经济本质上是一种供给决定型的体制，尤其是由于物资短缺，供给决定需求的特征更为明显。计划经济体制下的供给管理，就是计划生产、计划供应；需求管理就是以产定销，对供不应求的商品实行凭证定量供应。而市场经济则是一种需求主导型经济。现在强调供给侧结构性改革，恰恰是因为在我国社会主义市场经济体制已经确立的情况下，需求对于供给居于主导的地位，供给必须适应需求的发展变化。当前我国经济运行的突出矛盾，不仅是社会总供给超过了总需求，而且是供给结构严重不适应需求结构的变化，从而阻碍了整个经济的正常运转和循环。

（二）宏观政策着力点放在供给侧结构性改革上，是否意味着需求管理不重要，甚至放弃扩大内需的政策？

答案是否定的。供给管理与需求管理是宏观经济管理的两个基本手段。需求管理，重在解决总量性问题，注重短期调控，主要是通过税收调节、财政支出、货币信贷等手段来刺激需求或抑制需求，以保持社会总供给与总需求基本平衡，保持宏观经济稳定，从而促进国民经济稳定增长。现在着力推进供给侧结构性改革，就是要通过一系列深化改革和宏观经济政策及措施，特别是推动科技创新，发展实体经济，保障和改善民生等政策措施，来解决供给侧存在的结构性问题，因而是既强调供给又关注需求的，同扩大内需并不矛盾，相反是有利于扩大内需尤其是扩大消费需求的。推进供给侧结构性改革，重点是通过优化生产要素配置和调整供给结构，进一步激发经济主体的活力和发展动力，以提高供给体系的质量和效率，进而推动经济增长。我国作为拥有 13 亿多人口的大国，内需是拉动经济增长的主要力量。现在，世界经济复苏乏力的状况短期内难以扭转，而且有可能陷入长期低增长、低利率、低通胀的停滞期。与此同时，由于发达国家再工业化、新兴经济体需求减缓等原因，全球贸易陷于低速增长，将是今后一个时期的基本趋势，我国货物出口很可能出现从快速增长到较大幅度下降的拐点。以上这些因素决定了"十三五"期间我国经济要实现年均 6.5% 以上的增长，主要必须依靠内需的扩大。同时要看到，我国人均收入只有美国的 1/8，日本的 1/7，随着工业化、城镇化的推进，无论是消费需求还是投资需求，都还有很大的拓展空间和潜力。党中央明确提出，要在适度扩大总需求的同时，着力推进供给侧结构性改革。所谓适度扩大总需求，有两重含义：一是不再搞过分依赖需求侧刺激政策拉动经济增长的做法；二是避免出现总需求紧缩。欧洲一些国家和日本在进行结构性改革时都曾产生紧缩效应，造成经济下滑。因此，我们要继续实行积极财政政策和稳健货币政策，保持投资适度增长，努力扩大消费需求。这是稳增长、稳就业的必要条件，也是推进供给侧结构性改革的重要保障。

（三）强调供给侧结构性改革是否偏离了向消费驱动型模式转变的方向

美国耶鲁大学斯蒂芬·罗奇高级研究员在近期的一篇文章中表示："这种重点转移似乎是一个重要信号。我担心，这可能标志着从靠消费拉动模式向中国最擅长的生产者驱动模式的一种提前转变。"

其实，这种担心是没有必要的。把供给侧结构性改革放在促进国内需求之前，并不是认为后者不重要。正如罗奇在其文中所说的："尽管中国在服务业和城镇化方面的'十二五'目标已经超额完成，可最终结果在许多方面尚未达到打造一种更具活力的社会保障体系的目标。因此，个人消费仅仅从 2010 年占 GDP 的 35% 微增到了 2015 年的 37%。"2007 年党的十七大报告提出了转变经济发展方式的任务，要求经济增长向更多依靠消费拉动转变。自那时以来，扩大内需一直摆在首位，政策力度不能说不大，但为什么转变的进展不大呢？事实恰恰证明，在投资和消费等结构性矛盾突出的背景下，把政策和工作重点放在刺激需求上，并不能取得预期效果。这是因为总需求管理是总量政策，运用刺激需求的财政、货币政策，对于解决周期性的总需求不足是有效的，但难以解决以结构性矛盾为主的供给和需求的矛盾，特别是难以解决供给侧结构性改革矛盾。强调供给侧结构性改革，既是为了缓解总量矛盾，更是为了推动结构调整和发展方式转变。推进供给侧结构性改革，正是为了加快生产力发展和技术进步，提高资源配置和国民经济整体效率，从而为向主要依靠消费拉动的模式转型奠定基础。

（四）深化供给侧结构性改革的理论依据是什么

现在有人把供给侧结构性改革看作是西方供给学派主张的翻版。这是一种牵强附会的误解。西方供给学派兴起于 20 世纪 70 年代。当时凯恩斯主义的需求管理政策失效，西方国家陷入经济"滞胀"局面。供给学派认为供给会自动创造需求，强调从供给侧推动经济发展；主张增加生产和供给首先要减税，以提高人们储蓄、投资的能力和积极性。此外，供给学派还认为，减税需要有两个条件加以配合：一是削减政府开支，以平衡预算；二是限制货币发行量，以稳定物价。供给学派强调的重点是减税，并过分突出税率的作用，思想方法存在片面性，只注重市场功能而忽视政府作用。一般认为，20 世纪 80 年代美国里根政府的经济政策是以供给学派为基础的，但并没有解决美国经济的深层次问题。党中央提出的供给侧结构性改革，重点是解放和发展生产力，用改革的思路和办法推进结构调整，通过一系列政策举措，特别是推动科技创新、发展实体经济、保障和改善民生等政策措施，来解决我国供给侧存在的突出问题。这不是供给学派提出的减税、削减财政开支等办法所能包含和与之相提并论的。

供给侧结构性改革，既强调供给，又关注需求，既突出发展社会生产力，又注重完善生产关系；既发挥市场在资源配置中的决定性作用，又更好发挥政府作用；既着眼当前，又立足长远。供给侧结构性改革体现的是以人民为中心的发展思想，其根本目的是提升我国供给能力，以更好满足广大人民日益增长、不断升级和个性化的物质文化生活以及对生态环境的需求，从而实现社会主义生产目的。

供给侧结构性改革的理论依据，是马克思主义历史唯物论和政治经济学的基本原理。马克思主义认为，经济社会制度是由物质资料生产方式决定的，而物质生产方式的变化和发展，首先从生产力的变化和发展开始，然后引起生产关系的变化和发展。生产力是最活跃、最革命的因素。[①]18世纪工业革命以来，正是生产力的飞跃发展带来了全球经济和财富的巨大增长。因此，从长期看，经济发展取决于科技进步带动生产力发展，也就是说取决于国民经济的供给要素，取决于科学技术、劳动力和其他生产要素的发展水平和质量。改革开放以来，我们党正是创造性地运用马克思主义关于生产力和生产关系的基本原理，把发展生产力作为根本任务，坚持发展是硬道理的战略思想，持续推进改革开放，破除束缚生产力发展的体制机制障碍，不断解放和发展生产力，才有30多年来我国经济社会发生翻天覆地的巨大变化。在此期间，随着经济发展，一方面商品和服务的供给不断增长；另一方面由于城乡居民收入稳步增长，对商品和服务需求不断扩大，又为供给提供了市场和进一步发展的动力。我国30多年来的经济发展史，正是生产力发展和生产关系变革不断相互促进的生动过程，也是供给和需求持续互动和互相促进的生动过程。

现在，全球正在迎来一场新的技术革命和产业革命，有人称之为第三次工业革命，也有人称之为第四次工业革命。它的规模之大、速度之快、影响范围之广超过之前历次工业革命，正在打破各个国家各个行业的发展模式，深刻改变着生产、工作、管理、生活以及人们彼此相处的方式。这对我国生产力发展，既是机遇也是挑战，也更加凸显了供给侧结构性改革的重要性和紧迫性。总之，无论是时代背景、国际环境，还是国内面临的问题，供

---

① 马克思在《〈政治经济学批判〉序言》中把他发现的历史唯物论，概括地表述为："人们在自己生活的社会生产中发生一定的、必然的、不以他们的意志为转移的关系，即同他们的物质生产力的一定发展阶段相适合的生产关系。这些生产关系的总和构成社会的经济结构，即有法律的和政治的上层建筑竖立其上并有一定的社会意识形式与之相适应的现实基础。物质生活的生产方式制约着整个社会生活、政治生活和精神生活的过程。不是人们的意识决定人们的存在，相反，是人们的社会存在决定人们的意识。社会的物质生产力发展到一定阶段，便同它们一直在其中运动的现存生产关系或财产关系（这只是生产关系的法律用语）发生矛盾。于是这些关系便由生产力的发展形式变成生产力的桎梏。那时社会革命的时代就到来了。随着经济基础的变更，全部庞大的上层建筑也或慢或快地发生变革。"（《马克思恩格斯文集》第2卷，第591-592页，人民出版社，2009.）

给侧结构性改革的内涵和重要意义，都是与西方供给学派完全不同的。

这里附带说明，供给侧结构性改革成为主攻方向，并不是说之前流行的需求结构的分析框架就是错的。需求结构分析框架，同国内生产总值支出法统计相对应，可以分别计算出投资、消费、净出口"三驾马车"对经济增长的贡献率及其变化情况，从而可以作为分析宏观经济形势和宏观经济政策的重要依据。尤其是当亚洲金融危机和国际金融危机对我国经济发展产生严重冲击，总需求不足成为主要矛盾的情况下，需求结构分析框架是发挥了重要作用的。当然，需求结构分析框架也有缺陷，不能看出供给侧存在的问题。当供给侧结构性矛盾成为主要矛盾、需求政策退居次要地位时，仅靠需求结构分析框架就不够了。

三、任务艰巨，前景光明

（一）为什么说供给侧结构性改革是艰巨复杂的任务

供给侧结构性改革任务艰巨复杂，主要有以下几个方面原因：

（1）供给管理与需求管理相比，其复杂性高、难度大。应对总需求不足的需求管理，一般是通过扩张性财政、货币政策以扩大总需求。其实质是用预支未来资源和需求的办法拉动当期经济增长。因此，它调整的是当前和未来的利益关系，而不涉及当期利益调整。而供给侧结构性改革则有所不同，其实质是有进有退的经济结构调整，包括要支付（弥补）以往发展所透支的各种隐性成本。这不可避免地会造成经济增速的放缓，以及财政收入的减收和增支，还涉及解决供给侧结构性矛盾所必须支付的社会成本的分担问题。这些都必然涉及行业之间、企业之间、地区之间、局部与整体之间诸多方面的利益调整。因此，既要处理好供给侧结构性改革与稳增长、稳就业的关系，又要处理好各方面利益关系调整的力度与社会承受程度的关系。

（2）结构性矛盾是长期积累下来的，冰冻三尺非一日之寒，也并非一朝一夕所能解决。供给侧结构性改革，是一场需要付出极大努力的持久攻坚战。无论是做减法的去产能、去库存、去杠杆，还是做加法，降成本、补短板，都要做大量艰苦细致的工作。推进供给侧结构性改革进程中，会遇到诸多两难的困境，也可能因客观困难和认识不一致而出现反复，毕竟不像采取刺激政策的办法那样轻车熟路、阻力小。

（3）供给侧结构性改革和以往结构调整的最大不同在于：从深化改革入手以解决结构性矛盾的体制机制根源。这既是深化供给侧结构性改革的优势所在，也是它的难点所在。因为结构性问题背后的体制机制性根源，正像我们常说的是深层次的矛盾，因其深所以难，是多年来改革要解决而尚未解决的"硬骨头"。例如，现在供给结构错配问题严重，主要原因仍然是政府对资源配置干预过多，包括政府主导的项目和国有企业的投资占较大比重，其中不少投资项目因前期论证不充分和决策失误造成投资效率低下。同时，政府对金融机构仍有较多的政策干预和资金配置引导，导致金融资源错配也比较严重，低效投资项目和过剩行业、"僵尸企业"仍能得到资金，而成长型行业和小微企业贷款难、融资成本高的问题仍未解决。[①]

垄断行业改革滞后和政府对要素市场的较多干预也导致要素价格不合理，从而误导资源配置，不仅使供给与市场需求脱节，而且降低资源的整体配置效率。解决这些问题，必须深化行政管理体制改革、国企改革、垄断行业改革、金融体制改革、投资体制改革、要素价格改革，等等，上述每项改革的难度都不小。供给侧结构性改革，要解决的是结构性问题，而关键在于改革，难点也在于改革。

（二）推进供给侧结构性改革有哪些有利条件

尽管如上所说，供给侧结构性改革的任务艰巨复杂，但是同时也要看到具备诸多有利条件：第一，供给侧结构性改革是全面深化改革的重要组成

---

① 美国经济学家麦金农把政府对金融活动和金融体系的过多干预、造成抑制金融体系发展和阻碍经济发展的恶性循环，称为金融抑制。根据国际货币基金组织构建的金融抑制指数，在90多个国家中，中国的金融抑制指数排名第四。这说明，中国金融机构很多、资金规模很大，但由于市场机制尚未充分发挥作用，金融资源配置效率较低。

部分。党的十八届三中全会关于全面深化改革的决定和党中央对深化改革的坚强领导，为供给侧结构性改革指明了方向，提供了强有力的组织保证。第二，经过改革开放 30 多年坚持不懈的努力，我国社会主义市场经济体制已经基本建立并不断完善；市场对经济运行的调节能力显著增强；政府的宏观调控经验不断积累；以发挥市场对资源配置起决定性作用和更好发挥政府作用的改革方向，使市场"无形之手"和政府"有形之手"可以更好结合起来，为推进供给侧结构性改革提供了基本保证。因此，供给侧结构性改革的预期目标是可以如期实现的。

（本文是作者撰写的内部研究报告，完稿于 2016 年 5 月 5 日）

中国经济发展的现状和前景

（2016 年 5 月 16 日）

最近几年，美西方针对中国刮起了两阵风：一阵风是 2014 年刮起来的，当时说中国经济总量已经超过美国，引起了美国当局的一阵恐慌。美国总统奥巴马当即表示："美国决不当第二"；还说："不能让中国这样的国家制定全球经济规则"。这阵风是在渲染"中国威胁论"。另一阵风是 2015 年开始刮起的，到 2016 年初越刮越大，说中国经济要"硬着陆"；还有的文章说，中国将陷入日本式的长期停滞，中国将跌入"中等收入陷阱"，等等。这阵风是在渲染"中国崩溃论"。这两阵风虽然不能说都是阴谋论，但可以肯定的是，两类说法都不符合中国实际。我今天的报告就是要用事实和数据来证明这一点。准备讲三个问题。

一、中国与美国发展水平的比较

（一）GDP 总量和人均国民收入比较

2014 年 4 月 29 日，世界银行发布报告称：按购买力平价计算，2013 年中国 GDP 达到 16.22 万亿美元，美国是 16.8 万亿美元，由此预测 2014 年中国 GDP 将超过美国，成为世界最大经济体。上述消息一公布，立即引起各国媒体的热议。英国《金融时报》的一篇文章称，中国准备在 2014 年

"将美国自 1872 年以来一直雄踞的霸主地位拉下马"。

世界银行的结论是根据购买力平价方法测算的，也就是按照人民币与美元的购买力平价 3.506∶1 测算的结果，但这种方法存在很大缺陷。

购买力平价测算法，是假定各国所有商品都可用于国际自由交换，并且不计入关税、配额和赋税等交易成本。但是，实际上各国可贸易的商品和服务都只是一部分，而可贸易的商品和服务又都需要支付交易成本，并且按市场汇率进行国际交易。同时，购买力平价测算法，忽略了服务性商品价格的不可比性。更重要的是，这种方法采用类似在一个国家内计算消费物价指数（CPI）的办法，即选择各类代表商品和服务、通过价格调查来测算，但由于受到诸多客观条件的限制，推算结果往往与实际情况会有很大偏差，因而高估了发展中国家尤其是中国的经济规模。

市场汇率反映的是本国货币在国际市场上的购买力，所以以用市场汇率计算的 GDP 更能反映一国经济的国际竞争力。世界银行现在也仍然采用汇率法计算的 GDP，作为划分高收入国家、中等收入国家、低收入国家的标准，以及各国 GDP 和人均 GDP 在全球的排名。按照汇率法计算：中国 2013 年 GDP 折算为 94946 亿美元，只相当于同年美国 GDP 168000 亿美元的 56.6%。同年中国人均国民收入为 6560 美元，相当于同年美国人均国民收入 53670 美元的 12.2%，不到美国的 1/8。

（二）财富存量比较

比较中美两国经济实力和发展水平，不能只看当年的产出，即 GDP 和人均国民收入，还应当比较已经积累的国民财富。美国经济总量居世界第一已有 140 多年，它所积累的财富总量，并不是用 GDP 年产出所能衡量的。而且正是这 100 多年间，中国有一多半时间受到持续战乱的严重破坏，国民财富的积累根本无法与美国同日而语。

瑞士信贷银行 2015 年 10 月 13 日发布《2015 年全球财富报告》称：美国的家庭财富为 85.9 万亿美元，居世界首位。中国的家庭财富为 22.8 万亿美元，居世界第二位。也就是说，美国家庭财富比中国多 63.1 万亿美元，而中国人口是美国人口的 4.2 倍。因此，美国人均家庭财富，约为中国人均家庭财富的 16 倍。

（三）三次产业结构和生产率比较

美国三次产业在世界上都是有竞争力的：美国农业早已实现现代化，而且拥有世界面积最大的肥沃陆地，美国人口不到中国人口的 1/4，而其耕地比中国多 72%，地多人少使美国成为全球最大的粮食出口国。美国拥有先进的制造业，而美国服务业不仅在其经济中比重高，而且金融、电信等高端服务业更是在全球经济中发挥很大作用。2010 年美国第三产业的增加值比重和就业比重分别占 79% 和 81.2%。而中国 2014 年第三产业的增加值比重和就业比重分别为 48.1% 和 40.6%，与美国相比均明显偏低。

从生产率的差距来看，据世界银行统计，2010 年美国人均生产率是中国的 16.3 倍。其中美国第一产业生产率是中国的 35.9 倍，第二产业生产率是中国的 10.9 倍，第三产业生产率是中国的 12.5 倍。

（四）研发创新和全球化企业比较

创新能力领先是美国生产率高、经济实力强的主要原因。据中国科学技术发展战略研究院发布的《国家创新指数报告 2014》排名，美国在 2011 年居第 2 位，2012 年和 2013 年均为第 1 位；中国在 2011 年居第 20 位，2012 年和 2013 年均为第 19 位。美国的创新优势来自美国文化中具有的冒险精神，同时也同美国长期大量的研发投资，拥有全世界最优秀的大学，以及善于把科研成果转化为实际应用的企业制度是分不开的。

在研发投入方面，2012 年，美国研发投入占 GDP 的 2.79%，2014 年研发支出达 4650 亿美元。中国研发支出自 1998 年以来已增长 3 倍，2014 年研发投入占 GDP 的比例提高到 2.1%，但与居世界首位的美国仍有差距。

美国科技领先的一个重要原因是，美国基础科学研究长期领先世界。1896 年至 2015 年，诺贝尔奖中化学奖、物理学奖、生理学或医学奖、经济学奖的获得者共有 570 人，其中美国人占了 261 人。中国学者只有屠呦呦于

2015年获得医学奖。美国科学家在全球知名期刊上发表的论文数量远超过其他国家。中国在国际期刊的文章数量2011年为89894篇，比2001年增长3.25倍，但只相当于美国2009年国际科技期刊文章数量20.86万篇的43%。

在专利和发明方面，中国近10年来专利申请数量迅猛增长，已连续5年超过美国成为全世界最大的专利申请国，但专利质量仍有待提升。2014年中国批准专利申请236.1万件，但只有130.3万件产品获得发明专利授权。而美国发明专利占专利申请的近90%。尤其是中国在关键领域和核心技术方面拥有的专利还相当有限。据中国社会科学院《中国产业竞争力报告（2012）》的数据：在世界信息通信技术、生物技术、新能源技术等领域的专利申请量中，美国分别占30%、13%和22%，而中国只占0.5%、0.6%和4%。2013年中国申请国际专利数量虽然位居世界第三，但还不到美国的40%。

在商标和品牌方面，截至2016年3月底，中国商标累计注册量达1074.6万件，已连续14年产量位居世界第一。但是，中国缺少自主品牌，尤其是缺乏国际知名品牌。据统计，目前中国拥有自主品牌的外贸企业仅占外贸企业总数的约11%。在世界品牌实验室编制的2015年"世界品牌500强"中，中国仅有31个，而美国则有228个。《福布斯》2015年发布的全球品牌100强中，美国企业多达54家，无中国企业上榜。在最有价值的十大品牌中，美国的苹果、微软、谷歌、可口可乐、IBM、麦当劳、通用电气、脸书占据前8名，这八大品牌价值合计达4184亿美元。

企业是创新的主体。在当今技术突破的新领域，如3D制造、人工智能、纳米技术、云计算、机器人技术、大数据、高等材料学等，美国企业都处在领先位置。

在全球化企业方面，美国《财富》杂志公布2015年世界500强企业名单，美国有128家上榜。虽然比2002年197家企业上榜减少69家，但仍居世界第一。2001年中国共有13家企业上榜，2015年上榜企业上升到106家。

（五）高等教育体系和人力资源比较

美国创新优势的重要原因，是它拥有全球领先的高等教育体系和大批优秀人才。据美国教育部 2013 年数据显示，美国有授予学位的高等院校 4700 多所，在校学生 2200 万左右。早在 1980 年美国大学入学率就已达到 50% 以上。据英国《泰晤士报高等教育副刊》公布的 2014—2015 年世界大学排名，美国加州理工学院连续 4 年蝉联榜首，哈佛大学名列第二。美国大学排名在前 10 名中占 7 所，在前 20 名中占 15 所，在前 100 名中占 44 所，在前 200 名中占 74 所。中国内地只有 3 所大学进入前 200 名，北京大学居第 48 位，清华大学居第 49 位，复旦大学排在 193 位。除了历史原因外，这主要是由于美国长期实施教育优先战略，将发展教育作为国家战略重点。美国政府教育支出达 1 万亿美元，占 GDP 的 6% 左右。此外，美国著名大学因其领先地位和培养人才的贡献而经常得到来自美国和全球各类基金及个人的大量捐助，包括对优秀学生提供学费和奖学金。美国还在签证、留学、科研、移民等方面制定了鼓励外国优秀学生和高科技人才到美国留学与从事科研、创业的激励政策。新加坡已故领导人李光耀曾说：中国是用 13 亿人的人才，美国是用全世界的人才。

从人口年龄构成来看，美国的劳动力大军相对年轻，规模仍在不断扩大。据美国有关机构预测：从现在到 2050 年，预计美国人口将增加近 1 亿人，劳动力人数将因此扩大 40%；预计到 2050 年，美国的中位数年龄为 40 岁；中国为近 50 岁。美国人口构成状况优于世界其他国家的一个重要原因是，美国是个移民国家，移民比总体人口年轻，与出生在美国的人口相比，移民加入劳动力大军的人数也更多。移民群体还是创造力的重要源泉，美国在吸引外国企业家和科学家等高技术移民方面，比其他发达国家具有明显优势：包括进入和流动的难度较小，美国的开放社会能让移民较快实现融合。

中国劳动力的素质正在提高，未来在数量和质量两个方面仍具有优势和潜力。从数量方面看，中国劳动年龄人口绝对数虽然从 2012 年开始减少，但到 2020 年 15—59 岁人口仍有 9.221 亿人，预测到 2030 年 15—64 岁人口仍占总人口的 67.1%，绝对数为 9.52 亿人。从质量方面看，2013 年，中国科技人力资源总量约 7105 万人，预计到 2020 年可超过 1.6 亿人。据有关机构预测，到 2020 年 25 岁及以上劳动力平均受教育年限将从 8.56 年提高到 10.21 年。今后 10 年可能迎来"质量型人口红利"的 10 年。但是在全球科技迅猛发展、人才竞争日益激烈的形势下，尤其是同国内创新驱动、转型发展的要求相比，我国仍将面临人力资源结构不适应需求结构，特别是高端人才短缺的严峻形势。据麦肯锡咨询公司估计，到 2020 年中国在仅有初级教育水平的低端劳动力市场，劳动者将比工作岗位多出 2300 万；而在拥有大学学历或职业技能资质的高端劳动力市场，则将出现 2400 万的供给缺口，如果不能弥补这一缺口，机会成本可能高达 2500 亿美元。

（六）能源供需和能源安全比较

近些年，美国技术创新取得重大突破，使页岩气和致密油的开采由难变易，而开采成本与常规油气相当。这使美国在 2014 年超过俄罗斯和沙特成为世界最大的液体燃料（原油、非常规原油加天然气液）生产国。美国石油对外依存度由 2005 年的 65.4%、2010 年的 61.6% 下降到 2013 年的 52.7%。美国能源信息署预测，到 2018 年，美国将成为天然气净出口国。美国液体燃料（原油、石油产品和生物燃料）净进口比例将从 2010 年的 50% 下降到 2035 年的 32% 左右。

同美国乐观的能源前景形成反差的是中国未来能源前景面临严峻形势。由于经济持续快速发展，中国近年来已成为全球最大的能源消费国。2014 年与 2000 年相比，石油消费量从 2.25 亿吨增加到 5.15 亿吨，增长 1.29 倍，而石油生产量只增长 28%，因此石油进口量由 9748.5 万吨猛增到 3.1 亿吨，增长 2.18 倍，对外依存度由 43.3% 提高到近 60%。国际能源署预测：2030 年前后中国将为世界最大的石油消费国。

（七）美元和人民币国际地位比较

由于历史原因和美国在经济、科技、军事等方面仍居世界首位，美元作为世界主要结算、储备货币的主导地位从二战结束后一直延续至今。

近几年来，人民币国际化取得了显著进展。据预测到 2020 年，人民币在国际结算的市场份额将增加到 5% 左右，人民币在官方外汇储备的份额可能增加到 5% 左右，人民币成为仅次于美元和欧元的全球第三大结算货币和第三大储备货币，但在相当长时期内，国际大宗商品仍将继续以美元定价。

（八）经济增长速度比较

美国国会预算办公室发表的《预算及经济展望 2014—2024》报告预测：美国在 2014—2017 年的实际增长率将保持在 2.7%—3% 区间内；2018—2024 年的实际增长率从 2.4% 逐渐回落到 2%，通胀率保持在 2% 左右；预计到 2024 年 GDP 为 27.095 万亿美元。据我的预测：中国 2016—2020 年，GDP 年均增速为 6.5% 左右，2021—2025 年，年均增速为 6% 左右；预计中国 GDP 总量按 2015 年人民币对美元的平均汇率测算有可能在 2026 年前后超过美国。

（九）综合发展水平和综合实力比较

联合国开发计划署从 1990 年开始发布人类发展指数，用以衡量联合国各成员国经济社会发展水平。该指数包括经济、健康、教育三个方面，对应三个指标：人均 GDP（平价购买力美元）、预期寿命、教育获得（成人识字率 ×2/3 + 小学、中学、大学综合入学率 ×1/3）。2013 年，中国人类发展指数为 0.699，位居 187 个国家的第 101 位；2014 年和 2015 年分别上升到第 91 位和第 90 位。同一年美国人类发展指数为 0.937，位居第 3 位；2014 年位居第 5 位，2015 年居第 8 位（0.915）。中国排位虽然提前，但与美国仍有较大差距。

西班牙皇家埃尔卡诺研究所从 2011 年起公布"全球存在指数"年度报告。"全球存在指数"是用来衡量各国在全球化进程中的地位的综合指数，除综合国力外，还包括了各国在经济、军事、社会和文化等领域内的影响力。2012 年的报告还公布了各国在 1990 年、1995 年、2000 年和 2005 年的指数。报告显示，2012 年排在前 3 位的分别是美国、德国和英国。美国的存在份额为 16.6%。中国虽然从 1990 年居第 13 位上升居第 4 位；存在份额由 1.4% 增至 5.1%，但只有美国存在份额的不足 1/3。中国经济存在份额为 6% 左右，约为美国的经济存在份额的一半。美国的军事存在份额更具有显著优势，高达 55%，而排在第 2 位的俄罗斯军事存在份额不足 10%。美国的软存在份额也具有明显优势，2012 年达 19%，排在美国之后的英、德、法三国软存在份额在 7% 左右。中国的军事存在份额和软存在份额与美国相差很大。

以上说明，从经济总量和人均国民收入、国民财富存量、经济结构、科技教育、研发创新、生产率、企业竞争力和可持续发展能力等方面看，中国经济发展水平与美国还有很大差距。

二、中国经济不会"硬着陆"

我先引两段国外网站文章的话，一段话是："在媒体多年来惊叹地报道中国的经济奇迹和崛起的中国之后，最近几个月，一种相反的声调似乎流行起来，猜测中国面临或已全面进入崩溃。"另一段话是："近来对中国的悲观看法变得很普遍，担心中国崩溃的情绪引起了全球股票市场大幅震荡。"国际著名的金融大鳄索罗斯也在达沃斯论坛上散布中国经济正在"硬着陆"。与此同时，也有不少评论认为，"这种恐慌情绪是过度反应，是集体的歇斯底里，事实上中国经济不会崩溃，世界经济也肯定不会受到依旧蓬勃增长的中国经济的损害。"

其实，"中国崩溃论"已经出现多次。2001 年，美籍华人章家敦就曾著书立说：中国加入 WTO 以后经济将会崩溃。后来事实证明中国经济非但没有崩溃，相反得到了大发展。这次崩溃论的根据主要是中国经济增速已降到 25 年来的最低点，担心继续下滑，即所谓"硬着陆"。近几年中国经济增速确实逐年下降：2010 年 10.6%、2011 年 9.5%，2012 年和 2013 年都是 7.7%，2014 年 7.3%、2015 年 6.9%，今年一季度 6.7%。增速逐年下降的原因相当复杂，我概括为以下四个方面：

第一，基数的原因。GDP 增长速度和 GDP 总量有密切关系。GDP 总量越大，每增长 1 个百分点所包含的绝对量就越多。例如，2015 年 GDP 比 1990 年增长 10.66 倍，比 2000 年增长 3.95 倍。这意味着：2015 年 GDP 增长 6.9%，相当于 1990 年增长 73.56%，相当于 2000 年增长 27.26%。因此，随着 GDP 基数越来越大，GDP 增速逐步下降是正常的，符合经济规律。发达国家经济发展史也证明了这一点。所以，说现在中国经济增速降到 25 年来最低，是一种似是而非的说法，因为其中的基数不同，包含着不可比的因素。

第二，国际的原因。从 2008 年 9 月美国雷曼公司破产引发国际金融危机和世界经济衰退以来，至今已经 8 年，其间经历三轮大的冲击，第一轮冲击以美国为中心；第二轮是欧洲主权债务危机对欧元区经济的冲击；第三轮是 2013 年以来对新兴经济体的冲击。三次冲击接踵而来，持续时间之长，导致世界经济复苏之艰难和缓慢，为历史罕见。2009—2014 年，按不变价格计算，美国 GDP 累计仅增长 8.4%，年均 1.4%；欧元区 GDP 累计为 –1.1%，年均 –0.18%；日本累计仅增长 2.0%，年均 0.33%。全球经济复苏缓慢乏力，造成大宗商品价格大幅回落，全球贸易增速已连续 5 年低于 3%，一改过去几十年全球贸易增速快于世界经济增速的基本态势。全球经济、贸易低迷对我国经济发展造成很大冲击，货物出口增速大幅下降，成为加剧经济下行的重要因素。

第三，历史的原因。进入 21 世纪以后，我国在加入世贸组织、全球经济与贸易快速增长、国内经济处于周期上升阶段等多重有利因素的推动下，经济增速连续多年在 10% 左右，2007 年达到 14.2%；2000—2008 年出口和投资年均增长 20% 以上，从而带动众多行业产能井喷式增长。2008 年以后为应对国际金融危机对国内经济的冲击，我国采取了力度很大的刺激政策，财政支出扩张加之货币信贷大量投放，推动基础设施建设、房地产和制造业投资持续扩张，使钢铁、水泥、玻璃等许多行业产能非但没有缩减，反而继续大幅增长。2012 年以来，由于国内房地产、制造业和基础设施建设投资相继进入调整减速期，内需减速加上外需萎缩，导致经济增速持续下降。

第四，转型的原因。我国30多年来所采取的低成本、高投入的粗放型增长方式已经难以为继，其主要表现：一是15—59岁的适龄劳动力的绝对数量从2012年开始下降，劳动力成本上升较快。二是资源环境对经济增长的约束日趋强化，以前对资源环境透支的隐性成本现在需要进行补偿。三是经济增长动力正在转换，从主要依靠投资和重化工业带动，转向主要依靠消费和服务业带动。从改革开放以来的多数年份看，投资的增速一般比消费增速高10个百分点左右，因而经济转型也是增速放慢的重要因素。

以上四个方面的原因，实际上也就是中国经济进入新常态的原因。这是不以人们的意志为转移的客观趋势。在新常态下，中国经济发展表现出速度变化、结构优化、动力转换的三大特点：即增长速度从高速转向中高速，发展方式从规模速度型转向质量效益型，经济结构从增量扩张为主转向调整存量做优增量并举，发展动力从主要依靠资源和劳动力等要素投入转向创新驱动。因此，如果仍然用老常态的观点来看新常态下的中国经济，就会产生前面所说的那种恐慌和悲观情绪。如果立足于新常态看问题，就会看到正在转型的中国经济仍然充满生机活力和希望。国际上不少客观、公正的舆论也都是这样认为的。例如，英国一家基金公司创始人就指出："对中国经济增长率下滑的担忧是过度反应。谁预测到了过去10年到15年中国经济的快速增长？这一期间，中国集中对特定领域进行投资，出现了许多效率低下和不正常情况。现在中国不像过去那样乱花钱，而是寻找通过经济改革来解决问题。对于世界来说，应该把中国经济减速看作是一个好消息。中国的发展程度远不及日本，中国的增长潜力，可以说是无限的。"德国的一篇评论也认为："中国正在朝着创新型发展的方向改组经济，这会导致增速放缓，但也带来巨大机遇。没有理由恐慌。"国际货币基金组织总裁拉加德表示："中国朝着更可持续的经济模式转变意味着增速会放缓。"因此，未来中国经济的成功，将从前30年主要表现为GDP高速增长，转向主要表现在经济发展具有更高质量和效益上，表现在经济社会发展更平衡、协调和可持续上，表现在共同富裕、社会和谐和人民全面小康生活上。

"十三五"乃至更长的一个时期，中国仍处于发展的重要战略机遇期，经济发展长期向好的基本趋势没有变，经济韧性好、潜力和回旋空间大的基本特点没有变，经济持续增长的良好支撑基础和条件没有变。具体说来主要是：

（1）我国产业体系完整，水平正在提高，物质技术基础比较完备，具有进一步推动发展的良好条件和雄厚基础。

（2）中国人口规模居世界第一，而且在13亿多人口中，目前农村户籍人口仍占一半以上，未来5年将解决1亿人在城镇落户，这会从投资和消费两个方面为经济发展提供潜力巨大的国内市场。

（3）中国人均GDP、服务业和消费占GDP的比重都远低于发达国家，未来随着城乡居民收入水平提高尤其是中等收入群体持续扩大，提升消费和服务业对经济增长拉动作用还有很大空间。

（4）中国东部与中西部的区域发展不平衡，产业在区域间转移和发展的余地很大。

（5）中国科技和制造业水平与发达国家还有很大差距，随着研发投入逐年显著增加，创新步伐正在加快，依靠科技进步优化经济结构、提高发展质量还有不小潜力。

（6）最近二三十年的大量投资使基础设施规模和水平正在赶上发达国家，多年来教育迅速发展使人口红利正在由数量型转向质量型，将为未来发展提供有力支撑。

（7）中国国内储蓄率很高，国家外汇储备仍居全球第1位，加上外资看好中国市场，因而投资来源充裕。

（8）中国实行的社会主义市场经济体制具有独特的优势，可以把市场活力和政府积极作为结合起来，深化改革将进一步解决政府与市场关系存在的问题，更充分地释放经济体制促进发展的动能。

（9）推进"一带一路"等对外开放的诸多新举措，将使国内外两个市场、两种资源更紧密地结合和更有力地相互促进。

（10）"十二五"我国发展取得重大成就，经济实力、科技实力、国防实力、国际影响力又上了一个大台阶，为"十三五"发展奠定了坚实基础。全面深化改革、全面依法治国和全面从严治党，将不断释放更多的制度红利和发展潜力，宏观调控体系持续完善和能力进一步增强，能够有效应对发展过程中碰到的各种困难和挑战。

总之，中国经济虽然面临不少困难与挑战需要克服和应对，但是发展前景是光明的，唱衰和看空中国的观点，将会再次被事实证明是错误的。就在不久前，国际货币基金组织公布了最新预测，在调低对美国、欧元区和日本今年和明年经济增长率预测的同时，却调高了中国增长预期，2016年从6.3%调高到6.5%，2017年从6%调高到6.2%。这实际上也回答了中国经济会不会"硬着陆"的问题。

三、中国具备成功跨越"中等收入陷阱"的条件

"中等收入陷阱"这个概念，是世界银行在2007年发布《东亚复兴：关于经济增长的观点》报告中首次提出的。据世界银行的另一研究报告统计，1960年全世界属于中等收入的国家和地区有101个，到现在只有13个进入高收入行列，其余大多数停留在中等收入阶段，即掉入所谓"中等收入陷阱"。其中的重要原因是，这些国家从低收入阶段迈入中等收入阶段后，在劳动力成本上升的同时，创新技术未得到显著发展。这会导致该国既不能在制造业上与低收入、低工资的国家竞争，又不能在高技术创新产品上与发达国家竞争，由于出口竞争力下降从而带来经济增速下降甚至倒退，因而不能发展成为高收入国家。拉美和东南亚一些国家如巴西、阿根廷、墨西哥、马来西亚、菲律宾等被认为是陷入"中等收入陷阱"的典型案例。

按照世界银行2014年的划分标准，人均收入1045美元以下为低收入国家；1045美元到4125美元为中等偏下收入国家；4125美元到12736美元为中等偏上收入国家；12736美元以上为高收入国家。

据联合国"亚洲及太平洋社会委员会"统计，1949年中国人均国民收入仅27美元，不到当时整个亚洲人均收入44美元的2/3，不到印度人均收

入 57 美元的一半。1979 年改革开放初期中国人均收入不到 300 美元，2000 年提高到 955 美元，仍属于低收入国家。2005 年达到 1740 美元，进入中等偏下收入国家，2010 年达到 4515 美元进入中等偏上收入国家行列，2014 年达到 7594 美元。2005 年以后人均收入提升较快，除经济增速高以外，人民币对美元升值约 30%，也是一个原因。应该说，改革开放以来，我国人均国民收入提高的速度是很快的。那么，为什么现在提出会不会掉入"中等收入陷阱"的问题呢？其根据就是世界银行按照统计数据所说的世界上许多国家达到中等收入以后经济增长陷入了停滞，并由此引申出结论："比起较富或较穷国家来说，中等收入国家的增长相对较慢。"然而问题在于这个结论是不是适合中国呢？中国经济进入新常态，经济增速转入中高速，但仍比发达国家增速高得多。国际货币基金组织预测，美国 2016 年为 2.4%，2017 年为 2.5%；欧元区 2016 年为 1.5%，2017 年为 1.6%；日本 2016 年为 0.5%，2017 年为 0.1%。中国经济现在和今后一个时期保持中高速增长，显然不会比发达国家增速慢，也不会比其他发展中国家增速慢。同时，究竟应该用多长时间跨越中等收入阶段，才不算掉入"中等收入陷阱"呢？据有关专家统计，世界上有 20 个人口超过 1000 万的国家实现从中等偏上收入阶段到高收入阶段的跨越，平均用了 11 年又 9 个月。例如，日本用了 12 年，韩国用了 8 年。我国大体上是在 2010 年进入中等偏上收入阶段的，如果用 12 年时间迈进高收入阶段的门槛，大体上是在 2022 年前后。现在看，这是完全有可能的。2015 年我国人均 GDP 8000 美元，未来 7 年考虑人口增长，人均 GDP 按年均增长 6%，2022 年可能达 12000 美元左右，接近 2014 年世界银行公布的高收入国家 12736 美元的起点线。当然，这个期间，世界银行有可能调高标准，同时人民币对美元的汇率有可能上升、也有可能下降。但是，中国作为有 14 亿人口的大国，跨越中等收入阶段，这是世界发展史上前所未有的，其复杂和艰难程度，远远超过现在所有的高收入国家在历史上的这种跨越。因此，即使用 15 年甚至更长时间来完成这个跨越，仍然是了不起的成就。中国从进入中等偏上收入阶段到现在仅用 5 年，就已经前进了一大步，并且仍然保持中高速增长，在这种情况下，说中国已经或者将掉入"中等收入陷阱"，不仅是言之过早，更是没有根据的。

处于中等收入阶段和陷入"中等收入陷阱"，是两个不同的概念；也不应混淆经济增长短期波动和长期趋势两者的区别。中国的基本国情、发展阶段以及工业化、城市化、市场化进程等历史条件，决定了进入中等偏上收入阶段以后仍然拥有巨大发展潜力，足以保证中国经济将持续向前发展，不会停滞、更不会倒退；中国不仅现在没有陷入"中等收入陷阱"，而且今后也不会这样。中国人口规模居世界第一，而且在近 14 亿人口中，农村户籍人口至今仍占一半以上，未来二三十年还将有三四亿农村人口转移到城市。中国城市化总体规模比美国、欧洲、日本历史上的城市化规模都大得多，这将为中国未来经济发展提供了潜力巨大的国内市场。同时，中国的产业门类齐全；国内区域发展不平衡为产业转移提供广阔空间，这些都是迄今为止所有在中等收入阶段长期停滞不前的国家所无法比拟的。

总之，把中国同其他掉入"中等收入陷阱"的国家作简单类比，是不恰当的，由此得出同样的结论是站不住脚的。当然，我国的目标绝不是仅仅考虑进入高收入国家的门槛，而是要按照"三步走"的战略部署，到本世纪中叶基本实现现代化，达到中等发达国家的水平。据西方学者预测："为了加入中等发达国家行列，中国不需要像过去 20 年那样实现两位数的增长率。每年 5% 至 6% 的 GDP 增长率就足以使中国到 2050 年实现上述目标。""届时中国人均 GDP 将达到同期美国人均 GDP 的一半以上"。对于中国这样拥有近 14 亿人口的大国来说，只用 100 年的时间就从极为贫穷落后的状态变成居于世界前列的中等发达国家，这是人类发展史上空前的伟大成就。对于中国的这个发展前景，我们完全有理由充满信心。

（本文是作者在《中国经济大讲堂》的讲稿，2016 年 5 月 20 日）

党的十八大以来党和国家事业发生历史性变革

（2017 年 11 月 6 日）

党的十八大以来的 5 年，是党和国家事业取得历史性成就、发生历史性变革的 5 年。5 年来，以习近平同志为核心的党中央，举旗定向、运筹帷幄，科学把握当今世界和当代中国的发展大势，顺应实践要求和人民愿望，以巨大的政治勇气和强烈的责任担当，统筹推进"五位一体"总体布局、协调推进"四个全面"战略布局，提出一系列具有开创性意义的新理念新思想新战略，出台一系列重大方针政策，推出一系列重大举措，推进一系列重大工作，解决了许多长期想解决而没有解决的难题，办成了许多过去想办而没有办成的大事，推动党和国家事业发生深刻的历史性变革。

一、发展理念和发展方式发生深刻变革

党的十八大以后，面对世界经济持续低迷和国内经济"三期叠加"以及发展不平衡、不协调、不可持续问题突出的不利条件和复杂形势，党中央果断作出我国经济发展进入新常态的重大判断，提出创新、协调、绿色、开放、共享的发展理念，加快完善使市场在资源配置中起决定性作用和更好发挥政府作用的体制机制，坚持稳中求进工作总基调，坚定不移推进供给侧结构性改革，坚定不移推进"三去一降一补"，接连推出"一带一路"建设、京津冀协同发展、长江经济带发展、创新驱动发展等重大战略，加快推进经

济结构调整和新旧动能转换，大力推进精准扶贫、精准脱贫，特别是强调要坚持正确政绩观，不简单以生产总值增长率论英雄。这些重大决策、举措和成就，引领和推动我国发展全局发生了一场深刻变革，发展观念不正确、发展方式粗放的状况得到明显改变，有力推动我国发展加快从速度规模型向质量效益型转变，为我国发展培育了新动力，拓展了发展新空间。5年来，我国经济保持中高速增长，在世界主要国家中一直名列前茅，经济结构不断优化，发展质量和效益提高，创新驱动成效显著，消费和服务业对经济增长的带动作用明显增强。国家经济实力、科技实力、综合国力显著提升。这一深刻变革，有力推动了全面建成小康社会迈出重大步伐，民生和社会建设持续推进，公共服务水平全面提高，人民生活不断改善，城乡居民收入增速超过经济增速，脱贫攻坚成就巨大。

二、各方面体制机制发生深刻变革

针对我国各方面体制机制由于多方面原因和长期积累仍然存在不少突出矛盾和问题从而严重阻碍党和国家事业发展的状况，党中央果断作出全面深化改革的重大战略决策和部署，强调改革开放只有进行时、没有完成时，停顿和倒退是没有出路的；要敢于啃硬骨头，敢于涉险滩，敢于向积存多年的顽瘴痼疾开刀。明确提出全面深化改革的总目标、路线图和时间表；明确提出经济、政治、文化、社会、生态、军队、党建等各个领域深化改革的任务和举措；成立中央全面深化改革领导小组，加强党对全国改革的顶层设计和集中统一领导，着力增强改革系统性、整体性、协同性，压茬拓展改革广度和深度。党中央举旗定向，以巨大的勇气和魄力推动改革呈现全面发力、多点突破、纵深推进的崭新局面。改革涉及范围之广、出台方案之多、触及利益之深、推进力度之大前所未有。几年来，习近平总书记亲自主持中央全面深化改革领导小组会议达38次之多，审议通过360多个重大改革方案，中央和国家有关部门共出台1500多项改革举措，重要领域和关键环节改革取得突破性进展，主要领域改革主体框架基本确立。司法体制、农村土地"三权分置"、户籍制度、考试招生制度、公立医院、生态环保等关乎民生的改革举措陆续落地实施。全面深化改革取得的重大成就，使各方面体制机制弊端阻碍全社会创造力和发展活力的状况得到明显改变，人民群众的获得感不断增强。全面深化改革成为当代中国最鲜明的特征。

三、全面依法治国发生深刻变革

针对我国法治建设相对滞后，法治观念不强、有法不依、违法不究、司法不公、执法不作为等问题严重影响社会公平正义与和谐稳定的状况，党中央果断作出全面推进依法治国的重大决策，统筹加强科学立法、严格执法、公正司法、全民守法各环节建设，统筹推进法治国家、法治政府、法治社会一体建设，开展国家监察体制改革试点，全面推进行政体制改革、司法体制改革、权力运行制约和监督体系建设，着力建设中国特色社会主义法治体系。这些重大决策、举措和成就，有效提高了国家机构依法履职能力，有效提高了各级领导干部运用法治思维和法治方式解决问题、推动发展的能力，有效增强了全社会法治意识，有效促进了社会公平正义，维护了人民群众合法权益，显著增强了我们党运用法律手段领导和治理国家的能力。

四、党对意识形态工作的领导方式发生深刻变革

针对境内外敌对势力加紧对我国进行意识形态渗透和各种错误思潮、观点给我国改革发展稳定带来的严重干扰，党中央果断作出加强党对意识形态工作领导的重大工作部署，顶住各种压力、各种非议，就意识形态领域方向性、根本性、全局性问题阐明立场，坚持马克思主义在意识形态领域的指导地位，建立健全意识形态工作责任制，创新工作方式方法，加强宣传舆论阵地管理，加强网络舆论监管，对错误思想敢于亮剑、敢于斗争，坚决遏制各种错误思想炒作和蔓延。这些重大决策、举措和成就，大大增强了党在意识形态领域的主导权和话语权，社会思想舆论环境中的混乱状况得到明显改

变，社会主义核心价值观和中华优秀传统文化广泛弘扬，主旋律更加响亮，正能量更加强劲，文化自信得到彰显，全党全社会思想上的团结统一更加巩固。

五、生态文明建设发生深刻变革

针对导致发展不可持续和人民群众反映强烈的生态环境恶化问题，党中央果断决定把生态文明建设放在更加突出的位置，作为"五位一体"总体布局和"四个全面"战略布局的重要内容。大力倡导绿水青山就是金山银山的理念，强调要"像对待生命一样对待生态环境"，实行最严格的生态环境保护制度，全面加强生态文明制度建设，全面加强生态环境整治，着力解决人民群众反映强烈的突出环境问题，全力实施大气、水、土壤污染防治行动计划，并积极参与全球环境治理。5年来对生态文明建设的重视程度、投入力度前所未有。这些重大决策、举措和成就，显著增强了全党全国贯彻绿色发展理念的自觉性和主动性，忽视生态环境保护的状况明显改变，推动美丽中国建设迈出重要步伐。我国成为全球生态文明建设的重要参与者、贡献者、引领者。

六、国防和军队现代化发生深刻变革

针对国防和军队建设上存在的许多体制性障碍、结构性矛盾以及部队内部的不正之风、腐败问题，党中央果断作出在全军开展正风肃纪的重大政治决策，在古田召开全军政治工作会议，对新形势下政治建军作出部署，坚定不移开展党风廉政建设和反腐败斗争。坚持改革强军，全面深化国防和军队改革，形成军委管总、战区主战、军种主建新格局，人民军队组织架构和力量体系实现革命性重塑。坚持依法治军、从严治军，推进治军方式根本性转变。坚持战斗力这个根本标准，推进科技兴军，加强练兵备战，注重军民融合。坚持统筹发展和安全两件大事，提出总体国家安全观，组建中央国家安全委员会，全面加强国家安全工作，突出抓好维护政治安全。这些重大决策、举措和成就，加强了党对军队的绝对领导，国防和军队改革取得历史性突破，实现了人民军队政治生态重塑、组织形态重塑、力量体系重塑、作风形象重塑，显著提高了国防实力和军队现代化水平，显著加强了国家安全工作，显著提升了维护国家主权、安全、发展利益的能力。

七、推进中国特色大国外交发生深刻变革

改革开放以来，我国国际地位和影响力不断提高。同时，我们也面临着来自外部环境的严峻挑战，特别是美国等西方国家加紧对我国进行围堵、干扰、遏制。针对这种状况，党中央果断对外交总体布局作出战略谋划，坚持统筹国内国际两个大局，推进全方位外交，提出构建人类命运共同体，坚持正确义利观，阐明我国的发展观、合作观、安全观、全球治理观、经济全球化观等，倡议和推动"一带一路"建设，构建覆盖全球的伙伴关系网络，积极参与和引领全球治理改革，在对外工作上取得一系列新突破，形成全方位、多层次、立体化的外交布局。审时度势、精心运筹，开展钓鱼岛维权斗争，强化对南海重点岛礁和海域管控，取得了经略海洋、维护海权的历史性突破。这些重大决策、举措和成就，大大提高我国国际影响力、感召力、塑造力，推动构建新型国际关系，营造了我国发展的和平国际环境和良好周边环境，提高了我国参与全球治理能力和水平，为我国发展在国际上赢得了战略主动，我国在国际力量对比中面临的不利状况得到明显改变。

八、全面从严治党发生深刻变革

针对新形势下党执政面临许多新的重大风险考验和党内存在的腐败等突出问题，党中央果断把全面从严治党纳入战略布局、作出重大部署，并以顽强的意志品质和空前的力度加以推进。大力推进理想信念教育，先后开展党的群众路线教育实践活动、"三严三实"专题教育、"两学一做"学习教

育。加强和规范党内政治生活，严明党的政治纪律和政治规矩，坚决纠正选人用人上的不正之风。出台并坚持实施中央八项规定，严厉整治"四风"问题，坚决反对特权思想。全面强化党内监督，巡视利剑作用彰显，实现中央和省级党委巡视全覆盖。强调"以猛药去疴、重典治乱的决心，以刮骨疗毒、壮士断腕的勇气，坚决把党风廉政建设和反腐败斗争进行到底"。坚持反腐败无禁区、全覆盖、零容忍，坚定不移"打虎"、"拍蝇"、"猎狐"，包括严肃查处周永康、薄熙来、郭伯雄、徐才厚、孙政才、令计划等人的重大腐败案件。5年来反腐败斗争气势猛烈，决心、勇气、力度和成效之大，可谓史无前例。这些重大决策、举措和成就，刹住了一些过去被认为不可能刹住的歪风邪气，攻克了一些司空见惯的顽瘴痼疾，形成了反腐败斗争压倒性态势，消除了党和国家内部存在的严重隐患。管党治党实现从宽松软到严紧硬的深刻转变。党内政治生活气象更新，党内政治生态明显好转，党在革命性锻造中更加坚强，焕发出新的强大生机活力。

九、加强党的全面领导发生深刻变革

习近平总书记一直强调："坚持党的领导是中国特色社会主义最本质的特征，是中国特色社会主义制度的最大优势。"5年来党和国家事业之所以能取得历史性成就、发生历史性变革，根本原因是在以习近平同志为核心的党中央坚强领导下全面加强了党的领导。针对过去一个时期党的领导弱化问题比较普遍的状况，党中央果断提出坚持和改善党的领导的重大政治要求，鲜明强调中国共产党是执政党，党的领导是做好党和国家各项工作的根本保证，绝对不能有丝毫动摇；强调党政军民学，东西南北中，党是领导一切的；强调全党必须增强政治意识、大局意识、核心意识、看齐意识，自觉在思想上政治上行动上同党中央保持高度一致。从政治建设、思想建设、组织建设、作风建设、纪律建设等方面着手，改革和完善坚持党的领导的体制机制，坚持民主集中制，严明党的政治纪律和政治规矩，坚决反对个人主义、分散主义、自由主义、本位主义、好人主义、宗派主义，提高党把方向、谋大局、定政策、促改革的能力和定力，确保党始终总揽全局、协调各方。这些重大决策、举措和成就，纠正了一个时期以来在坚持党的领导问题上存在的模糊认识和错误思想认识，党的领导被忽视、淡化、削弱和党的建设缺失的状况得到明显改变，党的领导全面加强，党的团结统一更加巩固，党的创造力、凝聚力、战斗力和领导力显著增强，为党和国家事业发展提供了坚强政治保证。

综上所述，党的十八大以来党和国家事业发生的历史性变革，涵盖改革发展稳定、内政外交国防、治党治国治军各个方面，是深层次的、开创性的、根本性的。这些变革力度之大、范围之广、效果之显著、影响之深远，在我们党和国家发展史上、中华民族发展史上，都具有开创性意义。这些变革所解决的问题是历史本身提出来的，以习近平同志为核心的党中央勇敢直面时代和实践发展所提出的历史性课题，以超凡魄力和顽强斗争精神力挽狂澜，领导全党和全国人民进行具有许多新的历史特点的伟大斗争，推动中国特色社会主义进入新时代，并在伟大实践中创立了习近平新时代中国特色社会主义思想，为这5年取得历史性成就、推进历史性变革提供了科学理论指引，从而也才有今天党和国家事业蓬勃发展的大好局面。这一系列历史性变革，对于党和国家事业长远发展，对于实现"两个一百年"奋斗目标、实现中华民族伟大复兴的中国梦，将产生重大而深远的影响。

（载于《党的十九大报告辅导读本》，《经济日报》2017年11月6日转载）

关于我国经济高质量发展的几点认识

（2018 年 1 月 17 日）

习近平总书记在党的十九大报告中指出："我国经济已由高速增长阶段转向高质量发展阶段，正处在转变发展方式、优化经济结构、转换增长动力的攻关期。"这是对我国经济发展阶段变化和现在所处关口作出的一个重大判断，为今后我国经济发展指明方向、提出任务，具有重大现实意义和深远历史意义。最近召开的中央经济工作会议强调："推动高质量发展是当前和今后一个时期确定发展思路、制定经济政策、实施宏观调控的根本要求。"这里谈几点对推动高质量发展的认识。

一、推动我国经济高质量发展具有多方面重大意义

由高速增长阶段转向高质量发展阶段，是我国经济在 30 多年高速增长之后突破结构性矛盾和资源环境瓶颈，实现更高质量、更有效率、更加公平、更可持续发展的必然选择，也是我国实现社会主义现代化的必由之路。

保持我国经济持续健康发展的必然要求。改革开放以来，我国经济高速增长的重要条件，是劳动力、土地、环境的低成本吸引了发达国家跨国公司将制造业转移到我国。现在我国劳动力等要素成本持续上升，要素低成本的吸引力、驱动力明显减弱，正面临高中端制造业向发达国家回流、中低端制造业向成本更低的发展中国家转移的两头挤压。同时，我国资源约束日益

趋紧，环境承载能力接近上限，依靠要素低成本的粗放型、低效率增长模式已经不可能持续，现在必须也有条件转向高质量发展。从需求方面看，以往高速增长主要是靠境外需求和国内投资需求高涨带动的。然而，国际金融危机爆发 10 年来，世界经济复苏一直艰难曲折，国际贸易更是多年低于世界经济增速；国内基础设施、房地产和制造业投资也处在调整减速期，大量低端产能又不适应国内消费结构升级的需求，因而许多生产能力无法在市场上实现。推动经济高质量发展，形成优质高效多样化的供给体系，实现供给和需求在新水平上的动态均衡，才能使我国经济保持持续健康发展。

适应我国社会主要矛盾变化的必然要求。随着中国特色社会主义进入新时代，我国社会主要矛盾已经转化为人民日益增长的美好生活需要和不平衡不充分的发展之间的矛盾。这个矛盾在经济发展方面集中表现为供给结构不能适应需求结构的变化。由于居民收入的持续增长尤其是中等收入群体不断扩大，国内消费需求已经超过投资需求成为经济发展的主要引擎，消费结构也随之加快升级换代，消费需求已经从满足数量型转向追求质量型，对商品和服务质量的要求越来越高，但供给结构仍然主要重视量的扩张而忽视质的提高。因此，一方面有不少行业产能严重过剩，另一方面居民的高品质消费需求却得不到满足。近几年，我国居民境外购物和跨境网购每年达数万亿元。居民对高质量的教育、医疗等方面的需求，供给缺口也很大。这充分说明，结构性矛盾已经成为现阶段我国经济发展的主要矛盾，矛盾的主要方面在供给侧。这是发展不平衡不充分的表现，也是发展质量不高的表现。解决新时代我国社会主要矛盾，必须推动经济高质量发展。潜力巨大的国内需求将成为经济高质量发展的强大动力。

我国基本实现社会主义现代化的必然要求。党的十九大报告提出到2035 年基本实现社会主义现代化的奋斗目标。实现这个目标，我国将进入高收入国家行列。国际经验表明，一个国家要从中等收入阶段进入高收入阶段，关键在于实现经济发展从量的扩张到质的提高这一根本性转变。据世界银行研究，1960 年全球 101 个中等收入经济体中，截至 2008 年，只有 13个进入高收入国家行列，其余的都长期在中等收入阶段徘徊，其基本原因就是没有实现上述根本性转变。现在，我国产业在全球产业链、价值链中的地位总体上处在中低端，科技对经济增长的贡献率还不高，与发达国家相差二三十个百分点，源头创新不足，科技成果转化渠道不畅，不少关键技术依赖进口。当今世界，新一轮科技革命和产业变革正在蓬勃兴起，我们只有加快科技创新和产业转型升级步伐，才能在激烈的国际竞争中赢得主动，才能加快推进现代化事业。这也迫切要求加快推进我国经济高质量发展。

二、我国经济高质量发展的内涵和要义

我国经济高质量发展，是能够更好满足人民日益增长的美好生活需要的发展，是体现创新、协调、绿色、开放、共享的新发展理念的发展，也应是生产要素投入少、资源配置效率高、资源环境成本低、经济社会效益好的发展。具体说来，经济高质量发展的内涵和要义应包括以下几个方面。

商品和服务质量普遍持续提高的发展。经济发展不仅表现为数量的增加，而且表现为质量的提高。适应新时代满足人民日益增长的美好生活需要，高质量发展应当不断提供更新、更好的商品和服务，满足人民群众多样化、个性化、不断升级的需求，既不断开辟新的消费领域和消费方式，改善、丰富人民生活，又引领供给体系和结构优化升级，反过来催生新的需求。如此循环往复、相互促进，就能推动社会生产力和人民生活不断迈上新台阶。但在高速增长阶段，重速度轻质量是一个通病。当前，商品和服务质量不适应国内外需求已成为我国经济发展明显的短板。不经历一场深刻的质量变革，高质量发展更难以实现。要在全社会牢固树立质量第一的理念，把提高供给体系质量作为主攻方向，大力发展先进制造业和现代服务业；在各行各业开展质量提升行动，向国际先进标准看齐；增加用于提高质量的科研和生产投入，加强企业、行业的质量管理，在生产流通的各个环节严把质量关。通过坚持不懈的努力，使中国制造和服务成为高质量的标志，显著增强我国经济的质量优势。

投入产出效率和经济效益不断提高的发展。价值规律是市场经济的基

本规律，它的本质要求就是以最小的生产要素投入（费用）取得最大的产出（效益）。高质量发展的重要标志是不断提高劳动、资本、土地、资源、环境等要素的投入产出效率和微观主体的经济效益，并表现为企业利润、职工收入、国家税收的持续增加和劳动就业的不断扩大。但在高速增长阶段，伴随着粗放型增长模式的是投入产出的较低效率，突出表现是资金利用效率下降，国内生产总值每一个百分点的增长需要投入的资金越来越多，导致杠杆率大幅提高，低效甚至无效投资和产出的比重上升，金融风险随之不断积累。实现高质量发展，必须以供给侧结构性改革为主线，推动一场深刻的效率变革。一是着力解决实体经济供需失衡、金融和实体经济失衡、房地产和实体经济失衡这三大失衡，坚定不移推进"三去一降一补"，调整存量、减少低质无效供给，做优增量、扩大优质高效供给，提高供给体系整体效率。二是着力实施乡村振兴战略和区域协调发展战略，为经济发展培育新动力、拓展新空间。三是着力加快建设实体经济、科技创新、现代金融、人力资源协同发展的产业体系，通过生产要素合理流动和优化组合、企业兼并重组，加快发展新兴产业和新业态、新模式，改造提升传统产业，促进经济结构持续优化升级，提高整体经济的结构效率。世界工业化、现代化的历史，就是产业结构随着技术革命不断优化和升级的历史，从而不断促进新产品、新行业、新产业发展，带来国民经济整体效率和效益的提高。推动我国经济高质量发展，必须适应世界新一轮科技革命和产业变革趋势，引领我国产业结构朝着高级化、现代化的方向发展，在国际产业链、价值链的阶梯上持续向中高端攀升。

创新成为第一动力的发展。创新之所以成为发展的第一动力，是因为当今世界经济社会发展越来越依赖于理论、制度、科技、文化等领域的创新，国际竞争力越来越体现在创新能力上。科技创新与经济发展的关系尤为密切。科学技术是第一生产力，是作为"乘数"作用到劳动力、资本、技术、管理等生产要素上去的。科技创新的"乘数效应"越大，对经济发展的贡献率就越大，发展质量也就越高。但在高速增长阶段，经济增长主要依赖劳动力数量优势和物质资源的大量投入。2012年以来，我国适龄劳动人口连续出现总量和比重双下降，劳动力市场供求关系发生重大变化，物质资源大量投入也遇到"天花板"。与此同时，世界科技革命和产业变革对我国新旧动能转换既提供了机遇也形成了倒逼。没有深刻的动力变革，质量变革、效率变革都难以实现。推进动力变革，要大力培育发展新动能，加强国家创新体系建设，深化科技体制改革，建立以企业为主体、市场为导向、产学研深度融合的技术创新体系，加强对中小企业创新的支持，促进科技成果转化；倡导创新文化，强化知识产权创造、保护、运用；培养造就一大批具有国际水平的科技人才和创新团队；激发和保护企业家精神，鼓励更多社会主体投身创新创业；优先发展教育事业，加快教育现代化，建设知识型、技能型、创新型劳动者大军，弘扬劳模精神和工匠精神，加快从劳动力数量红利向质量优势转换。

绿色成为普遍发展的形态的发展。绿色发展是当今世界潮流，更是新时代我国人民对美好生活的迫切需要，也是经济社会可持续发展的内在要求，因而是高质量发展的重要标志。由于我国工业化是时间压缩型的（西方国家用了二百多年，我国只用了几十年），因而在经济高速增长的同时，也造成环境污染严重、生态系统退化的问题，人民群众对良好生态环境的需求越来越强烈。同时，绿色低碳技术的迅猛发展和我国经济实力大幅提升，也使我们现在有条件加快恢复被破坏的生态环境。要进一步在全社会树立绿色发展理念，加快形成促进绿色发展的政策导向、体制机制和法律法规，发展绿色金融，促进节能环保、清洁生产、清洁能源等绿色产业发展，倡导绿色出行等绿色消费方式，健全绿色低碳循环发展的经济体系，努力使绿色发展成为普遍形态，形成人与自然和谐共生的现代化建设新格局。

经济重大关系协调、循环顺畅的发展。经济出现周期性衰退、危机，这是资本主义市场经济的规律，源于重大经济关系严重失调，经济循环阻塞。许多国家受严重经济衰退和金融危机冲击，经济发展长期徘徊不前。过去的几十年我国经济也存在周期性波动，最重要的是要避免经济发展大起大落和防范系统性金融风险。因此，高质量发展必须保持国民经济重大比例关系协调和空间布局比较合理，生产、流通、分配、消费各环节循环顺畅。要创新和完善宏观调控，发挥国家发展规划的战略导向作用，健全财政、货币、产业、区域等经济政策协调机制。加快建立现代财政制度，控制地方政府隐性债务风险。深化金融体制改革，提高直接融资比重，稳定宏观杠杆率，健全金融监管体系，守住不发生系统性金融风险的底线。

坚持深化改革开放的发展。同过去30多年一样，在高质量发展阶段，改革开放依然是发展的必由之路和强大动力。从发展不平衡不充分来看，虽然主要原因是生产力发展水平不够高，但有些领域的发展不平衡不充分则与导致资源错配的体制机制弊端密切相关。表现为三大失衡的结构性矛盾，其根源就在于生产要素配置扭曲，必须靠深化要素市场化改革才能从根本上解决。完善产权制度，实现产权有效激励，才能进一步激发全社会创造力和发展活力，推动质量变革、效率变革、动力变革，提高全要素生产率。对外开放也是改革，开放倒逼改革、促进改革，高水平的开放是高质量发展不可或缺的动力。因此，推动高质量发展，必须加快完善社会主义市场经济体制，使市场在资源配置中起决定性作用，更好发挥政府作用，进一步扩大对外开放，推动形成全面开放新格局。

共享成为发展的根本目的的发展。共享是中国特色社会主义的本质要求，是坚持以人民为中心的发展思想的重要体现，也是逐步实现共同富裕的必然要求。改革开放以来，我们已经走在共享发展成果和逐步实现共同富裕的正确道路上，先后使7亿人摆脱贫困，人民生活实现总体小康，正在向更高水平的全面小康迈进。但是，城乡、区域发展差距和居民收入分配差距仍然较大，部分群众生活还比较困难。实现全体人民更加公平地共享发展成果，既是高质量发展的根本目的，也是充分调动绝大多数人积极性、主动性、创造性，形成推动高质量发展强大动力的必要条件。要坚持在发展中保障和改善民生，在发展中补齐民生短板，如期实现脱贫攻坚目标任务；实现更高质量和更加充分的就业，使人人都有通过辛勤劳动实现自身发展的机会；坚持居民收入增长与经济发展同步、劳动报酬增长与劳动生产率提高同步，拓宽居民劳动收入和财产性收入渠道；全面建成覆盖全民、多层次的社会保障体系；通过政府再分配调节和推进基本公共服务均等化，缩小收入分配差距，让改革发展成果更多更公平惠及全体人民。

高质量发展既然是一个阶段，就不是短时间内可以完成的，它是渐进的、从小变为大变、从量变到质变的过程。虽然是长期任务，但应把阶段性目标分解为年度任务，从当前抓起，稳步推进。推动我国经济高质量发展，最根本的是要用习近平新时代中国特色社会主义思想武装头脑、指导实践、推动工作，全面贯彻落实党的十九大精神，以新时代的高昂精神状态奋力推进各项工作。

（载于《人民日报》理论版 2018 年 1 月 17 日）

关于建设现代化经济体系的几个问题

（2018 年 2 月 13 日）

一、建设创新引领、协同发展的产业体系

习近平总书记在党的十九大报告中指出："着力加快建设实体经济、科技创新、现代金融、人力资源协同发展的产业体系。"这是首次把产业体系从历来讲的三次产业拓展到把科技创新、现代金融、人力资源融入进来，并且强调三者与实体经济的协同发展。这是适应当今世界科技革命与产业变革新潮流，并针对我国发展的现实矛盾作出的决策部署。实体经济是发展的主体和基础，创新是引领发展的第一动力，金融是现代经济的核心和血脉，人力资源是发展的第一资源。四者的协调、同步、融合、互动发展，是现代产业体系的显著特征，是提升产业国际竞争力、壮大国有经济实力的根本举措。发达国家的经验表明，高端制造业和国际竞争力很强的企业，其共同点都是科技创新与实体经济紧密结合，拥有强大的研发和创新人才队伍，研发投入占销售收入比例高，还有上市融资和风险投资等金融工具对创新的有力支持。我国制造业之所以处在国际产业链、价值链的中低端，主要原因在于源头创新短缺，科技成果转化渠道不畅，研发投入和创新人才不足，金融存在"脱实向虚"，对实体经济和创新支持不够，等等。要围绕解决这些问题，加快建设创新引领、协同发展的产业体系。

　　把发展经济的着力点放在实体经济上。发达国家在主导经济全球化进程中由于制造业过度向国外转移，导致本国实体经济空心化，近些年不得不回过头来搞"再工业化"，吸引制造业向本土回流。我国是 13 亿多人口的大国，生活、生产、建设、国防等各个方面的基本需要，都要依靠我国实体经济供给，任何时候都不能削弱这个根基。但是，加强和发展实体经济并不是再走铺摊子、扩大规模的老路，而是要使实体经济内涵发展、由大变强。要以深化供给侧结构性改革为主线，着力解决实体经济供给结构不适应需求结构变化的突出矛盾，加快从数量规模扩张切实转向高质量发展。坚定不移推进"三去一降一补"，调整存量，减少低质无效供给，做优增量，大力培育发展新动能，扩大优质高效供给。加快发展先进制造业，特别是高端制造业，推动互联网、大数据、人工智能和实体经济深度融合，在中高端消费、创新引领、绿色低碳、共享经济、现代供应链、人力资本服务等领域培育新增长点、形成新动能。支持传统产业优化升级，加快发展现代服务业，瞄准国际标准提高水平，培育若干世界级先进制造业集群，促进我国产业迈向全球产业链、价值链中高端。

　　促进科技创新和经济发展深度融合。新一轮科技革命和产业变革，正在以前所未有的广度和深度改变着产业发展模式，科技创新对产业变革和发展的引领、渗透、促进作用空前强大。要紧紧抓住创新引领发展这个"牛鼻子"，瞄准世界科技前沿，强化基础研究，实现前瞻性基础研究、引领性原创成果重大突破。加强应用基础研究，突出关键共性技术、前沿引领技术、现代工程技术、颠覆性技术创新。加强国家创新体系建设，强化战略科技力量。深化科技体制改革，建立以企业为主体、市场为导向、产学研深度融合的技术创新体系，加强对中小企业创新的支持，促进科技成果转化。持续增加企业和全社会研发创新投入。倡导创新文化，完善产权保护制度，强化知识产权创造、保护、运用，实现产权有效激励。激发和保护企业家精神，鼓励更多社会主体投身创新创业。努力使科技创新在实体经济发展中的贡献率不断提高。

　　不断增强金融服务实体经济能力。金融是市场经济中配置资源最重要的手段，对经济增长、结构优化、收入分配发挥着重大作用，在建设创新引领、协同发展的产业体系中处于重要地位。近 10 年来金融"脱实向虚"、在实体经济体外循环的资金越来越多，房地产金融化的现象普遍存在。因此，虽然货币政策宽松，货币乘数和广义货币 M_2 与 GDP 的比例快速提升，但是在经济增速下行的情况下，实际利率水平和实体经济融资成本却居高不下，这说明金融资源的错配问题严重。实体经济的杠杆率高、债务负担加重和金融部门不良资产比例上升、风险积聚，是一个问题的两个方面。解决这个问题，从金融部门看，最重要的是要回归本源，服务好实体经济。习近平总书记明确指出："金融是实体经济的血脉，为实体经济服务是金融的天职，是金融的宗旨，也是防范金融风险的根本举措。"要把更多金融资源配置到经济社会发展的重点领域和薄弱环节，更加注重供给侧的存量重组、增量优化、动能转换。努力促进金融和实际经济、金融和房地产、金融体系内部这三个方面的良性循环，在建设创新引领、协同发展的产业体系中发挥更大作用。

增强和优化人力资源支撑实体经济发展的作用。我国有 9 亿多劳动力、1.7 亿多受过高等教育和有专业技能的人才，每年还有 1300 多万大学和中专毕业生，人力资源数量和质量都具有相对优势。但是也要看到，我国人力资源总量和结构正在发生变化。据统计，2012—2016 年，15—59 岁劳动年龄人口 5 年减少 1900 万人。据预测，2020 年 15—24 岁青年劳动力为 1.78 亿，将比 2010 年的 2.25 亿减少 4700 万人。2022 年 18—35 岁青壮年劳动力将比 2017 年减少 2200 万人。与此同时，随着我国经济转向高质量发展阶段，对人力资源结构和质量的要求将越来越高。因此，要优先发展教育事业，加快教育现代化，推动城乡义务教育一体化发展，普及高中阶段教育，完善职业教育和培训体系，加快一流大学和一流学科建设，办好继续教育，加快建设学习型社会，建设知识型、技能型、创新型劳动者大军，弘扬劳模精神和工匠精神，在劳动力数量减少的同时，转向以质量优势支撑实体经济高质量发展。

二、加快完善促进现代化经济体系建设的经济体制

党的十九大报告指出："着力构建市场机制有效、微观主体有活力、宏观调控有度的经济体制。"建设现代化经济体系，不仅是生产力的现代化，而且是经济关系和经济体制的现代化。市场、企业、宏观调控是市场经济的三个基本层面和核心要素，根据市场经济发展规律、实践经验和我国现实状况提出的构建"三有"经济体制，既是现代化经济体系的重要组成部分，又是它的体制保障。

市场配置资源之所以具有效率高的优势，是因为有关资源和生产的决策是以价格为基础的，而价格是在市场竞争中形成的，从而能够引导资源配置符合市场需求并通过优胜劣汰提高配置效率。我国绝大多数的商品和服务的价格已经放开管制，由市场形成，但要素价格改革还不到位，仍然存在行政性垄断、市场垄断等问题。使市场机制有效运转，就要加快要素价格市场化改革，放宽服务业准入限制，深化商事制度改革，打破行政性垄断，防止市场垄断。加快形成企业自主经营公平竞争、消费者自主选择自主消费、商品和要素自由流动平等交换的现代市场体系。

微观主体有活力，是市场经济的重要特征。企业是市场经济的细胞，是创业、创新的主体，企业活力是整个经济生机活力和蓬勃发展的基础。而平等的市场准入和产权保护、公平的竞争条件和营商环境，是市场微观主体焕发生机活力的基本保证。要按照使市场在资源配置中起决定性作用的要求，继续减少政府对资源的直接配置，深化政府"放管服"改革，全面实施市场准入负面清单制度，清理废除妨碍统一市场和公平竞争的各种规定和做法，支持民营企业发展。深化国有企业改革，发展混合所有制经济，推动国有资本做强做优做大。完善产权制度，实现产权有效激励，激发各类经营主体创新和发展活力。

宏观调控有度，是保持宏观经济稳定和经济持续健康发展的必要条件。"有度"就是既不"过"也没有"不及"，恰到好处。具体来看，在总需求

调控上，当经济过热、出现明显通货膨胀时，宏观调控实施紧缩的财政货币政策，要把握好力度，既要把通胀率降到目标水平，又不能紧缩过头使通货膨胀变成通货紧缩，导致经济过冷。当经济下行、衰退时，宏观调控实施宽松的财政货币政策，要把握好刺激力度，既要使经济实际增长率回升到潜在增长率水平，又不能刺激过头，导致严重通货膨胀，甚至引发金融危机。宏观调控运用产业政策、区域政策和其他政策时，同样要把握好力度。西方市场经济国家的实践经验证明，本来以熨平经济周期为目的的宏观经济政策，如果"度"把握不好，就会走向反面，变成扩大经济周期波动幅度的杠杆，甚至直接导致金融危机和经济衰退。例如，美国经济在 2001 年衰退以后，美联储为刺激经济增长，连续 13 次下调联邦基金利率，从 2000 年的 6.5% 下调至 2004 年的 1%，导致美国金融机构、企业、政府和居民的债务率大幅提高，最终引发了次贷危机和国际金融危机。这说明宏观调控做到"有度"很不容易也十分重要。

改革开放以来，我国在探索市场经济条件下宏观调控的实践中，积累了丰富经验和认识。包括：在通胀预期很强的情况下不能采取"闯关"这样力度很大的方式放开价格。当经济增长主要依靠投资拉动的情况下，在抑制通胀时，以行政手段压缩投资需求的力度不能过大，否则会引起经济增速大幅下降。放开价格必须管住货币，否则会引发严重通胀。在主要由于金融秩序混乱和财税体制弊端导致投资及消费需求失控的情况下，治理通胀必须以推进改革为主、辅之以必要的行政手段，才能标本兼治引导经济"软着陆"。当受到国际金融危机冲击和内需不足双碰头引起经济增速下滑和通缩时，通过扩大赤字、增发国债用于基础设施投资以带动内需和经济增长的办法，是必要和有效的，但如果同时采取扩张性货币政策，力度一定不能过大，尤其不能用于刺激制造业和房地产业的盲目扩张，否则会导致严重后遗症。

近几年宏观调控把握力度的经验主要是：正确判断国际国内经济形势和我国经济的发展阶段和主要矛盾，是确定宏观调控的方向、重点和力度的依据。党的十八大之后，面对世界经济与国际贸易持续低迷和国内经济处于增长速度换挡期、结构调整阵痛期、前期刺激政策消化期"三期"叠加的不利条件和复杂形势，党中央果断作出我国经济发展进入新常态的重大判断，并明确结构性矛盾是我国经济的主要矛盾，矛盾的主要方面在供给侧，从而提出以供给侧结构性改革为主线，适度扩大总需求的决策。这是宏观调控思路和重点的重大转变，改变了一遇经济增速下降立即加大刺激力度的惯性思维和做法，通过推进"三去一降一补"和深化改革开放，加快培育发展新动能，促进传统产业转型升级，既使经济保持中高速增长，优化结构效益，又避免杠杆率攀升和金融风险积累。今后宏观调控要正确把握好"度"，必须以习近平新时代中国特色社会主义思想为指导，贯彻落实党的十九大精神，把握我国社会主要矛盾转化和经济转向高质量发展的要求，切实从不断发展变化的实际出发，以改革的精神创新宏观调控的思路、手段和方式方法，不断提高引领宏观经济发展的能力。

三、建设现代化经济体系的重大意义

贯彻新发展理念，建设现代化经济体系，是以习近平同志为核心的党中央从全局和战略的高度作出的重大决策部署。以创新、协调、绿色、开放、共享的新发展理念为引领，对整个经济体系的现代化作出战略部署和制度安排，而且是把经济体系的各个环节、各个层面、各个领域的相互关系和内在联系作为一个有机整体，谋划各个组成部分和整个系统的现代化，这本身就是一个理论和实践创新。其重大意义主要有几个方面。

这是我国发展的战略目标。党的十九大确定了到 2035 年基本实现社会主义现代化、到本世纪中叶把我国建成富强民主文明和谐美丽的社会主义现代化强国的奋斗目标。建设现代化经济体系，是实现这两步战略目标的经济基础和必要条件。没有经济体系现代化，便没有国家现代化。改革开放 40 年来，我国创造了二战之后经济高速增长时间最长的奇迹，工业化、城市化、信息化、市场化和经济全球化快速推进，经济、科技现代化水平与发达国家的差距不断缩小。但是，与发达国家相比，我国工业化、现代化起步晚，经济文化原有基础薄弱，后来主要靠承接发达国家产业转移发展起来的制造业"大而不强"，现在总体上还处在全球产业链、价值链的中低端，科技创新能力、人力资源质量同发达国家的差距还相当大。而且，现代化是一个发展变化的动态概念，特别是新一轮科技革命和产业变革正在全球兴起发展，这既有利于我国发挥后发优势，跟上世界科技、经济现代化潮流，也使我国面临严峻挑战和空前压力。我们在发展进步，发达国家也在发展进步，而且可能进步比我们快。如果我们不抓紧时机加快建设现代化经济体系，实现高质量发展，就有可能拉大同世界现代化国家的差距，甚至可能影响我国建设社会主义现代化强国的历史进程和目标的如期实现，因而必须高度重视。

这是转变发展方式、优化经济结构、加快转换增长动力的迫切要求。我国资源环境承载能力分布很不均衡，人口和经济活动过分集中于东部地区，城乡二元结构和区域发展不平衡问题突出，加上我国工业化是时间压缩型的（西方国家用了二百年，我国只用了几十年），在经济高速增长过程中由于发展方式粗放，体制机制改革不到位，导致发展不平衡、不协调、不可持续的结构性矛盾及与之相对应的金融风险不断积累，现在正处于解决这些难题的攻关期。建设现代化经济体系，才能实现经济由量的扩张转向质的提高，促进制造业由大变强，产业结构迈向中高端，也才能使发展动力从主要依靠低成本要素投入转向主要依靠科技创新和人力资源质量优势，显著提高全要素生产率和整体经济效益。

这是适应新时代社会主要矛盾转化的必然要求。解决人民日益增长的美好生活需要和不平衡不充分的发展之间的矛盾，必须统筹推进"五位一体"总体布局、协调推进"四个全面"战略布局，中心任务是贯彻新发展理念，建设现代化经济体系。这包括：建设创新引领、协同发展的产业体系，提高供给体系质量和效率，不断提供更好、更新的商品和服务，满足人民群众多样化、个性化、不断升级的需求。建设资源节约、环境友好的绿色发展体系，使人民群众渴望的清新空气、洁净水和良好生态环境的需求逐步得到满足。建设彰显优势、协调联动的城乡区域发展体系，逐步缩小城乡区域发展差距，使发展不平衡不充分的短板得以补齐。建设体现效率、促进公平的收入分配体系，实现收入分配合理、社会公平正义、全体人民共同富裕。建设市场对配置资源起决定性作用、更好发挥政府作用的经济体制，建设现代市场体系和全面开放体系，激发全社会创新、创造和发展活力，并为产业体系、绿色发展体系、城乡区域发展体系、收入分配体系的现代化提供体制机制保障。因此，建设现代化经济体系是推动解决新时代社会主要矛盾的重要条件。

（载于《人民日报海外版》2018 年 2 月 13 日、14 日、15 日第 11 版）

着力建设创新引领 协同发展的产业体系

（2018 年 3 月 1 日）

党的十九大报告指出，着力加快建设实体经济、科技创新、现代金融、人力资源协同发展的产业体系。这是适应当今世界科技革命与产业变革新潮流，并针对我国发展的现实矛盾作出的决策部署。实体经济是发展的主体和基础，创新是引领发展的第一动力，金融是现代经济的核心和血脉，人力资源是发展的第一资源。四者的协调、同步、融合、互动发展，是现代产业体系的显著特征，是提升产业国际竞争力、壮大国有经济实力的根本举措。

发达国家的经验表明，高端制造业和国际竞争力很强的企业，其共同点都是科技创新与实体经济紧密结合，拥有强大的研发和创新人才队伍，研发投入占销售收入比例高，还有上市融资和风险投资等金融工具对创新的有力支持。我国制造业之所以处在国际产业链、价值链的中低端，主要原因在于源头创新短缺，科技成果转化渠道不畅，研发投入和创新人才不足，金融存在"脱实向虚"，对实体经济和创新支持不够，等等。要围绕解决这些问题，加快建设创新引领、协同发展的产业体系。

第一，要把发展着力点放在实体经济上，促进我国产业体系向全球的产业链、价值链的中高端攀升。需要注意的是，加强和发展实体经济并不是再走铺摊子、扩大规模的老路，而是要使实体经济内涵发展、由大变强。要以深化供给侧结构性改革为主线，着力解决实体经济供给结构不适应需求结构变化的突出矛盾，加快从数量规模扩张切实转向高质量发展。

第二，要促进科技创新和经济发展的深度融合。新一轮科技革命和产业变革，正在以前所未有的广度和深度改变着产业发展模式，科技创新对产业变革和发展的引领、渗透、促进作用空前强大。要紧紧抓住创新引领发展这个"牛鼻子"，瞄准世界科技前沿，强化基础研究，实现前瞻性基础研究、引领性原创成果重大突破。加强应用基础研究，突出关键共性技术、前沿引领技术、现代工程技术、颠覆性技术创新。加强国家创新体系建设，深化科技体制改革，建立以企业为主体、市场为导向、产学研深度融合的技术创新体系，努力使科技创新对经济社会发展的贡献率不断提高。

第三，要不断增加金融服务实体经济的能力。金融是实体经济的血脉，为实体经济服务是金融的天职，是金融的宗旨，也是防范金融风险的根本举措。要让金融回归本源，服从服务于经济社会发展，努力促进金融和实体经济、金融和房地产、金融体系内部这三个方面的良性循环，在建设创新引领、协同发展的产业体系中发挥更大作用。

第四，要增强和优化人力资源支撑实体经济发展的作用。要优先发展教育事业，加快教育现代化，推动城乡义务教育一体化发展，普及高中阶段教育，完善职业教育和培训体系，加快一流大学和一流学科建设，办好继续教育，加快建设学习型社会，建设知识型、技能型、创新型劳动者大军，弘扬劳模精神和工匠精神，在劳动力数量减少的同时，转向以质量优势支撑实体经济高质量发展。

（载于《经济日报》2018年3月1日）

正确认识我国社会主要矛盾的转化

（2018 年 3 月 30 日）

如何认识并概括我国社会主要矛盾，是一个重大的理论和实践问题。只有正确认识社会主要矛盾，才能确定正确的战略、策略、政策和办法，促进社会矛盾解决，推动社会进步。习近平总书记在党的十九大报告中作出我国社会主要矛盾已经转化为人民日益增长的美好生活需要和不平衡不充分的发展之间的矛盾的重大政治论断，实现了社会主要矛盾理论的与时俱进和重大创新，对党和国家工作提出许多新要求。

一、社会主要矛盾理论的与时俱进和重大创新

20 世纪 50 年代以来，我们党围绕我国社会主要矛盾这一重大问题进行了艰辛的理论和实践探索，实现了两次理论上的跨越。第一次是始于 1956 年党的八大，完成于 1981 年党的十一届六中全会。1956 年，在我国社会主义制度基本建立后，党的八大指出：国内的主要矛盾，已经是人民对于建立先进的工业国的要求同落后的农业国的现实之间的矛盾，已经是人民对于经济文化迅速发展的需要同当前经济文化发展不能满足人民需要的状况之间的矛盾。按照这个符合我国实际的正确判断，解决社会主要矛盾的根本任务是解放和发展社会生产力。但是，后来由于党的主要领导人的注意力发生变化，党的八大关于社会主要矛盾的正确论断没有得到贯彻，而是提出"以阶

级斗争为纲"，以致造成"文化大革命"这样全局性的严重错误。1981年，党的十一届六中全会总结正反两方面的历史经验，在正确认识我国基本国情和发展阶段的基础上提出："在社会主义改造基本完成以后，我国所要解决的主要矛盾，是人民日益增长的物质文化需要同落后的社会生产之间的矛盾。"这个论断是党的八大关于社会主要矛盾论断的延伸和完善，完成了我们党关于社会主要矛盾理论的第一次跨越。从这个曲折过程可以看出，这个正确论断来之不易、意义重大：由此出发才能彻底否定"以阶级斗争为纲"的错误理论和实践，坚持把党和国家工作重点转到社会主义现代化建设上来，坚持改革开放，从而使我国经济社会发展取得举世瞩目的巨大成就。

社会主要矛盾理论的第二次跨越，就是习近平总书记在党的十九大报告中指出的："中国特色社会主义进入新时代，我国社会主要矛盾已经转化为人民日益增长的美好生活需要和不平衡不充分的发展之间的矛盾。"我国社会主要矛盾的转化，是全面分析新中国成立后特别是改革开放以来经济社会发展的深刻变化作出的重大战略判断，是中国特色社会主义进入新时代的重要依据，是习近平新时代中国特色社会主义思想的重要内容，将对我国实现"两个一百年"奋斗目标的发展进程发挥重大而深远的引领和指导作用。

关于新时代社会主要矛盾的新论断，体现了继承坚持和发展创新的统一，既坚持社会主义初级阶段这个基本国情没有变，根本任务仍然是解放和发展社会生产力；又运用唯物辩证法深刻分析社会主义初级阶段矛盾运动的不同过程，从变化了的实际出发对社会主要矛盾作出新的理论概括。这一新论断更加鲜明地体现了以人民为中心的发展思想。在发展目的和内涵方面，用满足"人民日益增长的美好生活需要"替代原来提出的"人民日益增长的物质文化需要"，不仅包括满足人民对物质文化生活的更高要求，而且包括满足人民在民主、法治、公平、正义、安全、环境等方面日益增长的新要求。在发展存在的主要问题方面，用"不平衡不充分的发展"替代原来提的"落后的社会生产"，使发展的重点由物质生产拓展到包括经济、政治、文化、社会、生态文明"五位一体"的发展，要求大力解决发展不平衡不充分问题。这两个方面充分体现了我们党对新时代社会主要矛盾及矛盾双方各自特殊性的深刻理解和准确把握，从而实现了社会主要矛盾理论的与时俱进和重大创新，在理论和实践上都具有开创性和长远指导意义。

二、我国社会主要矛盾发生转化的条件和依据

我国社会主要矛盾发生转化的条件和依据主要有以下四个方面：

一是社会生产力发展水平大幅度提升，为社会主要矛盾转化奠定了基础。改革开放以来，我国创造了二战之后世界上经济高速增长持续时间最长的奇迹。经济总量从位居世界第 11 位上升到 2010 年以来的稳居世界第 2 位。2017 年国内生产总值达到 82.7 万亿元，按可比价格计算，比 1978 年增长 33.5 倍。制造业产值连续 8 年居世界第 1 位，220 多种主要工农业产品生产能力稳居世界第 1 位，一些产品甚至出现大量过剩。这说明我国长期所处的经济短缺和供给不足的状况已经发生根本性转变，"落后的社会生产"已不是构成主要矛盾的一方。

二是人民生活水平显著提高。我国稳定解决了十几亿人的温饱问题，形成了世界上人数最多的中等收入群体。预计今年社会消费品零售总额将超过美国居世界第一，消费结构持续优化升级，已从数量满足型转向追求质量型，人民对美好生活的需要也已从物质文化生活领域拓展到政治、社会、生态环境等各领域。

三是经济持续高速增长加上发展方式粗放、经济结构和体制机制不合理所导致的城乡、区域以及社会、生态环境等领域的发展不平衡不充分问题凸显出来。同时，我国经济实力大幅提升，现在比过去更有条件把解决发展不平衡不充分的问题提上日程。

四是党的十八大以来，以习近平同志为核心的党中央提出了一系列具有开创意义的新理念新思想新战略，形成了习近平新时代中国特色社会主义思想，为认识和应对社会主要矛盾的转化提供了科学理论指导。这是我们能够根据社会主要矛盾的客观变化作出新的理论概括的根本原因。

三、深入理解社会主要矛盾转化同社会主义
初级阶段基本国情没有变的关系

正确认识我国社会主要矛盾的转化，需要正确把握历史阶段没有变与同一历史阶段中不同过程、不同时期变化的关系。应该认识到，虽然我国社会主要矛盾发生转化，但我国仍处于并将长期处于社会主义初级阶段的基本国情没有变，我国是世界最大发展中国家的国际地位没有变。1997年党的十五大报告从九个方面分析了社会主义初级阶段的内涵，概括地说就是：社会主义现代化和中华民族伟大复兴实现之日，才是社会主义初级阶段结束之时。社会主义初级阶段是一个长期历史过程。在这一历史过程中，社会主义初级阶段本身也在不断发展变化，从而包括不同过程、不同时期。不同过程、不同时期又具有不同的矛盾特殊性。社会主要矛盾的转化正是社会主义初级阶段发展变化和其中不同过程、不同时期的矛盾特殊性的表现。

如果把社会主义初级阶段分为上半场和下半场的话，那么，"人民日益增长的物质文化需要同落后的社会生产之间的矛盾"这一社会主要矛盾的表述符合上半场的实际，而"人民日益增长的美好生活需要和不平衡不充分的发展之间的矛盾"这一新的表述则符合下半场的实际。需要强调的是，新时代社会主要矛盾转化是在社会主义初级阶段内的变化，而不是超越这个历史阶段的变化，因此解决转化后的社会主要矛盾仍然必须立足于社会主义初级阶段这个基本国情和最大实际，解决社会主要矛盾的根本任务仍然是解放和发展社会生产力。满足人民日益增长的美好生活需要和解决发展不平衡不充分问题，都必须从社会主义初级阶段的现实条件和实际情况出发，既尽力而为又量力而行，循序渐进、逐步提高，不能脱离社会生产力的现实水平提出过高要求。

四、正确认识我国社会主要矛盾的转化，
实现以人民为中心的发展

正确认识我国社会主要矛盾的转化，才能更好实现人民当前和长远利益。改革开放前一段较长时间，由于社会主要矛盾的正确论断没有得到贯彻，没有把党和国家的工作着重点转到社会主义建设上来，导致社会生产力的发展不快、不稳、不协调，人民的生活没有得到多大的改善。而改革开放40年来经济社会蓬勃发展、人民生活显著改善，从根本上说就是由于我们党对社会主要矛盾有了正确把握。

党的十九大报告对我国社会主要矛盾作出新的理论概括，根本出发点是更好满足人民群众对美好生活的需要，更好在发展中保障和改善民生，更好在发展中补齐民生短板，着力解决发展不平衡不充分问题。这毫无疑问将使人民群众普遍受益，从各个方面得到好处。比如，打好精准脱贫攻坚战，将使所有贫困人口摆脱贫困、生活得到改善。实施乡村振兴战略，将加快农业农村现代化进程，显著改变几亿农民生产生活面貌；实施区域协调发展战略，将加快中西部地区发展，缩小区域发展差距，使越来越多的人生活富裕起来；打好污染防治攻坚战，将使人民群众对清新空气、洁净水和优美生态环境的渴望逐步得到满足；推动经济高质量发展，显著提高商品和服务质量，将满足人民群众多样化、个性化、不断升级的消费需求，使生活品质不断提高；加快发展教育、医疗等社会事业，将更好满足人民群众对优质的教育、医疗资源的需求；实施就业优先战略和积极就业政策，将促进更高质量和更充分就业，使人人都有通过辛勤劳动实现自身发展的机会。总而言之，党的十九大报告对党和国家工作的新要求新部署，都是紧扣社会主要矛盾的转化作出的。贯彻落实这些新要求新部署，统筹推进"五位一体"总体布局和协调推进"四个全面"战略布局，将使人民群众各个方面的权益得到更好保障、各个方面的需求得到更好满足。

五、我国社会主要矛盾的转化给世界经济发展注入新的正能量

我国社会主要矛盾的转化是关系全局的历史性变化，将对推进新时代中国特色社会主义事业产生重大而深远的影响，也将给世界经济发展注入新的正能量。

按照社会主要矛盾转化的要求，我国将加快转变发展方式、优化经济结构、转换增长动力，推动经济高质量发展，这将为国外高新技术、绿色低碳环保技术、高端制造业产品和现代服务业提供巨大市场。

按照社会主要矛盾转化的要求，我国将推动形成全面开放新格局，实行高水平的贸易和投资自由化便利化政策，全面实行准入前国民待遇加负面清单管理制度，大幅度放宽市场准入，扩大服务业对外开放，这将为外商分享中国经济发展新机遇提供巨大投资机会。

满足人民日益增长的美好生活需要，着力解决发展不平衡不充分问题，将促进我国中等收入群体快速扩大。我国居民收入持续增长，将不断增加对国外商品和服务的需求，出境旅游、购物和跨境网购将继续快速增长，为世界经济增长提供强大动力。

解决我国新时代社会主要矛盾，实现中华民族伟大复兴的中国梦，离不开和平的国际环境和稳定的国际秩序。这决定我国将始终不渝走和平发展道路，始终做世界和平的建设者、全球发展的贡献者、国际秩序的维护者。这无疑将为世界经济健康发展提供强有力保障。

（载于《人民日报》理论版 2018 年 3 月 30 日）

美国对华贸易逆差的宏观分析

（2018 年 9 月 28 日）

近一段时间，美国蓄意挑起对中国的贸易战，主要借口是美中之间存在巨额贸易逆差，美国吃亏了。那么，中美贸易的实际情况究竟如何？美国长期保持贸易逆差是吃亏还是占便宜，其对华贸易逆差形成的真实原因是什么？美方奉行单边主义和贸易保护主义，对输美商品加征高关税，能否减少贸易逆差？对于这些问题，有必要从宏观经济角度分析清楚。

一、被夸大的美国对华贸易逆差

细加分析不难发现，美方统计口径夸大了美中贸易逆差。美国商务部统计，2017 年美国从中国进口货物 5056 亿美元，向中国出口货物 1303.7 亿美元，美中货物贸易逆差为 3752.3 亿美元。而据中国海关统计，2017 年中国对美国出口货物 4297.5 亿美元，从美国进口货物 1539.4 亿美元，货物贸易顺差为 2758.1 亿美元，比美方统计的美中贸易逆差少 994.2 亿美元。中美对双边贸易额的统计历来存在差异，而且差异不断扩大，主要原因如下：一是美国未考虑转口贸易及其加成加价因素，从而夸大了美中贸易逆差。二是美方统计货物进口额按到岸价格计算，包含了从中国口岸到美国口岸所发生的国际运费、保费等，而统计货物出口额按离岸价格计算，不包括上述费用，这种计价方式也夸大了美中贸易逆差。还应指出，中国居民赴美旅游时大量购物，实际上属于美国的货物出口，而按现行国际标准是作为服务出口统计的。美国商务部经济分析局数据显示，2017年服务贸易旅行项下，中国居民在美国的支出达321.8亿美元。因此，分析美中货物贸易逆差，应考虑美国在服务贸易领域对中国存在巨额顺差这一重要因素。

按照贸易增加值方法核算，美中贸易逆差会大幅度减少。在经济全球化时代，许多商品实际上是多国共同生产的，在一个国家组装，而零部件来自其他国家。众多"中国制造"的零部件和技术来自包括美国在内的全球供应链，中国在加工、组装环节形成的增加值只占最终产品价值的一小部分，却按照最终产品价值全部计算到中国出口额上。这种不合理的计算方法，是夸大美中贸易逆差的又一个重要因素。世界贸易组织和经合组织等从2011年起倡导以"全球制造"新视角看待国际化生产，提出以"贸易增加值核算"方法分析各国参与国际分工的实际地位和收益，并建立了世界投入产出数据库。以2016年为例，据中国海关按照传统贸易总值的统计，中国对美顺差额为2507亿美元；如若根据世界投入产出数据库，从贸易增加值角度核算，中国对美贸易顺差为1394亿美元，较总值方法减少44.4%。更何况，美国禁止其高科技产品和技术向中国出口，是人为扩大美中贸易逆差的重要因素。有研究表明，如果美方撤销对中国的高科技出口禁令，美中贸易逆差可以减少35%左右。

美国在中国的商业利益比出口贸易数据所显示的要大得多。美国出口贸易数据没有包括在中国运营的美国子公司在华销售额及其为母公司创造的大量收入。实际上，美国企业在中国的销售额已大幅度超过美国对中国的出口额。根据美国商务部经济分析局数据，2015年美资（含美资参股）企业在华销售额（包括商品和服务）高达4814亿美元，远高于中资企业在美国256亿美元的销售额，也大大超过美国对华出口额。由于美国企业跨国经营拥有突出优势，德意志银行2018年6月的研究报告认为，美国在中美双边贸易中获得了比中国更多的商业净利益。据其计算，2017年美国享有的净利益达203亿美元。因此，评估中美经贸关系，仅看中美货物贸易差额是十分片面的。美国以美中之间存在巨额贸易逆差为借口向中国挑起贸易战，是站不住脚的。

二、美国长期贸易逆差的成因及从中获得的利益

其实，近半个世纪以来，美国在绝大多数年份都是贸易逆差国，其贸易逆差并非因中国而产生，也不会因中国而终结。美国出现货物贸易逆差始于 1971 年，再到 2017 年的 47 年中，除了 1973 年和 1975 年，其余年份都是逆差，逆差额逐渐扩大，2017 年已达到 8075 亿美元。作为世界第一大经济体和科技强国，美国数十年来保持巨额贸易逆差，显然不是被迫之举，而是因为能够从中获得好处。

美元作为国际贸易支付手段和储备货币的地位，决定了美国可以借由贸易逆差向全球征收铸币税。第二次世界大战后建立的布雷顿森林体系确定美元与黄金挂钩，其他货币与美元挂钩，确立了美元在国际货币体系中的核心地位。20 世纪五六十年代，美国经济危机和美元危机频发，到 1971 年，布雷顿森林体系崩溃后，美元不再与黄金挂钩。但由于美国有发达开放的金融市场，美元流动性强，美元资产收益稳定，加上历史原因，没有其他货币能够取代美元的地位，各国为了发展国际贸易和投资，仍然需要以美元作为主要支付手段和储备货币，这就导致流出美国的美元在海外不断沉积。对美国来说，1971 年以后，美元已不再承担稳定国际货币体系的责任，因此可以不顾别国利益而根据自身需要滥发美元，向全球征收铸币税，用以弥补美国持续增加的财政赤字。其渠道就是借助不断扩大的贸易逆差，一方面源源不断地获得物美价廉的商品，另一方面通过美元回流购买美国国债获得大量廉价资金。外国购买美国 10 年期国债平均收益率为 3% 左右，而美国跨国公司在海外投资平均收益率比 3% 高出数倍。大量廉价商品和廉价资金进入，降低了美国物价水平和利率水平，使美国即使在经济繁荣时期也能不受通胀之苦，每个美国家庭每年都能节省不菲的支出。如此看来，贸易逆差不仅没让美国吃亏，反而让美国占了大便宜。占了便宜的美国，回过头来却以贸易逆差为由向别国发动贸易战，显然是揣着明白装糊涂，其意图无非是想

用不讲理的办法从别国获取更多利益。

科技优势及在全球产业链所处的高端位置，决定了美国在长期保持贸易逆差的同时仍能成为经济全球化的最大受益国。美国长期居于全球产业链的顶端，在高端芯片等核心技术、高端制造业和金融等高增值服务业上一直占据世界领先甚至垄断地位，因此获取了整个产业链的大部分利润。而广大发展中国家承接的是生产加工组装等低附加值环节，只得到小部分利润。发展中国家出口到美国的货物中，劳动密集型产品和低附加值产品占很大比重。美国可以用少量的高附加值产品交换大量的低附加值产品。所以，认为贸易顺差一方占便宜、贸易逆差一方吃亏，这是一种错误的认知。一国从贸易中获得的收益并非只来源于数量和顺差，更取决于贸易的结构和质量（附加值和利润）。正如国际货币基金组织首席经济学家奥布斯特费尔德所说："双边贸易结构反映的是基于各国比较优势的国际劳动分工""将一国总体贸易顺差等同于贸易福利是错误的，将双边贸易逆差视为从贸易中失利更是错上加错"。在国际贸易中吃亏了的言论从美国人口中发出，实在是非常荒诞和讽刺。

国内储蓄不足、投资大于储蓄的状况，也使美国保持长期贸易逆差具有必然性。统计数据显示，美国贸易逆差与其投资大于储蓄呈现正相关关系。在1971年至2017年的47年中，除了1973年和1975年货物贸易顺差的年份储蓄率（总储蓄占国民总收入的比重）略高于投资率（投资总额占国内生产总值的比重），其余年份都是投资率高于储蓄率。投资率与储蓄率差距越大的年份，贸易逆差也越大。储蓄是指收入没有被消费的部分，投资是指资本存量增加的部分。储蓄等于投资是宏观经济学的一个恒等式。当总储蓄与投资总额存在缺口时，就会出现贸易逆差。大量美元通过贸易逆差流出美国，再通过资本账户回流购买美国国债等美元资产，以弥补美国政府的巨额财政赤字。所以，美国贸易逆差形成的根源和逻辑起点是过度消费、政府和居民储蓄不足，其重要原因是美国政府的巨额财政赤字。美国著名经济学家斯蒂格利茨也指出："美国的问题不在于中国，而在于国内储蓄率太低了""如果美国的国内投资仍然高于储蓄，就必须进口资本，并产生巨额贸易逆差"。2017 年美国国债总规模达到 20 万亿美元（其中 6 万亿美元为外债）。据美国国会预算办公室估算，美国财政赤字到 2020 年将超过 1 万亿美元。可见，美国减少贸易逆差的出路不是挑起贸易战，而是提高国内储蓄率，并减少财政赤字和负债规模。

三、美国挑起贸易战危害全世界，是极端不负责任的错误举动

美国政府以美中之间存在巨额贸易逆差为主要借口，对中国输美商品加征高关税，挑起贸易战，这是逆经济全球化时代潮流、违背经济规律的鲁莽霸道行为，危害世界经济复苏的大好局面，最终也会害了美国自己。

美国挑起贸易战会给世界经济发展带来破坏性影响，并将传递到美国，使其自身陷入困境。经济全球化使各国经济联系和互相依存不断加深，进而使各国经济周期互相影响。1929 年世界经济危机爆发后，主要国家纷纷提高关税、构筑贸易壁垒，结果酿成了 20 世纪 30 年代的经济大萧条。现在美国的所作所为正在重蹈历史覆辙。据经合组织预计，如果美国发动贸易战引发他国反制，最终将导致全球贸易成本上升 10%，全球贸易减少 6%。英国央行的模拟研究结果显示，如果美国对所有贸易伙伴都将关税提高 10%，美国的 GDP 可能会损失 2.5%，对世界经济增长则会有超过 1% 的负面影响。贸易战还会影响通胀率，阻止货币政策正常化，提升长期利率，推高避险情绪，增加全球金融风险。因此，美国挑起贸易战将拖累全球经济，并损害其自身经济增长。

美国挑起贸易战是在使用双刃剑和回旋镖，在伤害贸易伙伴的同时也会伤害到自己。首先，贸易战会加重美国消费者负担。对进口消费品加征的关税最终会转嫁到美国消费者头上，并导致物价上涨和消费支出下降。再加上美国已经和拟加征关税的中国产品有很多在美国早已不生产，不从中国进口就只能从别的国家进口性价比低的替代产品。这不仅不会减少美国贸易逆差，反而会进一步增加美国消费者的负担。其次，贸易战会提高美国制造商的成本。美国从中国进口的产品中有 37% 是中间产品，对进口的中间产

品和资本品加征高关税，会提高美国国内制造商的成本。今年8月底、9月初，美国贸易代表办公室多次举行拟对华2000亿美元商品加征关税的听证会，与会绝大多数企业和行业代表反对加税举措，认为这将损害美国企业和消费者利益。

贸易战破坏全球产业链，美国跨国公司也难以幸免。外商投资企业产品在中国对美出口产品中占一半以上，外资企业在中国对美出口100强企业中占七成。美国首批加征关税的340亿美元中国产品中，有200多亿美元产品是在华外资企业生产的，其中美资企业占相当大的比例。美中货物贸易逆差很大一部分是由包括美国企业在内的在华外资企业跨国生产经营造成的。所以，美国挑起贸易战在很大程度上是打击美国及其盟友的企业。贸易战对全球供应链的破坏、对美国跨国公司利益的冲击，都将威胁美国经济增长。

自美国挑起贸易争端以来，中方一直主张通过谈判协商解决，并以最大的耐心和诚意回应美方关切。但美方漫天要价、蛮横霸道、言而无信、极限施压，直到挑起贸易战，中方只能被迫进行反制。应对世界最大经济体挑起的贸易战，当然要准备承受巨大压力和付出必要代价，中国完全有条件、有能力承受这种压力和代价，也有信心变压力为动力、化挑战为机遇。外部压力将倒逼我们更加坚定地做好自己的事情：加快转变发展方式、优化经济结构、转换增长动力，增强科技创新能力，实现高质量发展；上下同心全面深化改革，进一步释放发展活力和动力；以"一带一路"建设为重点推动形成全面开放新格局，以更大开放促改革、促发展。

至于有人想通过贸易战使中国遭受灾难性痛苦，阻挠中国发展，这种企图是不可能得逞的。今天，中国拥有规模巨大的国内市场，而且正在成长、潜力无限，具备转向更大程度依靠消费和扩大内需的条件；中国的储蓄率为美国的两倍多，发展资金充裕，外汇储备雄厚，是少有的资本净输出国和债权国；具有门类齐全的独立工业体系，220多种主要工农业产品生产能力稳居世界第1位，国内市场供应充足，完全有能力稳定物价、稳定市场、稳定金融；中国实行的社会主义市场经济体制，具有市场经济长处和社会主义制度优越性兼备的优势；中国人均收入比发达国家低得多，正处于工业化、信息化、城镇化、农业现代化进程中，经济增长可以保持比发达国家高一倍以上的速度；中国坚定维护并推动改革完善多边贸易体制，坚定实行全面对外开放和贸易投资自由化便利化政策，得道多助，外贸市场多元化有很大拓展潜力；中国的发展从来都不是一帆风顺的，而是在克服一个又一个困难中成长壮大的，具有在困难面前不低头、越是困难越奋发图强的传统和经验。总而言之，中国经济具有韧性强、回旋余地大的巨大优势，有力量有办法抗击来自各个方面的风险挑战。贸易战造成的暂时困难是完全可以克服的，消极悲观的预期是没有根据的。历史将继续证明，没有任何力量能够阻止中国人民实现全面建成社会主义现代化强国的目标，没有任何力量能够阻止中华民族实现伟大复兴的脚步。

（载于《人民日报》理论版"人民要论"2018 年 9 月 28 日）

改革开放：贯穿 40 年中国奇迹的根本动力

（2018 年 12 月 10 日）

"改革开放 40 年来的辉煌成就，经济发展是很重要的体现，但不是全部。40 年来的伟大变革和发展奇迹一起为实现中华民族伟大复兴奠定了坚实的物质基础、体制基础、制度基础。"国家发改委宏观经济研究院研究员、原常务副院长林兆木对《瞭望》新闻周刊记者表示，需要从中国特色社会主义进入新时代的历史方位来看待改革开放取得的历史性伟大成就。

林兆木曾参加党的十五大至十九大报告、1988 年以来的 13 次中央全会文件及历年政府工作报告、1994 年以来历年中央经济工作会议文件的起草工作，参与国家经济社会发展"八五"计划至"十三五"规划的研究论证工作。在他看来，改革开放源源不断释放的红利，是中国经济持续 40 年快速发展的根本动力，而一以贯之的发展战略和正确的宏观调控政策，推动中国经济沿着正确方向不断前进。尤其是党的十八大以来中国特色社会主义进入了新时代，党和国家事业发生了历史性变革，取得了历史性成就。这些因素共同铸就了 40 年的中国奇迹。

一、40 年辉煌成就的历史意义

《瞭望》：可以从哪些维度来看待改革开放 40 年取得的辉煌成就？

林兆木：改革开放 40 年来，我国发生了翻天覆地的巨大变化，我国经济实力、科技实力、国防实力、综合国力进入世界前列，我国国际地位实现前所未有的提升。从经济发展看，1978 年我国人均 GDP 才 156 美元，2017年达到 8827 美元，按不变价计算，年均增长 8.5%。40 年的时间里，7 亿多贫困人口实现脱贫。2017 年与 1978 年相比，按不变价计算，GDP 总量增长 33.5 倍以上，年均增长 9.5%。我国经济总量从占全球的 1.8% 提高到15.3%，稳居世界第 2 位。在这么长时间实现这样高的年均增长速度，不仅中国历史上没有过，世界历史上也没有过，可以说是创造了人类发展史上的奇迹。

经过 40 年改革开放，我们成功走出了一条中国特色社会主义道路，为未来进一步实现现代化，实现中华民族伟大复兴奠定了物质基础、体制基础、制度基础。在社会主义条件下发展市场经济，是前无古人的伟大创举，书本上找不到答案，也没有现成经验可以借鉴。就是在这样的情况下，中国共产党领导中国人民通过改革开放成功开创了一条正确道路，这对于实现"两个一百年"奋斗目标具有根本性意义，同时对其他发展中国家也提供了有益的借鉴。

《瞭望》：从我国发展新的历史方位来看，应当怎样看待改革开放 40 年成就的历史意义？

林兆木：党的十九大报告提出，中国特色社会主义进入了新时代。这是我们党领导中国人民长期奋斗的结果，也是改革开放的丰硕成果。40 年来，我们党的面貌、国家的面貌、人民的面貌、军队的面貌、中华民族的面貌发生了前所未有的变化，中华民族正以崭新姿态屹立于世界的东方。党的十九大报告从三个维度深刻阐明了中国特色社会主义进入新时代的历史意义，这三个"意味着"，实际上也正是改革开放辉煌成就的历史意义。

从中华人民共和国发展史、中华民族发展史来看，中国特色社会主义进入新时代，这意味着近代以来久经磨难的中华民族迎来了从站起来、富起来到强起来的伟大飞跃，迎来了实现中华民族伟大复兴的光明前景。十九大报告阐述的这两个"迎来了"十分贴切，既说明"伟大飞跃""伟大复兴"还在进程中、尚需继续奋斗才能实现，又说明"伟大飞跃""伟大复兴"已经迎面走来，是可以清晰看见和实现的奋斗目标。

从世界社会主义发展史来看，中国特色社会主义进入新时代，意味着科学社会主义在 21 世纪的中国焕发出强大生机活力，在世界上高高举起了中国特色社会主义伟大旗帜。这就打破了 20 世纪 90 年代初世界社会主义遭受严重挫折之后出现的所谓"历史终结论"，打破了西方政治制度和价值观"放之四海而皆准"的神话。

从人类社会发展史来看，中国特色社会主义进入新时代，意味着中国特色社会主义道路、理论、制度、文化不断发展，拓展了发展中国家走向现代化的途径，给世界上那些既希望加快发展又希望保持自身独立性的国家和民族提供了全新选择，为解决人类问题贡献了中国智慧和中国方案。

可以这么说，正是改革开放带来的伟大变革和辉煌成就，奠定了中国特色社会主义进入新时代的坚实基础，并从各个方面为实现"两个一百年"奋斗目标创造了前所未有的有利条件。

二、40 年经济奇迹的显著特点和根本动力

《瞭望》：从历史和国际比较看，改革开放以来的经济发展有什么显著特点？

林兆木：40 年来，我国改革开放是持续不断的，其中令人印象更为深刻的是出现三次改革高潮：第一次是党的十一届三中全会后到 80 年代中期，第二次是 1992 年党的十四大到 90 年代中后期，第三次是党的十八届三中全会以来。在持续不断的改革开放进程中，特别是在三次改革高潮中，呈现出三个鲜明的特点：

一是中央高层决策、自上而下发动组织领导和全党全民广泛参与、自下而上实践探索创新相结合，两个方面相辅相成、相互促进。

二是理论上突破传统教条的束缚和实践上突破传统体制的束缚相结合，两个方面相互转化、相互推进。

三是经济基础领域改革和上层建筑领域改革相辅相成、相互促进。

无论从历史还是从国际比较，改革开放是中国共产党领导中国人民进行的伟大变革，其广度深度难度之大、持续时间之长、影响之深远，在世界史上也是罕见的。如此巨大和深刻的社会变革，没有产生生产力停滞和社会动荡，恰恰相反，极大地促进了生产力发展和社会进步，这就是一个奇迹。改革开放以来，我国经济发展的一个显著特点，是没有发生过经济衰退和危机。

这40年，我国的经济周期，不是像西方市场经济国家那样出现周期性经济衰退（连续两个季度GDP负增长），而是表现为经济增长速度高低的变化。40年来我国从未出现过经济负增长。除了1981年5.1%、1989年4.2%和1990年3.9%的增长率较低外，其他年份的经济增长率都在中高速以上。这可以说也是中国经济奇迹的一个特点。

《瞭望》：取得经济发展奇迹的根本动力何在？

林兆木：根本动力是持续推进改革开放，不断解放和发展生产力。回顾历史，改革开放首先从农村取得突破，家庭联产承包责任制的推行，极大地调动了农民生产积极性，农业活则全局活。与此同时，允许和鼓励个体、私营经济发展，建立5个经济特区和14个沿海城市率先开放，打破了传统公有制经济一统天下的僵化封闭局面，带来了20世纪80年代我国经济的蓬勃发展。又如，1992年党的十四大确立了社会主义市场经济体制的改革目标，并加快改革和扩大开放，这使我们冲破了80年代末西方国家的经济贸易制裁，推动经济发展重新进入快车道。

1994年宏观经济领域的一系列改革，使我们较快地抑制了伴随经济高速增长出现的通胀，成功实现经济"软着陆"。再如，2013年党的十八届三中全会作出全面深化改革的决定，提出要使市场在资源配置中起决定性作用和更好发挥政府作用，随后改革在经济基础和上层建筑各个领域深入展开，同时以"一带一路"为重点推动形成全面开放新格局。这使我们在国际金融危机后世界经济低迷和国内"三期叠加"及经济进入新常态的复杂环境中，保持了经济平稳发展，经济实力、科技实力进一步增强。

40多年来的实践充分证明，改革开放是解放和发展生产力的根本动力。

生产力是一切社会发展的最终决定力量，而人是生产力中最活跃的因素，改革归根到底就是调动所有人的积极性、主动性、创造性，包括调动企业家投资创业积极性，让一切劳动、知识、技术、管理、资本的活力竞相迸发，让一切创造社会财富的源泉充分涌流，让发展成果更多更公平惠及全体人民。

三、正确战略决策引导发展不偏航

《瞭望》：除了改革这一根本动力外，40多年经济奇迹的取得还有哪些重要因素？

林兆木：在改革源源不断释放经济发展动力的同时，经济奇迹的取得还有两个重要因素。

一个重要因素是：我国有一以贯之的长远发展战略以及为实现战略目标连续实施的五年规划。

早在改革开放初期，邓小平同志就提出了我国发展的"三步走"战略目标：第一步是20世纪80年代实现国民生产总值翻一番，人民生活解决温饱；第二步是在90年代实现国民生产总值再翻一番，人民生活达到小康；第三步是到21世纪中叶，国民生产总值达到中等发达国家水平，人民生活比较富裕。

进入21世纪，我们党对第三步战略目标加以划分，提出了阶段性目标。先是2002年党的十六大提出到2020年的目标是全面建成小康社会，GDP总量2020年翻两番；2007年党的十七大根据实际情况的变化，提出2020年人均GDP翻两番；2010年党的十七届五中全会提出"十二五"规划建议时，进一步提出到2020年GDP和城乡居民可支配收入比2010年翻一番。我们现在正在为实现这一目标而努力。

党的十九大根据形势发展把2020年全面建成小康社会后到本世纪中叶又划分为两个阶段：一是到2035年基本实现现代化；二是到2050年建成富强民主文明和谐美丽的社会主义现代化强国。

可以看出，我国实施"三步走"发展战略既一以贯之，又根据客观条件的变化不断丰富发展。

为了实现"三步走"战略目标，我们党又相继提出了各个方面的发展战略，包括科教兴国战略、人才强国战略、"走出去"战略、区域发展总体战略、京津冀协同发展战略、长江经济带发展战略，等等。同时，又通过五年规划来一步步落实阶段性目标。

从改革开放之初的"六五"计划到目前的"十三五"规划，都根据对国内国际形势的分析判断，以及阶段性目标的要求，提出各个五年规划要达到的目标和相关的政策举措、重大建设项目等。通过互相连接的五年规划贯彻长期发展战略，分步实现战略目标，这是我国独有的优势，保证了发展战略实施的一贯连续性。

另一重要因素是：实施正确的宏观调控政策。改革开放以来，适应社会主义市场经济体制的宏观调控体系逐步建立，调控方式不断完善，对经济平稳快速发展发挥了重要作用。

例如，1993年伴随经济高速增长产生了严重通胀，中央在推进改革开放的同时，及时推出以经济手段为主、辅之以必要行政手段的宏观调控政策，促使经济增长速度和物价上涨幅度逐步回落，终于在1996年成功实现"软着陆"。

又如，1997年亚洲金融危机对我国经济产生重大冲击，中央及时转变宏观政策思路，从"九五"计划要求逐年减少财政赤字，转为适当扩大财政赤字，通过发行国债用于基础设施建设，增加投资以扩大内需的宏观经济政策很快取得成效，阻止了经济下滑。我国经济平稳增长和人民币不贬值也对亚洲国家抗击金融危机作出了贡献。

再如，我国宏观经济政策在应对2008年国际金融危机冲击、防止经济下滑中也发挥了重要作用。特别是近几年来，面对国际环境复杂多变和国内经济下行压力加大的不利情况，中央及时调整宏观调控政策思路，以推进供给侧结构性改革为主线，适度扩大总需求，促使我国经济保持稳中向好的发展态势。

在改革成为经济奇迹根本动力的同时，正是以上这两大因素助推了中国经济沿着正确航道不断发展。

《瞭望》： 党的十八届三中全会关于全面深化改革的决定，同以往的改革部署相比有什么新的特点？如何看待十八大以来改革的成就？

林兆木： 党的十八届三中全会通过的《中共中央关于全面深化改革若干重大问题的决定》（以下简称《决定》），是我们党历史上第一个关于全面深化改革的决定。《决定》首次把经济、政治、文化、社会、生态文明体制改革和党的建设制度改革，作为一个整体进行全面、系统的部署。

党的十一届三中全会之后的六次三中全会，都是对经济体制改革方面的主题作出决定，而十八届三中全会从经济体制改革扩展到与经济建设、政治建设、文化建设、社会建设、生态文明建设"五位一体"总体布局相对应的改革，同时对国防和军队改革、党的建设制度改革作了部署，因此是"5+1+1"的全面改革，反映了我们党对中国特色社会主义总体布局的认识达到了一个新的高度。

以习近平同志为核心的党中央高度重视全面深化改革决定的起草工作，成立了由习近平总书记担任组长的《决定》起草组。由党的最高领导人亲自担任中央全会文件起草组组长，是很罕见的，充分体现了党中央对全面深化改革的高度重视。

回顾党的十八大以来的改革，我们可以看到，除经济基础领域的改革有力推进，上层建筑领域改革力度尤其大。党的十八届三中全会的决定，既要求以经济体制改革为重点、发挥它的牵引作用，同时要求以推进国家治理体系和治理能力现代化为目标，加快上层建筑各个领域的改革，并取得重大突破。5年来，党的建设制度改革、国防和军队改革、司法体制改革等，力度之大前所未有。党和国家事业发生深层次的、开创性的、根本性的历史性变革，使我国发展站到了新的历史起点上。

（本文是作者接受《瞭望》新闻周刊记者王仁贵采访的记录稿，载于《瞭望》2018年第50期，2018年12月10日出版）

穿越风雨，中国信心更足

（口述历史——40年，中国更精彩）

（2019年1月24日）

中国的发展从来都不是一帆风顺的，而是在克服一个又一个困难当中成长壮大的，具有在困难面前不低头、越是困难越奋发图强的传统和经验。

回顾40多年行进路程，中国经历了改革开放发端起步的艰难，经历了西方国家制裁和世界社会主义遭受严重挫折对中国造成的困难与压力，经历了亚洲金融风暴、国际金融危机的冲击……每一个阶段有每一个阶段的难题，每一个阶段都有每一个阶段的挑战。中国正是在与大风大浪搏击中奋勇前行，一步步取得今天的成就，实现综合国力的历史性跨越。

一

改革开放40多年来，中国发生了翻天覆地的巨变。经济实力、科技实力、国防实力、综合国力进入世界前列，国际地位实现前所未有的提升。1978年至2017年，我国GDP从3679亿元增加到82.7万亿元，按不变价计算，增长33.5倍，年均增长9.5%，我国经济总量从占全球1.8%提高到占15.2%，稳居世界第2位。在这么长时间实现这样高的年均增长速度，不仅中国历史上没有过，世界历史上也没有过，可以说是创造了人类发展史上的奇迹。

即使拿人均国民收入增速与东亚一些国家比较，中国发展奇迹也是不可否认的。以日本、韩国为例，根据世界银行数据推算，日本在20世纪50年代初已达到中低收入国家标准，1975年达到高收入国家标准，约用24年时间跨越中等收入阶段。韩国1972年达到中低收入国家标准，1993年达到高收入国家标准，前后用了21年。中国1998年年收入达到中低收入国家标准，2010年进入中高收入国家行列。根据对未来经济增长速度预测，并考虑复杂因素影响，中国至多再用10年便可达到高收入国家标准。虽然跨越中等收入阶段的时间比日本、韩国长一些，但日本人口1.27亿，不到中国的1/10，韩国人口5062万，仅是中国的1/27。现在全球高收入国家人口总数为12.5亿，而近14亿人口的中国用30年左右时间跨越中等收入阶段，这难道不是奇迹吗？

改革开放以来，中国经济发展的一个显著特点是没有发生过经济衰退和金融危机。40多年来，中国经济增长虽然也存在经济周期，但并不是像西方市场经济国家那样出现周期性经济衰退（连续两个季度GDP负增长），而是表现为经济增长速度的周期性波动。40多年来除了1981年5.1%、1989年4.2%和1990年3.9%的增长速度较低外，其他年份经济增长都是高速和中高速。

改革开放，是中国共产党领导中国人民进行的伟大变革，其广度和深度难度之大、持续时间之长、影响之深远，在世界史上是罕见的。

二

中国奇迹举世瞩目，中国奇迹也来之不易。

40多年前中国改革开放是在什么背景下起步的？统计数据显示，1978年中国人均GDP 156美元。同年，一直被认为是全球最贫穷的撒哈拉沙漠以南的非洲国家，人均GDP是490美元。1978年，中国82%人口主要居住在农村，农村人口中大多数是贫困人口，处于国际贫困线以下。农业生产落后，工业结构失衡，物资匮乏，居民的粮食、食用油、肉蛋奶和棉布等必需品长期按人定量凭票证供应。

当时成为改革开放"拦路虎"的不仅有经济落后和结构失衡，更有体制僵化和思想禁锢。

改革开放前，我国实行高度集中的计划经济体制，其根本特征就是否定和排斥市场作用，否定和排斥非公有制经济。当时主导的传统观念认为，私有制和市场经济是资本主义的，公有制和计划经济才是社会主义的；公有制经济成分比重越高越好，计划经济控制范围越大越好。因此，要打破公有制和计划经济一统天下的僵化封闭局面，首先要冲破"左"倾错误思想的禁锢。这在当时阻力是非常大的。今天看来很习以为常的事情，比如"商品经济""市场经济"，在当时都被认为是社会主义的对立物，提都不能提。再如，对于引进外资、兴办经济特区，不少人也疑虑重重。中国改革开放的启动，必须既在理论上突破传统观念的束缚，又在实践上突破传统体制的束缚。当时突破这种双重束缚，迈出第一步是很不容易的。

党的十一届三中全会的伟大历史功绩，就在于从根本上冲破了长期以来"左"倾错误思想的严重束缚，重新确立了中国共产党实事求是的思想路线，同时决定把全党的工作重心从"以阶级斗争为纲"转到以经济建设为中心的轨道上来。这就为改革开放奠定了思想路线和政治路线的前提。随后改革开放从三个方面展开。

一是农村改革率先破冰。安徽凤阳小岗村农民首创的包产到户制度（后来发展为家庭联产承包责任制）一经出现就显示了它的优越性，在中央支持下迅速推广，大大调动了广大农民积极性，使农业生产面貌很快发生显著变化，由原来的停滞不前变得欣欣向荣。农业活，全局皆活。

二是政府（计划）和市场关系的改革。改革开放前，资源配置完全由政府通过国家计划进行，严重束缚了生产经营主体的积极性。改革的第一步是提出"计划经济为主，市场调节为辅"的方针，把对国民经济的计划管理从过去单一的指令性计划，改为指令性计划、指导性计划、市场调节三种形式，与之对应的是有三种价格，形成了价格"双轨制"。随着改革的推进，指令性计划及其价格调整的范围与比重逐步减少，对调动企业积极性起了很大作用。1984 年党的十二届三中全会《决定》提出社会主义经济是有计划的商品经济，表明逐步摆脱了计划经济传统观念和体制的束缚，虽然还不到位，但在当时已经不容易了。

三是对外开放的起步。40 多年前中国经济开放度很低，对外贸易总额仅占 GDP 的 9.7%，其中出口占 4.1%、进口占 5.6%。邓小平同志指出"中国要谋求发展，摆脱贫穷和落后，就必须开放"。开放始于兴办深圳、珠海、汕头、厦门 4 个经济特区；之后相继开放沿海十几个城市等。对外开放不断扩大，对促进经济发展发挥了重大作用。

改革开放冲破重重阻力，在上述三个方面迅速展开，推动了 20 世纪 80 年代我国经济的蓬勃发展。改革开放不到 10 年，城市新增就业 7000 万人，农村中乡镇企业异军突起，8000 万农民转入非农产业，市场供应大为改观，基本上扭转了过去那种消费品长期匮乏的局面。

三

40 年中国改革和发展的进程也历经波折。

20 世纪 80 年代末 90 年代初，东欧剧变、苏联解体，世界社会主义受到严重挫折，我国社会主义事业发展面临空前巨大的困难和压力。在这个决定党和国家前途命运的重大历史关头，中国共产党领导全国人民坚持十一届三中全会以来的路线不动摇，既不走封闭僵化的老路，也不走改旗易帜的邪路，成功地稳住了改革开放大局，捍卫了中国特色社会主义伟大事业。

1992 年初，邓小平同志视察南方的重要谈话，强调"胆子要大一点""建设要快一点"，明确要加快改革，加快开放，加快发展。邓小平同志在"南方谈话"中特别指出，"计划多一点还是市场多一点，不是社会主义与资本主义的本质区别。计划经济不等于社会主义，资本主义也有计划；市场经济不等于资本主义，社会主义也有市场。计划和市场都是经济手段。"这就从根本上解除了把计划经济和市场经济看作是社会基本制度范畴的束缚，对社会主义可不可以搞市场经济的问题，作出了透彻、精辟的回答。随后，党的十四大明确经济体制改革的目标是建立社会主义市场经济体制，推进我国改革开放和现代化建设进入新的阶段。

1993 年党的十四届三中全会通过的《决定》，构筑了社会主义市场经济体制四梁八柱的框架。1994 年起按照《决定》的要求，大步推进了财政、税收、金融、外贸、外汇、计划、投资、价格、流通等体制改革，市场在资源配置中的基础性作用明显增强，宏观调控体系的框架基本建立。改革开放取得新突破，推动经济发展加快，不仅为抑制严重通胀、实现经济"软着陆"提供了有利环境和条件，也为后来成功应对亚洲金融危机冲击打下了物质和体制基础。

党的十四大后的 20 多年来，我国经济体制改革按照建立和完善社会主义市场经济体制的目标不断深化，取得了巨大成功。市场经济为社会主义注入蓬勃生机和发展活力，社会主义为市场经济开辟崭新境界和广阔前景。社会主义市场经济体制具有巨大优越性和强大生命力，不仅能够将社会主义和市场经济两者的优势结合在一起，而且留有很大空间，可以随着实践和认识的发展，通过深化改革不断优化这种结合。邓小平同志和党中央决定在社会主义市场经济条件下发展市场经济，这是一个前无古人的伟大创举和英明决策，在书本上找不到答案，也没有现成经验可以借鉴，完全靠中国在实践中探索出一条新路。几十年来中国的发展证明，这条路走得通、走得对。

四

中国奇迹来之不易，还在于中国多次遭遇来自外部的冲击，但中国一次次沉着应对、化危为机。

我们不妨以 20 世纪 90 年代末亚洲金融危机时的情形为例：

亚洲金融危机发生于 1997 年 7 月，进入 1998 年开始向世界扩散，全球股市汇市剧烈波动，世界经济环境恶化，也给中国带来了出口下降的严重损害和货币贬值的巨大压力。

当时的中国，经济"软着陆"之后遇到了需求不足的新问题，刚刚成功抑制了严重通货膨胀，又不得不应对通货紧缩的威胁。1998年全国25万户国有企业的利润才214亿元，还不到现在央企一个月利润的零头，国企亏损面达2/3，大量职工下岗待业。金融机构坏账率一度达到35%，整体上陷入技术性破产的困境。困难历史罕见，挑战前所未有。

1998年7月，中国果断提出实施积极的财政政策，增发国债用于基础设施建设投资，扩大国内需求。以现在的观点看，一年增发1000亿元国债并没有什么稀奇，但在当时做出这样的决策也是不容易的。因为1995年制定"九五"计划时由于担心通货膨胀卷土重来，要求逐年减少当时每年600多亿元的财政赤字，到"九五"末期实现财政平衡，所以作出扩大财政赤字的反向决策，是下了很大决心的。随后一系列扩大内需政策举措的实施，为实现经济持续增长打下了坚实的基础。1998年初全国仅有12个省区投资呈负增长，到9月份所有省区都实现了投资增长，从第三季度起中国经济增长稳步回升。当时，受亚洲金融危机猛烈冲击，周边经济体货币对美元纷纷大幅贬值，而中国宣布人民币坚持不贬值，为缓解亚洲金融危机冲击作出了贡献，也受到国际舆论的广泛赞誉。

应当强调的是，中国之所以能成功应对亚洲金融危机，是同90年代持续推进经济体制改革分不开的。1998年以后在采取一系列政策扩大内需的同时，深化经济体制改革没有停步，包括推进国有企业改革、金融体制改革、社会保障制度改革、住房制度改革、粮食流通体制改革、国务院机构改革等。深化改革和扩大内需的一系列举措以及随后加入世贸组织、扩大开放，都为后来的经济发展创造了更大空间。

五

党的十八大开启了中国改革开放的新篇章。以习近平同志为核心的党中央举旗定向、运筹帷幄，以巨大的政治勇气和强烈的责任担当，统筹推进"五位一体"总体布局，提出一系列具有开创性意义的新理念新思想新战略，推动党和国家事业发生深刻的历史性变革，涵盖改革发展稳定、内政外交国防、治党治国治军各个方面。这些变革力度之大、范围之广、效果之显著、影响之深远，在我们党和国家发展史上、中华民族发展史上，具有开创性意义。

回顾40年，中国创造的奇迹包括经过艰辛探索积累了丰富经验。虽然历史不会重复，时代条件总在变化，但这些经验对我们未来发展仍有宝贵的启示。

一是要坚定不移地推进全面深化改革和扩大开放。习近平总书记在庆祝改革开放40周年大会上强调："40年的实践充分证明，改革开放是党和人民大踏步赶上时代的重要法宝，是坚持和发展中国特色社会主义的必由之路，是决定当代中国命运的关键一招，也是决定实现'两个一百年'奋斗目标、实现中华民族伟大复兴的关键一招。"

当前，国内外环境正在发生极为广泛而深刻的变化，我国发展面临一系列新的矛盾和挑战，前进道路上还有不少困难和问题，解决这些问题的关键在于全面深化改革。

40多年的历史告诉我们，改革是发展的根本动力，也是攻坚克难的锐利武器。越是处于困难的境地，越能激发改革的需求和动力。重大改革都是矛盾、问题和困难逼出来的。困难倒逼改革，改革破解难题。这是我国改革的一条规律。改革进程中，最可怕的不是有风险，而是一遇到风险和阻力就畏缩不前。破解发展中的难题，应对来自外部的冲击，全面深化改革仍是我们唯一的最好选择。

全面深化改革，要坚持社会主义市场经济改革方向。40多年来，中国经济体制改革一直是围绕着处理好政府和市场的关系这个核心问题展开的。其间在理论上和实践上有两次跨越：第一次是党的十四大提出要使市场对资源配置起基础性作用。第二次是党的十八届三中全会的《决定》提出要使市场在资源配置中起决定性作用。"决定性"作用的表述在理论上更明确、更到位，对新的历史条件下经济体制改革的指导更有针对性。经济发展阶段的重大变化迫切要求通过深化改革发挥市场在资源配置中的决定性作用。

二是要积极推动经济高质量发展。党的十九大报告指出，我国经济已由高速增长阶段转向高质量发展阶段。习近平总书记在 2017 年底的中央经济工作会议上强调，推动高质量发展，是保持经济持续健康发展的必然要求，是适应我国社会主要矛盾变化和全面建成小康社会、全面建设社会主义现代化国家的必然要求，是遵循经济规律发展的必然要求。

推动经济高质量发展，要坚持以供给侧结构性改革为主线，紧扣重要战略机遇新内涵，加快经济结构优化升级，改造提升传统产业，促进新技术、新组织形式、新产业集群形成和发展，不断提供更新更好的商品和服务，满足人民群众多样化、个性化、不断升级的需求。要推动创新发展和效率变革，提高大众创业、万众创新水平，提高劳动、资本、资源、环境等要素的产出效率和微观主体经济效益，提高全要素生产率。要以完善产权制度和要素市场化配置为重点深化经济体制改革；以"一带一路"建设为重点，推动形成全面开放新格局，为高质量发展注入新的强大动力。

三是要高度重视和大力促进实体经济发展。习近平总书记曾明确表示，"建设现代化经济体系，必须把发展经济的着力点放在实体经济上，把提高供给体系质量作为主攻方向，显著增强我国经济质量优势"。实体经济是国民经济的根基，是一个国家保持国际竞争力的关键。改革开放 40 多年来，我国形成了比较完备的实业体系，保持着相当的竞争力，这是很了不起的。发展实体经济，要摆正与虚拟经济特别是金融资本的关系。必须坚持发展虚拟经济服务实体经济的本质要求，汲取一些发达国家的教训，防止资本过度流向虚拟经济，造成实体经济空心化。要以长远的战略眼光看待实体经济的地位和作用。虽然目前实体经济特别是制造业遇到了一些困难，但有一点必须坚定不移，那就是：我们是靠实体经济起家的，也要靠实体经济走向未来。

六

回顾 40 多年来穿越的风风雨雨，我们对当前以及未来可能出现的困难和挑战，更加充满必胜的信心。

艰难困苦，玉汝于成。勤劳勇敢，坚忍不拔，是中华民族的基因；战略上藐视困难，战术上重视困难，勇于突破又善于克服困难，是中国共产党人的传统。今天，中国经济具有更强的韧性，更大的回旋余地和发展潜力，包括：拥有规模巨大的国内市场，而且正在成长、潜力无限，具备转向更大程度依靠消费和扩大内需的条件；中国的储蓄率高，发展资金充裕，外汇储备雄厚，是少有的资本净输出国和债权国；具有门类齐全的独立工业体系，220多种主要工农业产品生产能力稳居世界第1位，国内市场供应充足；中国实行的社会主义市场经济体制，具有市场经济长处和社会主义制度优越性兼备的优势；中国人均收入比发达国家低得多，正处于工业化、信息化、城镇化、农业现代化进程中，经济增长可以保持比发达国家高1倍以上的速度；中国坚定维护并推动改革完善多边贸易体制，坚定实行全面对外开放和贸易投资自由化便利化政策，得道多助，外贸市场多元化有很大拓展潜力。特别是有以习近平同志为核心的中共中央的坚强领导，有习近平新时代中国特色社会主义思想的科学指引，完全有能力有办法抗击来自各方面的风险挑战。我们面临的所有困难终将被克服。

历史将继续证明，没有任何力量能够阻止中国人民实现全面建成社会主义现代化强国的目标，没有任何力量能够阻止中华民族实现伟大复兴的脚步。

（本文由人民日报记者白天亮采访记录整理，刊载于《人民日报海外版》2019年1月24日）

坚持以供给侧结构性改革为主线

（2019 年 2 月 14 日）

2018 年底召开的中央经济工作会议确定了 2019 年经济工作的指导思想、目标任务和方针政策，明确提出："我国经济运行主要矛盾仍然是供给侧结构性的，必须坚持以供给侧结构性改革为主线不动摇，更多采取改革的办法，更多运用市场化、法治法手段，在'巩固、增强、提升、畅通'八个字上下功夫。"这对于深化供给侧结构性改革、推动经济高质量发展具有重要指导意义，我们要深入领会、认真贯彻执行。

一、推进供给侧结构性改革是重大理论和实践创新

提出推进供给侧结构性改革并将之作为经济工作的主线，是以习近平同志为核心的党中央在深刻分析、准确把握我国现阶段经济运行主要矛盾基础上作出的重大决策，是重大理论和实践创新。

"十二五"时期以来，我国经济运行面临的诸多矛盾和问题，既有供给侧的，也有需求侧的，既有周期性的，也有结构性的，但主要矛盾是供给侧结构性的，其深层根源是体制机制问题。这是由国际和国内多方面因素决定的。从国际看，2008 年国际金融危机导致世界经济陷入衰退，对我国出口造成很大冲击，成为加剧国内产能过剩和经济下行的重要因素。从国内看，我国经济增速连续多年保持在 10% 左右，2001—2008 年出口和投资年均增

长 20% 以上，带动众多行业产能井喷式增长。2008 年以后为应对国际金融危机冲击，采取了力度很大的刺激政策，许多行业产能大幅增长，供给侧结构性矛盾不断积累。2015 年，以习近平同志为核心的党中央提出推进供给侧结构性改革，并作出我国经济运行主要矛盾是供给侧结构性矛盾的正确判断，强调用改革的办法推进结构调整，增强供给结构对需求变化的适应性和灵活性。这是我国宏观经济理论和政策的重大创新，意义深远。

供给侧结构性改革是对马克思主义政治经济学的创新发展，同西方经济学的供给学派根本不是一回事。它既强调供给又关注需求，既突出发展社会生产力又注重完善生产关系，既发挥市场在资源配置中的决定性作用又更好发挥政府作用，既着眼当前又立足长远，既包括改善商品和服务供给又包括改善体制机制和制度供给，强调用改革的办法解决供给侧结构性矛盾。供给侧结构性改革是以人民为中心的发展思想的体现，归根结底是要使我国供给能力更好满足人民日益增长的美好生活需要，从而实现社会主义生产目的。

3 年多来，推进供给侧结构性改革取得了重要阶段性成果。"三去一降一补"和"破、立、降"深入推进。钢铁、煤炭行业"十三五"去产能目标任务基本完成，一大批"僵尸企业"出清。去库存取得积极进展，2018 年 9 月末，商品房和商品住宅待售面积分别比 2015 年末下降 26.0% 和 42.5%。去杠杆稳步推进，宏观杠杆率基本稳定。降成本持续发力，2018 年减税降费规模达 1.3 万亿元。补短板成效明显，创新驱动、基础设施、脱贫攻坚、城乡统筹发展、民生建设、生态环保等领域投入力度加大。供给侧结构性改革使重点行业供求关系发生明显变化，经济结构优化、经济效益改善，系统性风险发生概率趋降。尤其应看到，近几年特别是 2018 年由于国际环境变化，我国经济下行压力持续加大。在这种情况下，经济增长一直保持在 6.5% 左右—6.9% 的合理区间，成绩来之不易。实践充分证明，党中央作出的推进供给侧结构性改革的决策是完全正确的，是改善供给结构、提高经济发展质量和效益的治本之策。

二、推进供给侧结构性改革是适应我国社会主要矛盾和
经济发展阶段变化的必然要求

习近平总书记在党的十九大报告中指出："我国社会主要矛盾已经转化为人民日益增长的美好生活需要和不平衡不充分的发展之间的矛盾。"他还指出："我国经济已由高速增长阶段转向高质量发展阶段。"这两个重大论断赋予推进供给侧结构性改革新的更高要求和更重要意义。满足人民日益增长的美好生活需要、解决发展不平衡不充分问题、推动经济高质量发展，都要求深化供给侧结构性改革。

满足人民日益增长的美好生活需要，是我国经济社会发展的根本出发点和落脚点，是以人民为中心的发展思想的集中体现。进入新时代，我国居民消费需求已经从数量型转向质量型，对产品和服务质量要求越来越高，消费品供给结构升级滞后已成为消费市场扩大的严重障碍。与此同时，服务业发展与需求增长明显脱节：生产性服务业发展滞后，既制约了制造业转型升级，又阻碍了国民经济整体效率提高和成本降低；医疗、教育、育幼、养老等服务业发展滞后，同人民日益增长的美好生活需要之间的矛盾越来越突出。良好的生态环境、洁净的水和空气也是人民群众对美好生活的迫切需要。这些问题，都需要通过推进供给侧结构性改革来解决。

我国经济正处在转变发展方式、优化经济结构、转换增长动力的攻关期，跨越关口、实现高质量发展必须推进供给侧结构性改革。比如，供给侧创新不足导致很多关键设备、核心技术和高端产品依赖进口；近些年我国供给侧要素成本快速上升，而要素生产率呈现下降趋势，面临高端制造业向发达国家回流、中低端制造业向要素成本低的发展中国家迁移的困扰。突破这种前堵后追的挤压和核心技术被"卡脖子"问题，关键在于提高供给体系质量，加快经济结构优化升级，提升科技创新能力，不断提高全要素生产率。供给侧结构性矛盾还表现在金融出现"脱实向虚"问题，主要原因是存在金融资源错配、金融结构和传导机制不合理。这就要深化金融改革，调整金

融结构，坚持结构性去杠杆的基本思路，促进形成金融和实体经济、金融和房地产、金融体系内部的良性循环。房地产和实体经济失衡，也是供给侧结构性矛盾的表现。要加快建立多主体供给、多渠道保障、租购并举的住房制度，完善促进房地产市场平稳健康发展的长效机制。

推进供给侧结构性改革不仅对我国经济中长期持续健康发展至关重要，而且是当前形势下稳增长的重要举措。供给和需求是经济内在关系中两个互相依存的基本方面，市场经济是需求导向型经济。现在强调推进供给侧结构性改革，恰恰是因为需求居于重要地位，供给的总量和结构必须同需求的发展变化相适应。要通过推进供给侧结构性改革稳定总需求，使总需求增长与预期经济增长目标相匹配。具体而言，应通过稳就业、加强基本公共服务、加强基本民生保障、精准脱贫、完善消费环境等举措，抑制消费需求增长放缓趋势，充分发挥消费对经济发展的基础性作用；深化投融资体制改革，发挥投资对稳增长、调结构的关键性作用，确保财政支出对重点领域和项目的支持力度，促进有效投资特别是民间投资合理增长；大力优化出口结构，提高出口商品和服务质量，推动出口市场多元化，在扩大进口的同时努力保持国际收支基本平衡。

三、在"巩固、增强、提升、畅通"八个字上下功夫

2018年底中央经济工作会议提出的"巩固、增强、提升、畅通"八字方针，是当前和今后一个时期深化供给侧结构性改革、推动经济高质量发展的总要求，具有很强的指导性。

巩固"三去一降一补"成果，是供给侧结构性改革再出发的立足点。3年多的实践证明，去产能、去库存、去杠杆、降成本、补短板，抓住了供给侧结构性矛盾的要害。推进供给侧结构性改革过程中，不可避免会遇到一些困难和挑战，要保持战略定力，在巩固阶段性成果的基础上，加大"破、立、降"力度，更多采取改革的办法，更多运用市场化、法治化手段，推动更多产能过剩行业加快市场出清释放大量沉淀资源；实施更大规模的减税降

费，降低全社会各类营商成本，继续减轻企业负担；加大基础设施等领域补短板的力度。

增强微观主体活力，是供给侧结构性改革取得成效的关键。要充分发挥市场在资源配置中的决定性作用，以完善产权制度和要素市场化配置为重点，实现产权有效激励和企业优胜劣汰。建立公平开放透明的市场规则和法治化营商环境。全面实施并不断完善市场准入负面清单制度，深化国资国企改革，落实保护产权政策，支持民营企业发展，发挥企业和企业家主观能动性，发展更多优质企业。破除妨碍各类生产要素流动的壁垒，加大反垄断、反不正当竞争力度，实施竞争中立政策。深入推进"放管服"改革，继续改善营商环境。

提升产业链水平，是供给侧结构性改革的重要目标。要以推进中国制造向中国创造转变、中国速度向中国质量转变、制造大国向制造强国转变为目标，强化科技创新，大力培育新动能，推动传统产业优化升级。制造业是国民经济的支柱，要注重利用技术创新和规模效应形成新的竞争优势，加快解决关键核心技术"卡脖子"问题。推动先进制造业和现代服务业深度融合，提高大众创业、万众创新水平，促进新技术、新组织形式、新产业集群形成和发展，提升我国在全球供应链、产业链、价值链中的地位。

畅通国民经济循环，是提高供给体系质量和效率、推动经济高质量发展的基本条件。只有以生产为起点经过流通、分配到达消费为终点的周而复始的循环十分通畅，社会扩大再生产才能正常进行。要加快建立统一开放、竞争有序的现代市场体系，激发内需和国内市场的潜力，为畅通国民经济循环提供原动力。要加快建设实体经济、科技创新、现代金融、人力资源协同发展的产业体系，消除科技创新和实体经济结合的障碍、金融服务实体经济的障碍、人力资源和实体经济需求的结构性障碍、政府各部门协同为市场和企业服务的障碍，形成国内市场和生产主体、经济增长和就业扩大、金融和实体经济的良性循环。

（载于《人民日报》理论版 2019 年 2 月 14 日）

抓住用好新形势下的新机遇

（2019 年 5 月 23 日）

2018 年底召开的中央经济工作会议指出，我国发展仍处于并将长期处于重要战略机遇期。不久前召开的中央财经委员会第四次会议进一步指出，要抓住用好新机遇，加快经济结构优化升级，提升科技创新能力，深化改革开放，加快绿色发展，参与全球经济治理体系变革，更多在推动高质量发展上下功夫。抓住用好新形势下的新机遇，对于我们保持战略定力、集中精力办好自己的事情、有效应对各种风险挑战具有重要意义。

一、抓住机遇的战略思想及其新发展

能否抓住机遇，历来是关系党和人民事业兴衰成败的大问题。革命时期，我们党能在敌强我弱、力量对比十分悬殊的情况下，用不太长的时间就取得了看似不可能的成功，就是因为毛泽东同志领导全党在重大历史关头抓住了历史机遇。新中国成立后，我们党领导人民抓住机遇，在不长的时间里就建立起独立的比较完整的工业体系和国民经济体系，社会主义建设取得重大成就。

改革开放后，中国发展从人均国内生产总值仅有 156 美元起步，到取得今天这样的伟大成就，也是党领导人民抓住历史机遇推进改革开放的结果。抓住机遇发展自己，是邓小平同志的一贯思想。1990 年至 1992 年初，我国面临的国际环境与之前 10 年相比明显不利，但邓小平同志在多次谈话中仍然强调，"我们要利用机遇，把中国发展起来"。面对当时错综复杂的国际形势，邓小平同志认为，我们可利用的矛盾存在着，对我们有利的条件存在着，机遇存在着，问题是要善于把握。江泽民同志在党的十四大报告中作出了"现在国内条件具备，国际环境有利，既有挑战，更有机遇，是我们加快发展的好时机"的科学判断。党的十五大报告要求，"全党一定要高度自觉，牢牢抓住世纪之交的历史机遇，迈出新的步伐"。党的十六大报告指出，"二十一世纪头二十年，对我国来说，是一个必须紧紧抓住并且可以大有作为的重要战略机遇期。"胡锦涛同志在党的十七大报告中指出，"当今世界正在发生广泛而深刻的变化，当代中国正在发生广泛而深刻的变革。机遇前所未有，挑战也前所未有，机遇大于挑战。"党的十八大报告指出，"纵观国际国内大势，我国发展仍处于可以大有作为的重要战略机遇期。"正是立足于对世界和中国发展态势的科学判断，我国充分利用国际国内有利时机，实现了经济社会持续快速发展。

党的十八大以来，习近平总书记反复强调，我国发展仍处于重要战略机遇期。去年底召开的中央经济工作会议作出"我国发展仍处于并将长期处于重要战略机遇期"的重大战略判断，强调"世界面临百年未有之大变局，变局中危和机同生并存，这给中华民族伟大复兴带来重大机遇。要善于化危为机、转危为安，紧扣重要战略机遇新内涵，加快经济结构优化升级，提升科技创新能力，深化改革开放，加快绿色发展，参与全球经济治理体系变革，变压力为加快推动经济高质量发展的动力"。这是根据世界大变局的长期趋势、运用辩证思维对我国发展的重大机遇作出的科学判断，是对"抓住机遇发展自己"和"重要战略机遇期"思想的坚持和发展，对我们抓住用好重大机遇实现"两个一百年"奋斗目标、实现中华民族伟大复兴的中国梦具有战略指导意义。

二、抓住用好五个方面的新机遇

加快经济结构优化升级的新机遇。当前，全球新一轮科技革命和产业变革蓬勃兴起，与我国加快转变经济发展方式形成历史性交汇，既带来压力和挑战，也带来动力和机遇。我国在经济高速增长阶段，经济规模扩张很快，但经济结构调整优化滞后于需求结构的变化和升级，制造业基本上停留在中低端水平，高端产品与服务供给不足，不能满足经济高质量发展和人民日益增长的美好生活需要。同时，制造业综合成本快速上升，国际竞争力减弱，原来要素低成本、资源高投入的增长方式已经难以为继。近几年，发达国家推进再工业化、吸引高端制造业回流，一些新兴市场国家利用比较优势吸引中低端制造业向其转移，对我国形成前堵后追的挤压，倒逼我们必须加快经济结构优化升级。应当看到，我国拥有完整的工业体系和日益完善的基础设施，拥有数量巨大、素质较高的人力资源，特别是拥有近14亿的人口规模和世界上最大规模的中等收入群体，消费结构持续升级正在形成强大国内市场，因此，我国完全有条件抓住用好结构优化升级的新机遇，加快培育壮大新产业、新业态、新模式，改造提升传统产业，促进实体经济转型升级，构建起推动高质量发展和面向未来的现代化经济结构。

提升科技创新能力的新机遇。科技是第一生产力，创新是第一动力。目前，全球科技创新进入活跃期，科技前沿创新成果层出不穷，为我国提升科技创新能力提供了新机遇。经过多年努力，我国科技创新正在从过去的以跟跑为主转向在更多领域并跑、领跑。我国创新能力的一些指标，如研发投入占GDP比重、国际科技论文总量和专利申请量等已和创新型国家接近或相当，具备进一步提升创新能力的基础和条件。现在，美国严格限制向我国出口技术，阻碍相关科技人才交流活动，这虽然会给我们带来困难，但也会激发和倒逼我们奋起追赶、缩小差距。我国在人工智能、量子通信、生物科学、第五代移动通信技术等前沿领域已有很好基础，有的同发达国家处在同一起跑线上。我国有近9亿劳动力，其中超过1.7亿人受过高等教育或拥有各类专业技能，还有1亿多个经营主体，蕴藏着巨大的创新潜能。恩格斯说："社会一旦有技术上的需要，则这种需要就会比十所大学更能把科学推向前进。"我国经济高质量发展和推进社会主义现代化对于科技创新的需要，比任何时候、任何国家都要大得多，巨大而且不断增长的市场需求是科技创新的不竭动力。我国实行社会主义市场经济体制，既可以发挥新型举国体制优势加强基础科学研究，又可以发挥市场优势激发亿万主体加强应用技术研究。我国有完整的工业体系和比较完善的基础设施，具备提升科技创新能力的支撑条件。得益于人口规模巨大和网上支付、购物等线上服务领先发展，我国已成为拥有大数据优势的国家。据国际数据公司预测，2018—2025年，中国的数据圈将以30%的年平均增速领先全球。由于信息日益成为全球经济赖以运行的"石油"，拥有大数据优势使我国有能力在人工智能的创新、应用等方面走在世界前列，并形成发展经济的新模式。这些有利因素使我国完全有条件抓住用好提升科技创新能力的新机遇，在关键核心技术创新上取得突破。

深化改革开放的新机遇。国际国内形势的变化对改革开放提出了新的更高要求，这既是压力和挑战，也是动力和机遇。从国际看，经济全球化进入新阶段，国际经济、科技竞争空前激烈，发达国家力推的国际贸易和投资新规则涉及知识产权、市场准入、关税、政府补贴以及国企、环境、劳工等新议题。这既要求我们把对外开放提高到新水平，更要求国内深化改革取得新突破。从国内看，经济运行的主要矛盾仍然是供给侧结构性矛盾：实体经济供给结构不适应需求结构变化，优质产品与服务供给不足与一些行业产能过剩并存；金融资源错配，杠杆率上升与实体经济融资难融资贵并存；房地产市场与实体经济失衡，国民经济尚未实现良性循环。解决经济运行主要矛盾的治本之策在于推进供给侧结构性改革，使市场在资源配置中起决定性作用和更好发挥政府作用，深化要素市场化配置改革，最大限度减少政府对资源的直接配置和不当干预。从近期看，缓解经济下行压力、稳定经济增长的关键在于深化产权制度改革，实现产权有效激励，充分调动亿万市场主体的积极性主动性创造性。面向未来，全面完成党的十八届三中全会提出的到2020年的改革任务，时间紧、任务重；开启全面建设社会主义现代化国家新征程，更要求加快推进国家治理体系和治理能力现代化。形势逼人，亟须改革开放取得新的重大突破，这也是难得的历史机遇。抓住机遇，让改革之路走得更快、开放之门开得更大，就能以改革开放新突破推动社会生产力实现大跃升。

加快绿色发展的新机遇。党的十八大以来，以习近平同志为核心的党中央把绿色发展作为新发展理念的重要内容，把生态文明建设纳入"五位一体"总体布局，我国进入推动绿色发展、加强生态文明建设决心力度最大、政策措施最实、进展成效最好的时期。也应看到，长期积累的生态环境问题依然突出，生态环境质量尚未根本好转，生态文明建设法律法规、制度建设和基础工作还需加强。加快绿色发展之所以是新机遇，是因为它不仅是迫切需要，而且具有比以往更好的条件。从客观的迫切要求看，适应我国社会主要矛盾转化，满足人民对洁净的水、清新的空气等良好生态环境的需要，是亟待加强的短板；适应我国经济发展阶段变化，绿色发展是经济高质量发展的重要内容和动力。从发展条件看，我国现在财力物力比较雄厚，有条件增加投入、加快绿色发展步伐。在充分考虑我国承受能力并留足发展空间的前提下，完全可以加大生态文明建设力度。绿色发展是我国之必需，也是当今世界之潮流。绿色、健康、智能已成为全球科技创新的主流方向，智能技术快速发展为绿色低碳循环和共享经济模式创造了前所未有的条件。我国抓住用好加快绿色发展的新机遇，包括加强和拓展这个领域的国际合作与发展空间。绿色发展将逐渐成为我国经济发展的主流形态。

参与全球经济治理体系变革的新机遇。全球治理格局取决于国际力量对比，全球治理体系变革源于国际力量对比变化。美国等西方国家主导的全球经济治理体系是第二次世界大战后建立起来的。近几十年来尤其是新世纪以来，一大批新兴市场国家和发展中国家快速崛起，其经济总量占全球的比重已从50年前的约1/4发展到现在的近40%，在国际贸易和投资中的占比大幅上升。然而，全球经济治理体系变革明显滞后于国际经济格局的变化。国际金融危机及随后全球经济、贸易增长的低迷，暴露了全球经济治理体系在防范金融风险、培育经济发展新动能以及调节收入分配差距等方面的缺陷。尤其是随着气候变化、网络安全、难民危机、饥荒疫情、贸易和投资保护主义、主要国家宏观政策协调、国际金融及经济稳定等全球性问题日益增多，加强全球经济治理、推动全球经济治理体系变革已成为大势所趋。经过新中国成立 70 年尤其是改革开放 40 多年的发展，我国日益走近世界舞台中央，全球大变局和中华民族从富起来走向强起来进程的历史性交汇，为我国参与全球经济治理体系变革带来了新机遇。我国积极推动构建人类命运共同体，坚持共商共建共享原则，提出完善全球经济治理体系的中国主张，并以扩大对外开放、推进"一带一路"建设的实际行动推动经济全球化朝着更加开放、包容、普惠、平衡、共赢的方向发展。我国积极参与推动世界贸易组织改革，维护多边贸易体制的核心价值和主渠道地位，保障发展中成员的发展利益，遵循协商一致的决策机制，促进贸易和投资自由化便利化。这些努力有利于更好维护我国和发展中国家共同利益，有利于推动建设开放型世界经济，有利于为我国发展营造更加有利的国际经济环境，并为全球经济繁荣发展作出更大贡献。

（载于《人民日报》理论版 2019 年 5 月 23 日，《新华文摘》2019 年第 19 期转载）

在践行习近平新时代中国特色社会主义经济思想中推动高质量发展

——解读《贯彻落实习近平新时代中国特色社会主义思想、在改革发展稳定中攻坚克难案例·经济建设》

（2019 年 7 月 23 日）

党的十九大报告指出，我国经济已由高速增长阶段转向高质量发展阶段，正处在转变发展方式、优化经济结构、转换增长动力的攻关期，建设现代化经济体系是跨越关口的迫切要求和我国发展的战略目标。跨越经济转型关口、推动高质量发展，是新的历史条件下经济工作的全新实践，破解一系列难题迫切需要科学的理论指引和攻坚克难、担当作为的改革创新精神。

党的十八大以来，以习近平同志为核心的党中央坚持观大势、谋全局、干实事，成功驾驭了我国经济发展大局，在实践中形成了以新发展理念为主要内容的习近平新时代中国特色社会主义经济思想，为推动高质量发展提供了科学的理论指引和实践指南，主要体现在 7 个"坚持"上：坚持加强党对经济工作的集中统一领导，保证我国经济沿着正确方向发展；坚持以人民为中心的发展思想，贯穿到统筹推进"五位一体"总体布局和协调推进"四个全面"战略布局之中；坚持适应把握引领经济发展新常态，立足大局，把握规律；坚持使市场在资源配置中起决定性作用，更好发挥政府作用，坚决消除制约经济发展的体制机制障碍；坚持适应我国经济发展主要矛盾变化完善宏观调控，相机抉择，开准药方，把推进供给侧结构性改革作为经济工作的主线；坚持问题导向部署经济发展新战略，对我国经济社会发展变革产生深远影响；坚持正确工作策略和方法，稳中求进，保持战略定力、坚持底线思维，一步一个脚印向前迈进。

这7个"坚持"，涵盖了新时代我国经济改革和发展的政治保障、目的宗旨、规律认识、制度改革、宏观调控、战略布局、工作方法，是对新时代经济改革发展实践的系统归纳和总结，充分体现了对马克思主义政治经济学、辩证唯物主义和历史唯物主义的继承和发展，是进入新时代以来中央经济工作实践的科学理论总结，是党和国家十分宝贵的精神财富。

理论源自实践，经过提炼高于实践，进而指导和促进实践，这是我们马克思主义政党推动实践和理论创新的方法论。贯彻落实好习近平新时代中国特色社会主义经济思想，不仅要学文件、学讲话、读原著，准确领会精神实质和理论内涵，更要用这些重要思想指导经济实践，把科学的理论转化为高质量发展的现实行动。

党的十八大以来，许多地方、企业在习近平新时代中国特色社会主义经济思想指引下，勇于担当作为，大胆探索创新，努力破解实践难题，取得显著成效，积累了重要经验，值得很好总结和宣传推广。这些成功案例，不仅以生动的实践证明了习近平新时代中国特色社会主义经济思想的正确性，也为各方面破解现实难题、推动高质量发展，提供了鲜活的学习范本。学习推广这些成功经验，有利于促进各方面提升经济工作的能力和水平，加快推动经济走上高质量发展轨道。

在中央组织部统一组织下，中央财经委员会办公室牵头会同有关部门和中央媒体、重点高校、干部教育培训机构等，精心挑选了26个践行习近平新时代中国特色社会主义经济思想的典型案例，编写了《贯彻落实习近平新时代中国特色社会主义思想、在改革发展稳定中攻坚克难案例·经济建设》，作为教材用于"不忘初心、牢记使命"主题教育。本书所选的案例，涵盖供给侧结构性改革、创新驱动发展、农村改革、区域协调发展、国企改革、商事制度改革、民营企业发展、城市管理、"一带一路"建设、自贸区建设、改善营商环境、金融服务实体经济、维护能源安全等重要领域，案例主体包括地方政府、企业、金融机构、科研单位等，较为完整地体现了习近平新时代中国特色社会主义经济思想在各领域、各地区的实践。每个案例紧扣现实问题，介绍有关单位的成功做法，总结提炼出一些普遍性的经验启示，具有较强的实用性和可借鉴性。

这套案例教材的突出特点是体现问题导向，每个案例都针对当前实践中带有普遍性的难点问题。比如，怎样发挥政府和市场两方面作用推动去产能，怎样在大型国有企业推动混合所有制改革，怎样改善营商环境、吸引外资和促进民营企业发展，怎样使金融更好服务实体经济，等等。每个案例的主体单位，都是在习近平新时代中国特色社会主义经济思想指导下，紧密结合自身实际，创造性地开展工作，把党中央的普遍性要求有效转化为高质量发展的具体实践。通过学习、研究、思考这些具体案例，从事经济工作的各级领导干部将受到生动的教育和启发，使他们能够在实际工作中更有效地践行习近平新时代中国特色社会主义经济思想。从事其他工作的领导干部阅读此书，也会得到有益的启示。

为中国人民谋幸福，为中华民族谋复兴，是中国共产党人的初心和使命。经济发展是社会进步、人民幸福、民族复兴的基础。推动经济高质量发展，是实现党的初心使命的必由之路。在"不忘初心、牢记使命"主题教育中，组织广大干部特别是从事经济工作的领导干部学习这些案例，有利于推动主题教育活动走向深入、取得实效，以推动经济高质量发展的生动实践实现党的初心和使命。

（载于《光明日报》2019 年 7 月 23 日第二版）

美国关税大棒阻挡不了中国前进步伐

（2019 年 8 月 8 日）

      美国政府挑起中美贸易摩擦一年多来，已经多次出尔反尔、言而无信。这一次，美国白宫刚发表声明说上海中美经贸高级别磋商是"建设性的"，第二天美方马上又一次变脸，声称从 9 月 1 日开始对 3000 亿美元中国输美商品加征 10% 关税，公然抛弃中美两国元首大阪会晤不加关税的共识。孔子说："人而无信，不知其可也。"一个人如果说话不算数，不讲信用，怎么在这世上做人做事呢？何况一个堂堂大国总统，竟然如此变脸比翻书还快，竟然如此透支国家信用，真是让世人大跌眼镜，也让世人大长见识。好在这个反面教员不断在给我们上课，一次又一次让我们领略什么是耍无赖、不讲理，什么是极限施压、恐吓讹诈，因而也就不断增强了我们同世界上这个最大的无赖国家两手对两手作斗争的信心和经验。

      美国号称是世界最大的民主国家，其政府决策理应尊重民意。但是事实是怎样的呢？今年 6 月中、下旬美国贸易代表办公室就对 3000 亿美元中国输美商品加征关税举行了多次听证会，与会众多行业的 314 名代表中，303 名代表反对加征关税，占比高达 96%。美国政府现在仍然决定加征关税，不仅在国际上背信弃义，肆意践踏国际贸易规则，而且在国内违背民意，这种倒行逆施必然没有好结果。8 月 1 日美方宣布将加征关税后，美国三大股指盘中呈"断崖式跳水"；8 月 5 日美国三大股指更是创 2019 年初以来的最大单日跌幅，美股市值蒸发7000亿美元，上演"黑色星期一"。美国四大零售贸易组织在第一时间共同发出反对声音，认为这3000亿美元中国输美商品大多是终端消费品，加征关税将直接增加美国消费者负担。批评加征关税实质上是将美国的千家万户作为贸易谈判的"人质"。加征关税将损害美国就业和经济，直接冲击美国消费者，并给正处在下行通道的世界经济增加衰退性影响。彼得森国际经济研究所高级研究员伯格斯坦发表文章认为，特朗普关税从五个方面损害美国经济，并破坏全球贸易体系，导致美国出口下降。摩根士丹利公司的策略师判断，美国政府如果落实对华最新关税威胁，将导致美国经济最快在三个季度内陷入衰退。一年多来的实践已经充分证明，美国奉行单边主义和贸易保护主义，挥舞关税大棒，使用的是双刃剑和回旋镖，是损人害己的愚蠢、错误行径，到头来必将搬起石头砸自己的脚。

我国历来认为贸易战没有赢家，一贯主张通过谈判协商解决中美经贸争端，并以最大耐心和诚意回应美方关切。但是美方一直是蛮横霸道、漫天要价、出尔反尔、极限施压，不断挥舞关税大棒，我国只能被迫进行反制。对于美方新一轮加征关税升级贸易战，中方的态度依然是不想打、不怕打，但必要时不得不打。我们坚决拥护国家采取必要的反制措施捍卫我国的核心利益和人民的根本利益。当然，我们要充分估计到美方对华全部输美商品都加征关税，对我国出口、供应链以及外国在华投资的不利影响，进一步做好化解压力和付出必要代价的充分准备。

习近平总书记强调指出，世界面临百年未有之大变局，变局中危和机同生并存，要善于化危为机、转危为安。应当看到，中国的发展从来都不是一帆风顺的，而是在克服一个又一个困难和挑战中成长壮大的，具有在困难和挑战面前不低头、越是困难越奋发图强的传统和经验。经过新中国成立70年特别是改革开放40多年的发展，现在更有条件、更有能力化危为机、转危为安，完全能够把当前这种外部压力变成全面深化改革、推动经济高质量发展的动力。美国某些人想要通过贸易战阻挠中国发展的企图是不可能得逞的。

现在,我国拥有规模庞大而且迅速增长的国内市场,这是巨大的优势。据国际货币基金组织数据:2008 年中国进口占全球进口的 6.7%,远低于美国的 13.2%,到了 2018 年中国进口在全球占比猛增到 11%,而美国占比下降到 13%。中国消费市场的增速也比美国快 4 倍。国外研究机构预测,中国可能在未来两三年超过美国成为世界最大进口国和第一大消费市场。这不仅使众多跨国公司很难放弃中国市场,而且使我国经济发展具备转向更大程度依靠消费和内需的条件。我国具有门类齐全的独立工业体系,220 多种主要工农业产品生产能力稳居世界第 1 位,供应链配套能力很强。在今年 6 月美国贸易代表办公室举行的听证会上,美国众多行业和企业代表普遍认为,中国供应链暂时无法替代,如果转移供应链会有巨大的经济成本和时间成本,并且存在不确定性。许多跨国公司离不开与中国供应商密切交织的供应链。例如,苹果公司主要供应商有 220 个,其中 41 个是中国公司,美国公司 37 个,让苹果公司完全摆脱中国供应商是不可能的。与此同时,我国拥有支撑经济长期持续发展的其他诸多有利条件,包括:我国的储蓄率为美国的两倍多,发展资金充裕,是少数资本净输出国和债权国之一;我国人均收入比发达国家低得多,正处在工业化、信息化、城镇化、农业现代化进程中,经济增长可以保持比发达国家高一倍以上的速度;我国创新能力一些指标正在赶上创新型国家,在人工智能、量子通信、生物科学、5G 等各前沿领域已有很好基础,具备进一步提升科技创新能力的基础和条件;我国有近 9 亿劳动力,其中超过 1.7 亿人受过高等教育或拥有各类专业技能,还有 1 亿多个经营主体,蕴藏着巨大的创新潜能;我国实行社会主义市场经济体制,通过全面深化改革可以进一步发挥市场经济长处和社会主义制度优越性兼备的优势;我国坚定维护并推动改革多边贸易体制,坚定实行全面对外开放和贸易投资自由化便利化政策,得道多助,外贸市场多元化有很大拓展潜力。总而言之,中国经济具有韧性强、回旋余地大的巨大优势,在以习近平同志为核心的中共中央领导下,完全有能力有办法抗击来自各个方面的风险挑战。美国挑起贸易战给我们造成的暂时困难，是完全可以克服的。历史将继续证明，没有任何力量可以阻挡中国人民实现建设社会主义现代化强国的前进步伐！

（本文是作者在"坚定信心有效应对美国极限施压"研讨会上的发言。原标题：《我们有决心、信心、能力战胜困难挑战》，摘录载自《光明日报》2019年8月8日）

"五五""六五"：中国再现历史新曙光

（2019 年 7 月 13 日）

《中国发展观察》：时间流逝，许多往事已经淡化了。可在历史的长河中，有一颗星星永远闪亮。2018 年 12 月 18 日，习近平总书记在庆祝改革开放 40 周年大会上说，1978 年 12 月 18 日，在中华民族历史上，在中国共产党历史上，在中华人民共和国历史上，都必将是载入史册的重要日子。近日，《中国发展观察》杂志社采访组特邀中国宏观经济研究院原常务副院长林兆木研究员，一起回顾中国改革发展历程。

1978 年冬天，安徽省凤阳县小岗村农民在一纸分田到户的"秘密契约"上按下鲜红的手印，实行农业"大包干"，从此拉开中国农村改革的序幕。1980 年，深圳、珠海、汕头、厦门经济特区获批成立。阴霾散去，东方风来满眼春。后来，世界社会主义遭遇严重挫折，中国受到西方国家制裁，在困难与压力下中华民族排除万难走向伟大复兴的新征程。

一、"五五"从"文革"留下的烂摊子上起步

《中国发展观察》：1976 年 10 月粉碎"四人帮"，举国欢庆。"五五"计划刚好始于"文革"结束，"五五"计划制定和执行经历了什么波折？"五五"时期国民经济发展形势是怎样的？

林兆木："五五"计划的制定始于 1974 年。1974 年 1 月 12 日，国家计

委向国务院提出关于拟定 1976—1985 年十年远景规划的设想，重点放在 1976—1980 年的"五五"计划上。8 月，经中央批准，国家计委发出《关于拟定十年规划的通知》。《通知》提出，从第五个五年计划开始，国民经济的发展可以按两步来考虑：第一步，建立一个独立的比较完整的工业和国民经济体系；第二步，全面实现农业、工业、国防和科学技术的现代化，使我国经济走在世界前列。12 月，经中央政治局和国务院多次讨论修改，形成了《发展国民经济十年规划纲要（草案）》。到 1976 年，由于"四人帮"干扰，周恩来、朱德、毛泽东三位党和国家领导人相继去世，"十年纲要"和"五五"计划均未能正式下达。

"五五"时期的经济建设经历过重大波折。

1976 年是"五五"计划实施的第一年，"四人帮"在全国大搞"批邓、反击右倾翻案风"，对生产建设造成破坏；再加上唐山大地震的影响，当年经济发展严重受挫，国内生产总值比上年下降 1.6%。主要产品产量绝大部分没有完成计划。

1976 年 10 月粉碎"四人帮"以后，从 1976 年 12 月至 1977 年上半年，党中央和国务院先后召开一系列会议，强调进行企业整顿，建立各项规章制度，生产上的混乱情况有所好转，国民经济得到较快的恢复并有所发展。1977 年国内生产总值比上年增长 7.6%；1978 年又比上年增长 11.6%。财政收入 1977 年和 1978 年分别增长 12.6% 和 28.2%，都做到收支平衡，略有节余。1978 年，粮食产量突破 6000 亿斤，达到历史最高水平。人民生活水平也有所提高，1977 年全国 60% 的职工 10 多年来第一次不同程度地增加了工资，1978 年全国城乡居民消费水平比上年提高 5.1%。

《中国发展观察》："文化大革命"中邓小平同志被打倒，江西的"邓小平小路"是他构思中国前途的"踏歌之路"。1977 年 7 月邓小平同志复出，主管科学和教育。不到一个月，他就召开了"科技和教育工作座谈会"，决定恢复高考。对这个重大决策的历史意义和影响怎么评价？

林兆木：1977 年 8 月 8 日，邓小平同志在主持科学和教育工作座谈会结束时讲话中明确提出："高等院校今年要下决心恢复从高中毕业生中直接招考学生，不要再搞群众推荐。从高中直接招生，我看可能是早出人才、早出成果的一个好办法。"恢复高考，是当时在全社会引起强烈反响、对社会主义现代化建设产生重大而深远影响的英明决策。据统计，1977 年全国有 570 万名考生参加高考，高校录取 27.8 万人；1978 年夏，全国共有 610 万名考生参加高考，高校录取 40.2 万人。1977 年、1978 年两届录取的 68 万大学新生，后来都成为社会主义现代化建设各个领域的高素质人才和中坚力量，恢复高考也改变了一代"上山下乡"知识青年的命运。对这个重大决策的历史意义，作怎么高的评价都不为过。

《中国发展观察》：就在经济形势好转时，又发生了急于求成、急躁冒进的错误，当时情况是怎样的？

林兆木：从 1976 年冬季开始，当时党中央主要领导同志和中央有关部门对农业机械化和粮食生产，对石油、煤炭、钢铁、化工的生产等方面，相继提出了不切实际的高指标和不可能实现的大口号。国务院 1977 年 7 月的一份报告认为"国民经济的新的跃进局面正在开始"。1978 年 2 月，国务院将《关于 1976 年到 1985 年发展国民经济发展第十年规划纲要（修订草案）》提交五届全国人大一次会议审议。这个"修订草案"提出了新的"跃进"计划，指标比 1974 年 12 月的"十年规划纲要"大大提高，要求到 1985 年，钢产量达到 6000 万吨（1978 年的实际产量是 3178 万吨），石油产量达到 2.5 亿吨（1978 年的实际产量是 1.04 亿吨）。随后按照这个规划纲要的要求，为了组织新的"跃进"，不断加大建设规模。结果 1978 年基建投资比上年增长 31%，当年积累率高达 36.5%，成为 1958 年"大跃进"后 20 年积累率最高的年份，导致积累与消费比例关系进一步失调。同时，为实现新的"跃进"，加快从国外引进项目，不仅规模过大而且实施过急，有的项目未经充分论证就仓促上马。1978 年确定引进的 22 个大中型项目，引进总额达 78 亿美元，当年需用外汇 11.7 亿美元。1977 年我国出口额仅为 79.5 亿美元，进口额为 72.1 亿美元，贸易顺差很小，因而把所需外汇资金寄托在借外债上，既不考虑对引进项目资金的配套能力和技术的消化能力，也不考虑还债的能力，所以被人们称为"洋冒进"。"洋冒进"片面突出钢铁、石油、化工等重工业部门，不顾经过十年内乱破坏、国民经济严重失调的现实，追求高速度、高积累、高投资，结果事与愿违，必须通过调整才能使经济建设回到正确轨道上。

《中国发展观察》："五五"时期，不合理的国民经济比例关系是否有所改变？

林兆木："五五"时期经济发展的大体情况是：1976—1980年国内生产总值增长率分别为 –1.6%、7.6%、11.7%、7.6% 和 7.8%，5 年平均增长6.5%。农轻重关系有所改善，农业年均增长 5.1%，工业年均增长 9.2%，其中轻工业为 11%、重工业为 7.8%。1980 年底，粮食产量达到 6411 亿斤、棉花 5414 万担、钢 3712 万吨、原煤 6.2 亿吨、原油 10595 万吨。5 年内全民所有制职工平均实际工资稳步增长 31.2%；城乡居民平均消费水平提高26.8%。

二、十一届三中全会开启改革开放和社会主义现代化建设新时期

《中国发展观察》：改革开放后政策逐渐放开，个体私营经济的发展是从芜湖"傻子瓜子"、北京"大碗茶"和"雇工是不是剥削"的争论开始的。1978 年 12 月召开的党的十一届三中全会，是新中国成立以来党的历史上具有深远意义的伟大转折，怎样理解"伟大转折"的深刻含义？

林兆木：我理解有几个方面：一是在思想上，三中全会重新确立了解放思想、实事求是的思想路线，从根本上冲破了"左"倾错误思想的束缚；二是在政治上，三中全会确定把党和国家工作重心从"以阶级斗争为纲"转到经济建设上来，并作出了改革开放的伟大决策；三是在组织上，三中全会确立了以邓小平同志为核心的党的第二代中央领导集体。党的十一届三中全会的伟大历史功绩，就在于重新确立了正确的思想路线、政治路线、组织路线，从而开启了改革开放和社会主义现代化建设新时期。

三中全会以后，改革开放从三个方面展开。

一是所有制的改革。农村改革率先突破，恢复了农村自留地、家庭副

业和集市贸易，扩大社队自主权，特别是安徽凤阳小岗村农民首创的包产到户（后来发展为家庭联产承包责任制），一经出现就显示了它的优越性，后来在中央支持下迅速推广，大大调动了广大农民的积极性。从 1979 年起，国家较大幅度提高粮食统购价格，降低农用工业品价格。农村改革和一系列政策很快使农业生产面貌发生显著变化，由原来的停滞不前变得欣欣向荣。农业活，全局皆活。城市开始允许个体私营经济发展，政策放开是逐步的，虽然当时对它的定位是"公有制经济的有益补充"，但非公有制经济一经放开，其发展就势不可当，包括农村企业异军突起，不仅带动了整个经济发展，而且由于形成了市场竞争，也有力促进了国有企业改革。

二是政府（计划）和市场关系的改革。过去我国长期实行高度集中的计划经济体制，束缚了生产经营者的积极性，因为都是按照国家指令性计划进行生产，价格也是国家规定的。党的十一届三中全会以后，把对国民经济的计划管理从过去单一的指令性计划，改为指令性计划、指导性计划、市场调节三种形式，扩大了企业生产经营的自主权，在传统的计划经济体制上打开了一个缺口。随着改革的推进，指令性计划及其价格调整的范围与比重逐步减少，对调动企业积极性起了很大作用。1984 年党的十二届三中全会《决定》提出社会主义经济是有计划的商品经济，表明逐步摆脱了计划经济传统观念和体制的束缚。

三是对外开放的起步。40 多年前，中国经济开放度很低，对外贸易总额仅占 GDP 的 9.7%，其中出口占 4.1%、进口占 5.6%。邓小平同志指出："中国要谋求发展，摆脱贫困落后，就必须开放。"创办深圳、珠海、汕头、厦门四个经济特区是实行对外开放的伟大创举。之后又相继开放沿海十几个城市。对外开放不断扩大对促进改革和发展发挥了重大作用。以深圳为例，深圳创办经济特区 38 年来，GDP 年均增长 28%，2018 年突破 2.4 万亿元。短短 30 多年间，深圳从一个渔村和县级市飞速崛起成为我国第四大城市和亚洲第十大城市。深圳的奇迹是中国改革开放创造经济奇迹的一个缩影。

《中国发展观察》：1979 年提出对国民经济实行"调整、改革、整顿、提高"八字方针的背景和情况如何？

　　林兆木：1978 年 12 月党的十一届三中全会，是新中国成立以来党的历史上具有深远意义的伟大转折。鉴于当时经济领域的实际情况，三中全会要求在几年中逐步地改变重大比例的失调状况，消除生产、建设、流通、分配中的混乱现象，解决人民生活中多年积累下来的一些问题。针对"洋冒进"错误，全会强调要做到综合平衡，基本建设必须积极而又量力地循序进行。1979 年 1 月初，邓小平、陈云先后对 1979 年计划以及"六五"计划的指标作了重要指示。邓小平同志指出，我们要从总的方针上来做一个调整。原来的规划要做一些调整，宁肯减少一些大项目。陈云认为，不要留缺口，宁肯降低指标，宁可减建某些项目。3 月 14 日，陈云、李先念写信给中央，指出国民经济比例失调的情况相当严重，要有两三年的调整时期，前进的步子要稳，要按比例发展。1979 年 4 月，中共中央召开中央经济工作会议，同意从 1979 年起，用 3 年时间对国民经济实行"调整、改革、整顿、提高"的方针。

　　1979 年，由于贯彻新八字方针，国民经济重大比例关系开始朝协调合理方向发展，经济比过去活了，主要经济指标都完成和超额完成国家计划。国内生产总值比上年增长 7.6%；农业总产值稳步增长 8.6%，工业总产值增长 8.5%（其中轻工业增长 9.6%，超过重工业 7.7% 的增速）。全年共安排就业 903 万人，城乡大多数居民的生活有了比较显著的改善。1980 年，继续贯彻新八字方针，同时国家决定对轻纺工业实行"六优先"原则（即原材料、燃料、电力供应优先；挖潜、创新、改造的措施优先；基本建设优先；银行贷款优先；外汇和引进新技术优先；交通运输优先），拉动当年轻工业增长 18.4%，重工业增长 1.4%，轻重工业比例有所改善。人民生活有了比较明显的改善，城乡居民人均消费水平比上年增长 9.4%（农民 9.5%，城市居民 7.1%）。但 1980 年由于自然灾害严重，粮食减产 3.1%，农业总产值仅增长 2.7%，未完成增长 3.8% 的指标。

　　在经济好转的同时也潜伏一些问题，主要是 1979 年、1980 年财政出现赤字，货币发行过多，商品价格上涨。为消除这些危险因素，中央决定1981 年进一步调整，实现财政、信贷基本平衡。

《中国发展观察》：改革开放之初各种思想激荡，例如，有人提出农村改革方向对不对？包产到户是否私有化？对外开放是否会导致资本主义复苏？如何看待类似情况？

林兆木：改革开放前，中国实行高度集中的计划经济体制，其根本特征就是否定和排斥非公有制经济，否定和排斥市场作用。当时主导的传统观念认为，私有制和市场经济是资本主义的，公有制和计划经济才是社会主义的；公有制经济成分比重越高越好，计划经济控制范围越大越好。因此，要打破公有制和计划经济一统天下的僵化封闭局面，首先要冲破"左"倾错误思想的禁锢。这在当时阻力是非常大的。今天看来很习以为常的事情，比如"商品经济""市场经济"，在当时都被认为是社会主义的对立物，提都不能提。再如，对于引进外资、兴办经济特区，不少人也疑虑重重。中国改革开放的启动，必须既在理论上突破传统观念的束缚，又在实践上突破传统体制的束缚。当时突破这种双重束缚，迈出第一步是很不容易的。邓小平同志提出衡量改革是非得失的根本标准，主要是看是否有利于发展社会主义社会的生产力，是否有利于增强社会主义国家的综合国力，是否有利于提高人民的生活水平。这"三个有利于"的判断标准就是对这些疑问的精辟回答。

三、"六五"寻求经济与社会协调发展

《中国发展观察》："六五"计划是中国实行改革开放以后的第一个五年计划，也是继"一五"计划后的第一个比较完备的五年计划，"六五"计划的起草过程、主要内容是怎样的？

林兆木："六五"（1981—1985年）计划的大致编制过程是：1979年1月初，邓小平、陈云先后对1979年以及"六五"的计划指标作了重要指示。1980年重新开始编制的"六五"计划，纠正了"十年规划纲要"（修订草案）中的高指标。1980年3月至4月，邓小平、陈云、李先念等同志对拟定长期计划的方针、政策提出了一系列重要意见。主要有：国民收入中积累的比重要降到25%左右，适当提高消费基金的比重，使人民生活继续有

所改善；经济结构要适当调整，使农业、轻工业发展得快一些，能源、交通、建筑业要加强；在农村和城市的混合所有制问题上，要根据不同情况，搞得松动一些。1981年3月，国家计委根据新的情况，重新考虑提出拟定"六五"计划和十年设想的初步意见。10月，中共中央召开政治局扩大会议讨论"六五"计划控制数字。会上，邓小平等同志认为，今后经济发展速度总的来说不会慢，但是头一个五年、十年，速度不可能很高。头几年，要非常谨慎，重大的事情要稳当一些，摸着石头过河，看准了再搞。"六五"期间工农业总产值的年均增长速度，计划定为4%，争取5%。

1982年4月至6月间，中央财经领导小组多次听取国家计委关于"六五"计划的汇报，并就汇报提出的问题进行讨论。7月至8月，国务院召开全国计划会议，着重讨论"六五"计划草案。9月12日，国家计委向中央财经领导小组请示"六五"计划财政平衡问题。9月14日，中央召集参加党的十二大的各省、自治区、直辖市主要负责人座谈会，讨论"六五"后3年集中200亿元资金用于能源、交通建设问题。至此，经过多次调整和修订，"六五"计划的主要指标和安排大体落实了。经历了近3年的周密调查、反复酝酿和科学论证研究的过程，"六五"计划直到1982年终才能完成，1982年12月1日经五届全国人大五次会议审议通过。

《中国发展观察》："六五"时期有什么鲜明的阶段性特点？从"六五"计划开始，改为"国民经济与社会发展计划"，突出了社会发展，这样改变是基于什么考虑？

林兆木："六五"计划是我国改革开放后编制的第一个五年计划。党中央反复强调，"六五"计划指标的确定，要从我国实际情况出发，按照客观规律办事，方针、任务和奋斗目标要恰当，注意留有余地，纠正以往五年计划过分追求高速度、高积累的错误。"六五"计划的一个显著特点，是强调经济与社会协调发展。从"六五"计划开始，五年计划增加了社会发展的内容，标题也从以往的国民经济发展计划改为"国民经济与社会发展计划"。"六五"计划突出了社会发展的内容，用完整的一篇"社会发展计划"，对社会发展的各个方面进行计划安排，包括人口、劳动就业、居民收人和消费、城乡建设、社会福利、文化、卫生、体育、环境保护、社会秩序等，特别是强调了人民生活的改善、劳动就业、环境保护等方面。这反映了"六五"计划重视在生产、建设、人民生活和社会发展方面统筹兼顾、合理安排，改变了以往忽视人和社会发展的倾向。"六五"计划的另一个重要特点，是强调一切经济活动都要以提高经济效益为中心。1982年9月，党的十二大报告提出"在不断提高经济效益的前提下，力争使全国工农业总产值到本世纪末翻两番"的战略目标。"六五"计划体现了把全部经济工作转到以提高经济效益为中心的轨道上来的要求。

《中国发展观察》： 1982年党的十二大对经济社会发展和改革开放全面展开有什么重大影响？

林兆木： 邓小平同志在党的十二大开幕词中指出："把马克思主义普遍真理同我国的具体实际结合起来，走自己的道路，建设有中国特色社会主义，这就是我们总结长期历史经验得出的基本结论。"鲜明地提出建设有中国特色社会主义这个重大命题，具有划时代的意义，它回答了进入改革开放新时期后中国走什么样的道路这个重大问题。此后我们党的全部理论和实践都是围绕这个重大问题展开的，因而具有极其重大和深远的意义。党的十二大以后，改革开放全面展开，极大地促进了"六五"时期经济社会发展。

《中国发展观察》： 国务院批准银行体系改革方案，例如，中国人民银行专门行使中央银行职能，不再兼办工商信贷和储蓄业务，新组建一家中国工商银行。当时这个决策的推进情况和意义如何？"六五"后期固定资产投资规模过大，消费基金增长过猛，货币发行过多，银行改革是否缓解了当时的困难？

林兆木： 新中国成立之后，为实现经济、金融的完全独立自主，在没收官僚资本的银行基础上，我国建立了适应计划经济体制的银行体系。根据国家规定的一切信用归国家银行的原则，经过清产核资，所有银行业务并入中国人民银行。中国人民银行承担了多种职能，既掌管货币发行，充当现金中心和结算中心，又是信贷中心，承担商业银行职能。这种大一统体制在运行中出现了统得过死等问题。针对金融体制存在的问题和弊端，金融改革以银行体制改革作为突破口。1979 年，中国人民银行在部分地区着手改革"统存统贷"的信贷资金计划管理体制。1979 年至 1984 年，逐步恢复和设立四大国有专业银行，分别承担基本建设、农业开发和建设投融资、进出口信贷、工商企业信贷等银行业务。1983 年，国务院发布《关于中国人民银行专门行使中央银行职能的决定》，确立了中国人民银行的性质和地位。1984 年，中国人民银行发布了《信贷资金管理试行办法》，把人民银行与各国有专业银行的资金往来，由计划指标分配改为借贷关系，这就使人民银行完全摆脱了商业银行业务，专门行使中央银行职能，从而构建起以中央银行为核心的金融机构体系。金融体制改革的起步促进了金融业的发展，对中国经济社会各领域的改革和发展产生了重要影响，也对 1984 年第四季度以后抑制投资、消费增长过快和治理通货膨胀发挥了积极作用。

《中国发展观察》：可不可以这么说，"六五"结束，中国经济社会发展再现新曙光？

林兆木：由于"六五"计划切合实际，加之通过前几年的经济结构调整，重大比例关系趋于协调，为经济社会发展创造了良好的环境，特别是农村改革和随后开展的城市经济体制改革，以及对外开放的启动，调动了各个方面的积极性，成为经济社会发展的强大推动力。到 1985 年底，"六五"计划全面和超额完成。1981—1985 年，国内生产总值分别增长 5.2%、9.1%、10.9%、15.2% 和 13.5%，5 年平均增长 10.7%，超过原计划年均增长 4%—5% 的速度。主要工农业产品产量都有较大幅度的增长。经济活动的效益和效率有所提高，国家财政收入由"五五"末期的连年下降转为逐年上升，实现了收支基本平衡。基本建设和技术改造取得重大进展，5 年完成基本建设投资比"五五"期间增长 46%，完成技术改造投资增长 77%；进出口贸易总额比"五五"时期增长 1 倍。科技、教育、文化事业出现了繁荣兴旺的局面。城乡人民收入水平和消费水平有明显提高。全国居民平均消费水平扣除物价上涨因素，年均提高 8.7%，大大超过 1953—1980 年 28 年间年均提高 2.6% 的幅度。"六五"计划的完成，使过去长期感到困扰的一些经济问题得到了比较好的解决。粮食和棉花产量的大幅度增长，为解决人民温饱问题提供了条件。由于消费品货源比较充足，过去许多定量分配和凭票供应的商品，除粮、油外，已基本取消票证，敞开供应。

"六五"时期在经济发展中也存在一些问题和失误。从 1984 年下半年开始，出现了经济过热、货币发行过多、国民收入超分配等现象。由于工业生产增长速度过快、固定资产投资和消费基金增长过猛，部分商品价格上涨过多，经济生活中出现了一些新的不稳定因素。这为以后几年的经济发展造成了困难。但总的说来，"六五"时期是我国经济迅速发展和取得重大成就的时期。

（本文是作者接受《中国发展观察》杂志社采访组的采访记录稿，载于《中国发展观察》2019 年第 13 期）

价格改革、农村承包经营和"七五"计划

（2019 年 7 月 24 日）

《中国发展观察》：翻开历史档案，打开尘封的记忆。1986—1990 年，"七五"时期，在这片古老的中华大地上发生了什么？

1988 年 9 月，邓小平同志在一次和外宾的谈话中指出："马克思说过，科学技术是生产力，事实证明这话讲得很对。依我看，科学技术是第一生产力。""七五"期间，我国的科技、教育和各项社会事业获得进一步发展。"亚洲一号"通信卫星和"长征二号"大推力捆绑式火箭发射成功，5 兆瓦低温核供热试验堆建成并投入正常运行，大秦线万吨级组合列车运行试验成功等，标志着我国又一批科技成果达到国际先进水平。

"七五"期间，人民生活水平进一步提高。全国绝大多数地区解决了温饱问题，开始向小康生活迈进。

物价作为经济体制改革的突破口，从一个侧面见证了改革开放 40 年经济社会发展的历程，结合"七五"时期出现的经济现象和问题，《中国发展观察》杂志社采访组特邀中国宏观经济研究院原常务副院长林兆木研究员回顾这段时期的改革发展历程。

一、价格"闯关"的得与失

《中国发展观察》：回顾"七五"时期，人们常会想起 1988 年的价格改

革"闯关"和随后发生的抢购风潮,这件事的始末原由是怎样的? 说 1988 年价格"闯关"失败了,这种看法是否客观准确?

林兆木:首先有必要了解提出价格改革"闯关"的历史背景。从 1984 年下半年开始,我国经济在新一轮的加快发展中出现一系列不稳定、不协调问题,突出表现为:消费基金和固定资产投资增长过快,信贷规模过大,外汇使用过多,社会总需求超过社会总供给,导致通货膨胀连续几年呈明显加剧之势。1985 年至 1987 年,全国零售物价指数分别以 8.8%、6%、7.3% 的幅度上涨。与此同时,企业微观机制和国家宏观调控方式也发生了很大变化:到 1987 年,全国已有 80% 的国营企业实行各种形式的承包经营责任制,与 1978 年相比,国营企业留利占利润总额的比重由 3.7% 上升到 40% 以上。另一方面,与改革开放前相比,1987 年由国家计委管理的指令性计划的工业产品由 120 种减少到 60 种,其产值占工业总产值的比重由 40% 下降到 17%,国家统配物资由 259 种下降到 26 种,国家计划管理的商品由 188 种减少到 23 种。在这样的情况下,靠国家指令性计划和价格管理已经解决不了通货膨胀、资源错配和宏观经济失衡问题。而且作为价格改革过渡性措施的价格双轨制的负面影响也逐渐显现,成为经济秩序混乱的重要原因。1987 年 10 月,党的十三大对深化经济体制改革作了全面部署,指出新的经济运行机制总体上应当是国家调节市场,市场引导企业。因此,1988 年夏季提出全面推进价格改革。放开价格管制由市场调节的大方向是正确的,问题在于出台的时机和方式。当时在通货膨胀加剧、经济秩序混乱的情况下,不适当地决定进行价格改革"闯关",即提出准备用 5 年左右的时间,解决对经济发展和市场发育有严重影响、突出不合理的价格问题。尽管价格改革的方案没有正式实施,但中央政治局通过方案的消息公布后,进一步强化了人们对高通货膨胀的心理预期,从而引发了全国性的挤提储蓄存款和抢购商品的风潮。这不能不使价格改革遭受挫折。后来经过 3 年治理整顿,恢复了总需求与总供给的基本平衡,并采取调放结合、渐进的价格改革方式,到 1992 年底,由市场决定价格的商品比重由 1987 年的 50% 左右扩大到 80% 左右,基本实现了 1988 年价格改革的目标。

二、承包经营打破"大锅饭"

《中国发展观察》：1980 年首都钢铁公司在实行企业扩权改革措施后，第一年就实现了超产 30 万吨铁、30 万吨钢的好成绩。中央有关部门开始重视，新闻媒体也大量报道。到 20 世纪 80 年代中期，首创承包制的"首钢经验"在全国普遍推行。怎么看企业承包制的历史作用？

林兆木：改革开放初期，我国通过两步利改税探索规范国家与国企的关系，但还是没有解决国企吃国家"大锅饭"、缺乏经营自主权的问题。1984 年 10 月，党的十二届三中全会关于经济体制改革的决定提出所有权和经营权可以适当分开的原则。此后几年，全国国有企业按照这个原则，借鉴首钢经验，普遍推行以承包制为主要内容的改革。承包制即承包经营责任制，就是国家有关部门和国企负责人签订承包合同，规定企业与国家的责、权、利关系，确定承包期内企业应上缴国家的税利，剩下的收益归企业支配。承包制是国企改革的过渡性举措，它适应我国计划经济向市场经济转轨时期的实际，有利于促进政企分开、扩大国企经营自主权，调动企业生产经营积极性，对扭转当时国企亏损面和亏损额扩大的状况发挥了积极作用。但是由于承包合同是国家主管部门和企业一对一谈判确定的，承包基数又受签订合同前期经济景气的影响而或高或低，企业之间苦乐不均。到了 1980 年代后期治理整顿期间，由于宏观经济环境变化很大，承包制的适应性和积极作用更加受到了制约。1992 年党的十四大确定建立社会主义市场经济体制的改革目标之后，国企改革也从扩权让利、承包经营转入了制度创新即建立现代企业制度的新阶段。

三、"七五"时期经济起起落落

《中国发展观察》："七五"经济社会发展计划是怎样制定的，有什么新的特点？

林兆木：1982 年，邓小平同志在党的十二大开幕词中正式提出了"建设有中国特色社会主义"的重大理论和实践课题，十二大提出到 20 世纪末工农业总产值比 1980 年翻两番的奋斗目标。"七五"计划就是在这个理论和目标指引下制定的。1983 年党中央就着手制定"七五"计划的准备工作。1985年 9 月，党的全国代表会议通过了党中央关于制定经济社会发展"七五"计划的建议。建议提出了"七五"期间我国经济社会发展的基本指导思想、战略方针和关系全局的一些重要指标、主要政策措施，以及经济体制改革的设想与步骤。根据中共中央建议，国务院在进一步深入研究和综合平衡之后制定了"七五"计划，1986 年 4 月经六届全国人大四次会议批准实施。

"七五"计划的新特点，除了提出"1990 年的工农业总产值和国民生产总值比 1980 年翻一番或者更多一些"作为主要奋斗目标外，还突出强调了发展的动力和发展的目的，把"争取基本上奠定有中国特色的新型社会主义经济体制的基础，大力促进科学技术进步和智力开发，不断提高经济效益"，"使城乡居民的人均实际消费水平每年递增 4%—5%，使人民的生活质量、生活环境和居住条件都有进一步的改善"，也都作为"七五"经济社会发展的主要奋斗目标。

《中国发展观察》："七五"时期的发展经历了什么曲折和困难？新旧体制转轨过程中两种体制并存，其间表现出经济过热，政府采取了哪些宏观调控措施？

林兆木："七五"时期的经济发展大致可分为两段，即前 3 年和后 2 年。经过 1980 年代初期贯彻新八字方针（"调整、改革、整顿、提高"）的经济调整，"农轻重"、积累与消费等重大比例趋于协调。尤其是在农村改革成功、对外开放起步、城市个体私营经济发展，以及其他改革措施的推动下，我国经济从 1982 年开始进入新的经济周期的上升阶段。突出表现在 1984 年至 1988 年经济实力和综合国力迈上了一个新台阶，包括"七五"前 3 年在内的这 5 年间，国内生产总值年均增长 12.1%，城镇居民人均可支配收入增长 1 倍，农村居民人均纯收入增长 76%，居民消费水平提高 1.18 倍，城乡储蓄存款增长 3.28 倍。

经济发展在取得巨大成就的同时，也存在许多问题和困难，其中有些是多年积累下来的，有些是经济加速发展过程中产生的。"六五"后期到"七五"前期，党中央和国务院在执行正确的战略、方针、政策的过程中，对经济建设和改革开放的具体指导也存在失误。在农业方面，对农村形势的估计一度过于乐观，放松了对农业的指导和投入，以致粮食生产在1984年大丰收后连续几年徘徊不前。在工业方面，对加工工业的盲目发展纠正不力；在强调微观搞活的同时，忽视了综合平衡和加强宏观调控。由于对国情仍然缺乏全面深刻的认识，在建设和改革两方面都存在急于求成的偏向。对1984年下半年开始出现的经济过热等问题，未能及时采取果断措施加以遏制。1985年初决定采取"软着陆"的方针，用比较缓和的办法逐步使社会总需求和总供给恢复平衡。从1985年2月至10月，国务院先后4次召开省长会议，主要措施是紧缩银根，控制货币投放。但是这次"小调整"并没有达到预期效果。地方和企业投资、消费基金尤其是集团购买力压不下来，主要压缩的是企业流动资金，从而引起经济增长和供给下降，使政府不得不放宽货币控制。结果不仅没有"硬着陆"，经济过热现象反而继续发展。1987年虽然提出财政信贷双紧方针，但又没有坚决加以贯彻，以致问题越积越多。突出地表现在通货膨胀加剧，社会生产和消费总量不平衡，结构不合理，经济秩序混乱。由于粮食生产连续几年低位徘徊，加上人口过快增长，人均粮食产量下降；而工业生产增长过快，摊子越铺越大，又出现了工农业比例关系失调。1984—1988年，国家财政收入占国民收入的比重由26.7%下降到22%，中央财政收入占整个财政收入的比重由56.1%下降到47.2%，致使国家宏观调控能力减弱。1988年全国零售物价指数在连续几年上涨幅度较大的基础上，又上涨18.5%，这样大的涨幅是多年来所没有过的。以上问题必须通过治理整顿进行一次大的经济调整才能解决。

四、治理整顿和改革开放继续推进

《中国发展观察》：党的十三届三中全会决定对国有经济进行治理整顿，

其主要内容和措施是什么？

林兆木：1988 年 9 月召开的党的十三届三中全会分析了当时政治经济形势，批准了中央政治局提出的治理经济环境、整顿经济秩序、全面深化改革的方针。这个方针与《关于价格、工资改革的初步方案》相比有两点重大变化：一是从加快改革步伐转向其后两年以治理经济环境和整顿经济秩序为重点；二是强调价格改革不能孤军突出，价格改革必须是全面的配套改革。治理经济环境、整顿经济秩序和全面深化改革三个方面是紧密联系的。治理经济环境，主要是压缩社会总需求，抑制通货膨胀。1989 年物价上涨幅度必须明显低于 1988 年，以后几年每年物价上涨幅度必须控制在 10% 以内。主要措施是大幅压缩全社会固定资产投资规模；抑制社会消费基金过快增长，特别要坚决压缩社会集团购买力；采取各种措施严格控制货币发行，实行保值储蓄，稳定金融；克服经济过热现象，降低工业增长速度。整顿经济秩序，主要是整顿在新旧体制转换中出现的混乱现象，特别是流通领域中的各种混乱现象。包括坚决制止一切违反国家规定哄抬物价的行为；整顿公司，实行政企分开，惩治"官倒"；认真解决重要商品尤其是紧缺的重要生产资料多头和多环节经营问题；加强宏观监督体系建设；制止对企业的各种乱摊派和盘剥。全面深化改革，主要是要进行全面的配套改革。强调深化改革不仅是价格改革，而是多方面的综合改革，特别要注重深化企业改革。后来实践证明，治理整顿、深化改革的方针，是符合经济发展和改革开放客观要求的正确决策，对解决当时阻碍发展和改革的突出问题发挥了重大作用。

《中国发展观察》：有一种说法认为治理整顿期间改革开放停顿了，实际情况如何？

林兆木：在治理整顿进程中，改革开放并没有停顿，在一些领域还取得了重大突破。农村在巩固和完善家庭联产承包责任制基础上，农业社会化服务体系和农产品市场得到发展。国营大中型企业在推行承包经营责任制的同时，采取一系列改善外部环境、转换内部机制的措施，并继续扩大实行股份制、租赁制试点。外贸企业逐步实行自主经营、自负盈亏的新体制。价格改革通过调放结合迈出重要步伐：相继调整糖料、油脂油料等收购价，后来先后实现了食油、粮食的购销同价；先后提高原油、钢铁、铁路货运和统配煤炭等价格，放开部分工业消费品价格。到 1992 年底前已实现大多数商品的价格并轨。尤其是证券交易所的建立成为经济体制改革的标志性举措。1990年 11 月 14 日，上海证券交易所经中国人民银行批准成立，12 月 19 日正式开业。深圳证券交易所于 1991 年 4 月 11 日获批成立，7 月 3 日正式开业，由此形成全国性的沪市、深市两个证券交易市场，有力推动了股份制经济的发展。1990 年 10 月，郑州粮食批发市场开业并引入期货交易机制。证券、期货市场的发展，向世界发出了中国坚定推进改革的强烈信号。对外开放的重大举措是上海浦东开发开放。浦东紧邻上海最繁华的外滩，具有巨大发展潜力而又长期没有开发。党中央、国务院经过充分调研和论证，于 1990 年4 月批准上海浦东开发开放，实行经济技术开发区和某些经济特区政策。浦东开发开放对促进上海、长三角地区乃至全国发展都产生了重大影响。

在"七五"前 3 年加速发展和后 2 年治理整顿、深化改革的推动下，"七五"计划规定的经济和社会发展的各项指标，到 1990 年底绝大部分完成或超额完成，提前实现了第一步战略目标。"七五"期间，国内生产总值累计增长 47%，年均增长 8%。工农业总产值平均每年增长 11.4%，工业总产值年均增长 13.2%，农林牧渔业总产值年均增长 4.8%，都超过了"七五"计划规定的指标。主要工业产品产量都比"六五"时期有较大幅度增长。教育、科技和各项社会事业取得较大发展。人民生活水平进一步提高，5 年间城镇居民人均收入年均实际增长 4.1%，农民人均纯收入年均实际增长 2.4%。全国绝大多数地区解决了温饱问题。

五、首次提出"三步走"发展战略

《中国发展观察》："七五"时期首次提出"三步走"发展战略，怎样理解它提出的背景、特点和重大意义？"七五"时期主要是哪一步？

林兆木："三步走"发展战略，是在总结历史经验和改革开放实践基础上逐渐形成的。1987 年 4 月 30 日，邓小平同志在会见外宾时第一次明确提出我国经济建设大体分"三步走"的战略目标。同年 10 月党的十三大正式确定了"三步走"发展战略。"三步走"发展战略的显著特点，是按照发展生产力是社会主义的根本任务、发展生产力的根本目的是改善人民生活的基本原则，每一步战略都把发展生产力的阶段性目标和改善人民生活的阶段性目标紧密结合在一起提出。经过 20 世纪后 20 年的努力，我国胜利实现了"三步走"战略中的第一步和第二步目标。到 1995 年底提前 5 年实现了国民生产总值比 1980 年翻两番的目标，到 20 世纪末人民生活实现总体小康。进入 21 世纪，党的十六大提出到 2020 年全面建设小康社会的目标，经过近 20 年的奋斗，这个目标即将胜利实现。2017 年党的十九大提出了"三步走"第三步后 30 年分两步走的战略部署，即到 2035 年基本实现社会主义现代化，到 21 世纪中叶建成富强民主文明和谐美丽的社会主义现代化强国。实践充分证明，"三步走"发展战略立足中国国情、顺应时代潮流，是引领我国现代化建设接续奋斗不断前进的伟大纲领。

《中国发展观察》：怎样认识党的十三大提出社会主义初级阶段理论对我国发展的重大指导意义？

林兆木：正确认识我国社会所处的历史阶段，是党和国家制定和执行正确的路线与政策的根本依据。改革开放前，在生产关系变革和经济建设上的"左"倾错误，其认识论的根源就是超越了我国的发展阶段。1981 年党的十一届六中全会通过的决议，第一次明确提出"我们的社会主义制度还是处在初级阶段"。党的十三大对社会主义初级阶段的科学内涵作了系统阐述，指出我国正处在社会主义初级阶段，包括两层含义：第一，我国社会已经是社会主义社会。我们必须坚持而不能离开社会主义。第二，我国的社会主义社会还处在初级阶段。我们必须从这个实际情况出发，而不能超越这个阶段。我国从 20 世纪 50 年代生产资料所有制的社会主义改造基本完成，到 21 世纪中叶基本实现社会主义现代化的上百年时间，都属于社会主义初级阶段。党的十三大把党在社会主义初级阶段的基本路线概括为"一个中心、两个基本点"，即以经济建设为中心，坚持四项基本原则，坚持改革开放。后来从党的十四大到十九大，历次全国代表大会都反复强调：

我国正处于并将长期处于社会主义初级阶段，党的基本路线必须坚持一百年不动摇。可见社会主义初级阶段理论对我国改革开放和现代化建设具有重大而深远的指导意义。

（本文是作者接受《中国发展观察》杂志社采访组的采访记录稿，载于《中国发展观察》2019年第14期。本篇采访张卓元同志的部分未载入本书）

"八五"首次提出社会主义市场经济规划

（2019 年 8 月 12 日）

《中国发展观察》：近日，《中国发展观察》杂志社采访组特邀中国宏观经济研究院原常务副院长林兆木研究员，回顾"八五"时期中国改革发展历程。

一、首次提出社会主义市场经济

《中国发展观察》：1992 年初，邓小平同志在南方谈话中突出强调改革开放胆子要大一些，看准了的，就大胆地试、大胆地闯。此次谈话对中国改革开放产生了怎样的影响？

林兆木：先了解一下当时的历史背景：随着东欧国家剧变和苏联解体，冷战结束，世界开始走向多极化，为我国加入全球经济竞争与合作提供了机遇。另一方面，世界社会主义发生的曲折对我国也产生了一定的负面影响，有人对社会主义的前途缺乏信心，也有人对改革开放产生了怀疑，提出姓"社"还是姓"资"的疑问。我国能否抓住机遇，加快推进改革开放和高质量发展？在这样重要的历史关头，邓小平同志于 1992 年 1 月 18 日至 2 月 21 日先后到武昌、深圳、珠海、上海等地视察，发表了重要谈话。

邓小平同志十分关注推进改革开放问题，指出"革命是解放生产力，改革也是解放生产力""改革开放胆子要大一些，敢于试验，不能像小脚女人一样。看准了的，就大胆地试、大胆地闯""改革开放迈不开步子，不敢闯，说来说去就是怕资本主义的东西多了，走了资本主义道路。要害是姓'资'还是姓'社'的问题。判断的标准，应该主要看是否有利于发展社会主义社会的生产力，是否有利于增强社会主义国家的综合国力，是否有利于提高人民的生活水平"。针对对改革开放的质疑，邓小平同志强调指出，右可以葬送社会主义，""左'也可以葬送社会主义。中国要警惕右，但主要是防止'左'"。

在南方谈话中，邓小平同志精辟地阐述了计划与市场的关系这个长期困扰和束缚人们思想的重大问题。明确指出："计划多一点还是市场多一点，不是社会主义与资本主义的本质区别。计划经济不等于社会主义，资本主义也有计划；市场经济不等于资本主义，社会主义也有市场。计划和市场都是经济手段。"从改革开放之初提出以计划经济为主、市场调节为辅，到1984年提出社会主义经济是有计划的商品经济，再到后来提出计划经济与市场调节相结合，虽然对计划和市场关系的认识在不断深化，但尚未从根本上摆脱把计划和市场当作社会经济制度基本特征的传统观念的束缚。明确计划和市场都是经济手段，既不姓"社"，也不姓"资"，这就彻底摘掉了人们头上的"紧箍咒"。这在理论上和实践上都是一个重大突破。可以说，在改革开放史上，党的十一届三中全会给全党全国带来了第一次思想大解放；邓小平同志南方谈话带来了第二次思想大解放，对加快推进改革开放产生了重大而深远的影响。

根据邓小平同志南方谈话的精神，党的十四大首次明确提出：我国经济体制改革的目标是建立社会主义市场经济体制，是要使市场在社会主义国家宏观调控下对资源配置起基础性作用。把社会主义制度与市场经济结合起来，建立和完善社会主义市场经济体制，这是前无古人的伟大创举，是对中国特色社会主义理论和实践的重大发展。

《中国发展观察》：1993年11月，党的十四届三中全会通过《中共中央关于建立社会主义市场经济体制若干问题的决定》，是我国社会主义市场经济体制的第一个总体设计，也是经济体制改革进程中一座重要的里程碑。

根据您了解的情况谈谈对《决定》内容和意义的认识。

林兆木： 党的十四届三中全会的《决定》把党的十四大确定的经济体制改革目标和基本原则进一步具体化，制定了建立社会主义市场经济体制的"四梁八柱"和总体规划。社会主义市场经济体制的基本框架是：在坚持以公有制为主体、多种经济成分共同发展的基础上，建立现代企业制度、全国统一开放的市场体系、完善的宏观调控体系、合理的收入分配制度和多层次的社会保障制度。这个决定总结了我国改革开放的基本经验，也借鉴了市场经济发达国家的有益经验，回答了改革实践中提出的许多重大问题，在理论和政策上都有许多新的突破，思想性和指导性都很强，是继续深化经济体制改革的纲领性文件。

1993 年 10 月 14 日下午，中共中央政治局常委、国务院常务副总理朱镕基同志主持经济理论界专家学者座谈会，征求大家对《中共中央关于建立社会主义市场经济体制若干问题的决定》（征求意见稿）的意见，我有幸参加了这次座谈会。座谈会首先由中共中央《决定》起草组组长温家宝同志就《决定》起草工作作了说明。与会的 15 位经济学家在发言中，一致高度评价、充分肯定了《决定》（征求意见稿）的指导思想、基本框架和改革举措，并分别就其中的一些问题提出了意见和建议。中共中央《决定》在起草过程中已经进行了大量调查研究，并广泛听取了各个方面的意见建议，这充分反映了这次经济体制改革《决定》集中了全党和全国各个方面的集体智慧。

二、加快推进改革开放

《中国发展观察》： 1994 年全面推进经济体制改革，主要包括哪些方面的改革？

林兆木： 1994 年以改革推进年载入中国史册。党的十四届三中全会《决定》的起草工作，实际上是与党中央、国务院推进改革的重大决策同步进行的。《决定》所规定的改革措施，有不少是对已经酝酿成熟的改革方案的确认。因此，进入 1994 年，财税、金融、外汇、外贸、投资、价格和流通体制改革全面展开，在分税制改革、价格形成机制、汇率并轨等方面取得重大突破。国有企业、住房制度、农村、科技、教育以及各项社会事业的改革也取得新的进展。市场在资源配置中的基础性作用明显增强，宏观调控体系的框架基本建立。

财税体制改革，主要是按照中央与地方政府的事权划分，合理确定各级财政的支出范围；根据事权与财权相结合的原则，将税种统一划分为中央税、地方税和中央地方共享税，并建立中央税收和地方税收体系，分设中央与地方两套税务机构分别征管；科学核定地方收支数额，逐步实行比较规范的中央财政对地方的税收返还和转移支付制度；建立和健全分级预算制度，强化各级预算约束。

金融体制改革，主要是加强中央银行的职能，实行政策性银行和商业性银行分开，实现两种汇率并轨，建立在国务院领导下独立执行货币政策的中央银行宏观调控体系；建立政策性金融与商业性金融分离，以国有商业银行为主体、多种金融机构并存的金融组织体系；建立统一开放、有序竞争、严格管理的金融市场体系。

外贸体制改革，主要是以统一政策、放开经营、平等竞争、自负盈亏、工贸结合、推行代理制为方向，将外贸进口的指令性计划改为指导性计划，逐步降低关税总水平，建立适应国际经济通行规则的运行机制。这为后来加入世界贸易组织准备了条件。

投资体制改革，主要是按照不同投资主体的投资范围和各类建设项目的不同情况，分别实行不同的投资方式，进一步强化企业的投资主体地位，在投资融资领域更多地引入市场竞争机制。

计划体制改革，主要是进一步转变计划管理职能，实行以市场为基础的指导性计划为主，突出国家计划的宏观性、战略性、政策性，把重点放在中长期计划上，发挥综合协调宏观经济政策和经济杠杆的作用。

价格管理体制改革，主要是调高粮食、棉花、石油、煤炭等基础产品价格，进一步理顺比价关系，大部分生产资料价格由"双轨制"并轨为单一的市场价格，建立以经济手段为主的价格调控体系。

国有企业改革继续深化，从以往的放权让利、政策调整进入机制转换、制度创新阶段。国家经贸委（现商务部）、体改委会同有关部门，按照党的十四届三中全会《决定》关于"产权清晰、权责明确、政企分开、管理科学"的要求，选择100家国有大中型企业，从1994年底开始进行建立现代企业制度的试点，要求把深化国有企业改革同企业改组、技术改造和加强企业管理结合起来，通过建立现代企业制度，使企业成为自主经营、自负盈亏、自我发展、自我约束的法人实体和市场竞争主体。随后，全国各地先后选定2700多家国有企业参与建立现代企业制度试点。与此同时，国务院选择18个城市进行"优化资本结构"的配套改革试点，以市场为依托，在整体推进国有企业转换经营机制的前提下，采取多种政策，通过破产、兼并探索建立国有企业优胜劣汰机制，在补充企业资本金减轻企业债务负担、分离企业办社会服务功能、分流富余人员、资产多元化等方面实现了重点突破。

城镇住房制度改革，主要是改革福利分房制度，实行住房商品化，同时建立公积金制度。

对外开放范围和规模进一步扩大，由沿海扩展到沿边、沿江、沿主要铁路线和内陆省会城市，经济特区继续发挥对外开放窗口的重要作用；上海浦东开放开发取得很大进展；对外开放的领域由一般加工业扩展到基础工业和基础设施；外商直接投资由中小企业扩展到大企业，基本形成多方位、多层次、多形式的对外开放格局。

改革开放推进步伐加快，有力地促进了计划经济体制向社会主义市场经济体制的转轨，全国呈现改革开放促进发展的蓬勃景象。

三、"八五"计划的制定和调整

《中国发展观察》：您参与了《中共中央关于制定国民经济和社会发展十年规划和"八五"计划的建议》（简称中央《建议》）的起草工作，请介绍一下"八五"计划制定的历史背景和特点。

林兆木：由于改革开放头 10 年的努力，到 1988 年我国国民生产总值已经实现比 1980 年翻一番，到 20 世纪末实现第二个翻番是有把握的。治理整顿和"七五"计划的完成，为推进改革开放和经济社会发展创造了有利条件。另一方面，当时也面临复杂严峻的形势：国际上，东欧国家剧变，国际社会主义处于低潮；国内经济正处在治理整顿的调整期，加上受西方国家对我国"经济制裁"的影响，经济增速达到多年来未有过的 4.1%（1989 年）和 3.8%（1990 年），再次面临暂时经济困难。"八五"计划就是在这种历史背景下制定的。1990 年上半年，党中央和国务院开始着手"八五"计划研究制定工作。这次制定国家经济社会发展中长期计划有以下特点：

一是把十年规划和五年计划结合起来。主要考虑是：根据第二步战略目标国民生产总值十年翻一番的要求，从十年考虑到五年；同时经济和社会发展的许多问题是有连续性的，需要有比较长时间的考虑；一些重大建设项目、科技攻关课题，以及人才培养等，根据十年经济社会发展的总趋势和奋斗目标来确定五年计划，可以把眼光放得更远一些。

二是先研究十年规划和"八五"计划的基本思路，分析国内和国际形势，从大的方面把建设和改革的方向、方针、政策确定下来，与此同时起草中共中央关于制定十年规划和"八五"计划的《建议》。

三是在中央《建议》起草过程中，深入调研、广泛征求全国各方面的意见。1990 年 7 月 4 日至 16 日，中共中央召开了 8 次经济问题座谈会，分别请经济部门老同志，经济学家，北京、天津部分企业负责人出席座谈会，就中长期经济社会发展的重大问题听取意见和进行讨论。随后，中央提出的十年规划和"八五"计划基本思路经过了三轮会议的讨论。

第一轮：国务院常务副总理兼国家计委主任姚依林同志于 8 月 14 日上午、下午和 15 日上午，在国务院会议室召开大计划委员会 3 次会议听取汇报并进行讨论。

第二轮：国务院总理李鹏同志于 8 月 21 日上午、下午和 8 月 22 日上午、下午在国务院会议室主持召开 4 次国务院总理办公会议听取汇报并进行审议。

第三轮：党中央、国务院于 9 月 13 日至 19 日，在京西宾馆召开中央经济工作座谈会，听取各省、自治区、直辖市和中央各部门负责同志对十年规划和"八五"计划基本思路的意见并进行讨论。

这些会议的讨论和会前一年大量的前期研究，既是对"七五"时期经济社会发展的成绩、经验和问题的全面总结，又是对未来国际国内经济环境和发展条件的深入分析。在这个过程中反复讨论修改中共中央关于十年规划和"八五"计划的《建议》（草案）。1990 年 12 月，党的十三届七中全会审议并通过了《建议》。1991 年 3 月，国务院根据中共中央《建议》制定的十年规划和"八五"计划经七届全国人大四次会议审议通过。

《中国发展观察》：邓小平同志南方谈话后，十年规划和"八五"计划的目标做了什么调整？

林兆木：由于制定十年规划和"八五"计划时我国经济正处于低谷，因此提出十年保持 6% 左右的中速增长的目标。当时，邓小平同志对制定出坚持改革开放和发展的十年规划和五年计划表示完全赞成，同时对发展速度也存有疑虑。早在 1990 年 3 月，他就对几位中央负责同志说："年增百分之六的速度是不是真正能实现第二个翻番？这个要老老实实地计算，要最终体现到人民生活水平上"。1992 年初，邓小平同志在南方谈话中深刻阐述了我国发展面临的机遇和挑战，强调："抓住时机，发展自己，关键是发展经济。现在，周边一些国家和地区经济发展比我们快，如果我们不发展或发展得太慢，老百姓一比较就有问题了。""要注意经济稳定、协调地发展，但稳定和协调也是相对的，不是绝对的。发展才是硬道理。""我国的经济发展，总要力争隔几年上一个台阶。"根据邓小平同志南方谈话的精神和国内外形势的变化，党的十四大作出了抓住机遇加快发展的重大决策，并对我国在 90 年代的经济发展速度作出调整，从原定的国民生产总值平均每年增长 6% 调整为 8% 至 9%，到 20 世纪末，我国国民经济整体素质和综合国力迈上一个新台阶。后来的实践证明，这样的调整是符合客观实际的、正确的。"八五"期间我国经济年均增长 12.3%；"九五"期间年均增长 8.6%，10 年年均增速超过 8%—9% 的目标。

四、经济发展加速和"软着陆"

《中国发展观察》：1993 年加快发展后产生了通货膨胀，党中央和国务院采取了哪些措施？

林兆木：在"抓住机遇、加快发展"方针指导下，1993 年我国经济发展速度进一步加快，国内生产总值在 1991 年增长 9.2%、1992 年增长 14.2% 的基础上又比上年增长 14%。一些重要产品的产量大幅度增加，企业技术改造和产品结构调整加快。农业继续获得丰收，粮食总产量 4565 亿公斤，达到历史最高水平。重点工程建设加速，京九、南昆等重要铁路干线建设进展顺利，高等级公路和重点港口建设加快。扣除物价上涨因素，全国城镇居民人均可支配收入比上年增加 9.5%，农村居民人均纯收入增长 3.2%，城乡居民存款总额比上年增长 29%。

在加快改革开放和经济发展过程中，由于一些地方和部门片面追求高速度，同时由于旧的宏观调控机制逐渐失效，新的调控机制尚未健全，以致出现经济过热现象，主要表现在：投资需求和消费需求都出现膨胀。1993 年上半年，全社会固定资产投资比上年同期增长 61%；银行对工资和个人其他现金支出增长 36.7%，导致货币投放过量。与此同时，全国出现了开发区热、房地产热、炒股热，以及乱集资、乱拆借、乱设金融机构等现象，金融秩序混乱；财政困难加剧，财政赤字扩大。通货膨胀呈加速之势，商品零售物价指数在 1992 年比上年上涨 5.4% 的基础上，1993 年 3 月达到 10.3%，以后一直在两位数上逐月攀升，1994 年 10 月最高达到 25.2%。

党中央、国务院及时发现这些问题，在调查研究基础上，果断作出加强宏观调控的决策。中共中央、国务院于 1993 年 6 月 24 日印发了《关于当前经济情况和加强宏观调控的意见》，以整顿金融秩序为重点，提出 16 条加强和改善宏观调控的措施，主要是实行适度从紧的财政政策和货币政策，整顿金融秩序和流通环节，控制投资规模，加强价格监督。

1993 年 7 月上旬和下旬，国务院相继召开全国金融工作会议、全国财政和全国税务工作会议，提出了两个"约法三章"。金融系统的"约法三章"，即，立即停止和认真清理一切违章拆借，已违章拆借出的资金要限期收回；任何金融机构不得擅自或变相提高存贷款利率；立即停止向银行自己兴办的各种经济实体注入信贷资金，银行要与自己兴办的各种经济实体彻底脱钩。财税部门的"约法三章"是：严格控制税收减免；严格控制财政赤字，停止向银行挂账；财税部门及所属机构，未经中国人民银行批准，一律不准涉足商业性金融业务，所办公司要限期与财税部门脱钩。

这次宏观调控，主要运用经济、法律手段，辅之以必要的行政手段，着重从加快新旧体制转换、加快推进改革开放中找出路。经过3年的努力，宏观调控取得显著成效。过度投资得到有效控制，固定资产投资增长速度从1993年的62%降为1996年的14.8%；金融秩序好转，信贷规模总量得到控制；物价逐渐放开，涨幅明显回落，商品零售价格指数从1994年10月25.2%的最高涨幅，降到1996年的6.1%。与此同时，经济增长仍然保持了高速度。1996年回落到10%，1993年至1996年，国内生产总值年均增长12%，年度经济增长率的波动幅度只有一两个百分点。这次宏观调控，成功实现了从经济过热和通货膨胀，到高增长、低通胀的"软着陆"。这也是为1997年后抵御亚洲金融危机的冲击打下了基础。

《中国发展观察》："八五"期间重大工程建设取得哪些重大进展？

林兆木："八五"期间重大工程建设取得重大进展和显著成就。1992年4月3日，七届全国人大第五次会议审议通过了关于兴建长江三峡工程的决议，并授权国务院选择适当时机组织实施。1994年12月14日，国务院正式宣布三峡工程动工兴建。"八五"期间，黄河小浪底和北江飞来峡水利枢纽相继开工建设；建成了黄淮海平原节水灌溉等一批水利工程。能源、交通、通信建设步伐加快，生产能力提高，对国民经济发展的"瓶颈"制约有所缓解。"八五"期间，发电装机总容量新增7500万千瓦，年均增长9%，1995年达到21000万千瓦。新增铁路营业里程3000公里，复线3848公里，电气化2973公里。建成纵贯南北九省市的京九铁路，以及宝中、集通铁路新线和兰新复线，增强了铁路干网运输能力。新建和改造公路92000公里，其中高等级公路 8000 公里。新建和改建沿海港口中级以上泊位 170 个，增加吞吐能力 13800 万吨。新建和改造了一批机场，客机座位增长 1.4 倍。铺设长途光缆干线 10 万公里，电话交换机总容量新增 5895 万门，年均增长 42%。汽车、电子、石化等产业生产能力快速增长，形成了具有一定经济规模的年产 15 万辆轿车、45 万吨乙烯、300 万台彩电的生产基地。

《中国发展观察》：1994 年 4 月，国务院发布了《国家八七扶贫攻坚计划》，它的背景、目标和主要措施是什么？完成情况怎么样？

林兆木：经过连续多年的艰苦努力，到 20 世纪 90 年代全国农村的贫困问题已经明显缓解，没有完全稳定解决温饱的贫困人口已经减少到 8000 万人。为进一步解决农村贫困问题，缩小东西部地区差距，实现共同富裕的目标，国务院制定《国家八七扶贫攻坚计划》，要求从 1994 年到 2000 年，集中人力、物力、财力，动员社会各界力量，力争用 7 年左右的时间，基本解决当时全国农村 8000 万贫困人口的温饱问题。"八七扶贫攻坚计划"是我国历史上第一个有明确的目标、对象、期限、措施的全国扶贫开发行动纲领，也是经济和社会发展计划的重要组成部分。当时这 8000 万贫困人口只占全国农村总人口的 8.87%，但是由于贫困人口主要集中在 592 个贫困县，分布在中西部的深山区、石山区、荒漠区、高寒山区、黄土高原区、地方病高发区以及水库区，地域偏远，交通不便，生产生活条件极为恶劣，因而扶贫攻坚任务十分艰巨。这个计划要求到 20 世纪末扶持脱贫户创造稳定解决温饱的基础条件；基本解决人畜饮水困难，巩固现有扶贫成果，减少返贫人口；绝大多数贫困乡用上电；基本普及初等教育，积极扫除青壮年文盲；改善医疗卫生条件，防治和减少地方病，预防残疾。为确保扶贫攻坚计划的实现，国家增加用于扶贫的各项财政资金、信贷资金、以工代赈资金和专项建设资金；各级地方政府也要逐年增加扶贫资金投入；同时采取信贷、财税优惠政策和经济开发优惠政策。

经过多方努力，到 2000 年底，国家八七扶贫攻坚目标基本实现。"八七扶贫攻坚计划"执行期间，国家重点扶持贫困县农业增加值年均增长 7.5%；工业增加值年均增长 12.2%；地方财政收入年均增长 12.9%；农民人均纯收入年均增长 12.8%。解决了一些集中连片特困地区的温饱问题。农村尚未解决温饱问题的贫困人口减少到 3000 万人，农村贫困发生率下降到 3% 左右。贫困地区生产生活条件明显改善：到 2000 年底通电、通路、通邮、通电话的行政村分别达到 95.5%、89%、69% 和 67.7%。592 个国家重点扶持贫困县中有 318 个实现基本普及九年义务教育和基本扫除青壮年文盲的目标。大多数贫困地区乡镇卫生院得到改造或重新建设，缺医少药的状况得到缓解。

《中国发展观察》："八五"期间经济社会发展取得哪些重大成就？

林兆木：由于加快推进改革开放和发展，到 1995 年，"八五"计划提出的主要指标已全部完成或超额完成，国民经济和社会发展取得显著成就。"八五"期间，国民经济持续快速增长，国民生产总值年均增长 12.3%，1995 年达到 61130 亿元。原定 2000 年比 1980 年翻两番的目标提前 5 年实现。农村经济全面发展，农业总产值年均增长 4.3%。工业总产值年均增长 22.2%，产品结构调整加快。进出口总额累计超过 1 万亿美元，比"七五"时期增长 1 倍以上。实际利用外资超过 1600 亿美元，其中外商直接投资占 70%，投资结构有所改善。1995 年末国家外汇储备达到 736 亿美元。城乡人民生活在 80 年代基本解决温饱基础上继续改善。扣除物价因素，"八五"期间城镇居民人均可支配收入年均增长 7.9%，农村居民人均纯收入年均增长 4.3%。社会消费品零售总额实际年均增长 10.6%。城乡居住条件进一步改善，城镇人均居住面积由 6.7 平方米增加到 7.9 平方米。城镇职工实行了每周 5 天工作制。

社会主义民主法制建设进一步加强，《中华人民共和国劳动法》于 1995 年 1 月 1 日正式施行，劳动者的合法权益有了强有力的法律保障。"八五"期间，农业法和商业银行法相继实施。科技、教育、文化、卫生、体育等各项社会事业全面发展。我国社会生产力、综合国力和人民生活水平都上了一个新的台阶。

"八五"期间，经济社会发展也还存在不少问题。比较突出的问题是前期通货膨胀比较严重，5 年商品零售价格年均上涨 11.4%；国有企业生产经营困难较多；农业仍然是国民经济的薄弱环节；收入分配关系还没有理顺，部分社会成员收入差距过大；经济秩序还比较混乱；腐败现象未得到有效遏制。

（本文是作者接受《中国发展观察》杂志社采访组的采访记录稿，载于《中国发展观察》2019 年第 15 期）

"十一五"规划：在"两难"困境中实现跃升发展

（2019 年 10 月 1 日）

《中国发展观察》：中国从 1953 年开始编制第一个五年计划，到"十一五"时期（2006—2011 年），延续了 50 多年的国民经济和社会发展"计划"首次变成"规划"。这折射出中国经济体制的深刻变革，即经历计划经济体制、计划经济体制向社会主义市场经济体制转轨、社会主义市场经济体制建立的过程。

近日，《中国发展观察》杂志社采访组对"十一五"规划的亲历者和参与者中国宏观经济研究院原常务副院长林兆木研究员进行了采访。

一、"计划"首次变"规划"

《中国发展观察》：从"十一五"时期开始，延续了 50 多年的国民经济和社会发展"计划"首次变成"规划"，反映了经济社会发展怎样的演变轨迹？

林兆木：制定和实施五年计划（规划），是我们党和国家领导、组织和推动经济社会发展的一种重要方式，也是我国社会主义制度的一个独特优势。除了我国，世界上还没有第二个国家能在 60 多年间连续制定并实施 13 个五年计划（规划）。这个事实本身表明，制定和实施中长期计划（规划）是中国道路成功的一个重要元素。70 年来，我国从极端贫穷落后到崛起为世界第二大经济体，正在实现全面建成小康社会，所走过的路并不是笔直平坦的，在取得巨大成功的过程中也曾有过挫折。虽然时代条件已经变化，但是艰辛探索得到的历史经验，是我们的宝贵精神财富。

回顾历史，我们看到，五年计划（规划）不是孤立起作用的，而是同整个经济体制紧密联系的。就经济体制而言，我国从"一五"计划到"十三五"规划经历过三个时期，即计划经济体制时期、计划经济体制向社会主义市场经济体制转轨时期、社会主义市场经济体制基本建立以后时期。改革开放以来，在经济体制的深刻变革中，计划（规划）体制本身也经历了重大改革，五年计划（规划）的内涵、功能与作用方式发生了很大变化。在社会主义市场经济体制下，中长期规划仍有不可替代的重要功能和作用，包括：在我们党领导下，通过制定体现客观规律和人民利益要求的经济社会发展规划，有利于统一全党全国人民对未来规划期内国际国内大局和奋斗目标、主要任务、大政方针的认识；有利于正确引导社会舆论和市场预期，动员全党和全社会为中长期规划目标的实现而奋斗；有利于提出应对重大问题的长期战略，提前谋划、部署跨年度甚至跨五年的重大项目建设，发挥新型举国体制集中力量办大事的优势；有利于通过五年规划的实施有步骤地加强经济社会发展的短板和薄弱环节，促进其加快发展；有利于更连贯地增加城乡居民收入，更好地消除贫困，更好地保障和改善民生，等等。

温故而知新。回顾"一五"计划至"十三五"规划制定和实施的历史进程，研究各个时期取得的成就和历史经验，有助于我们按照党的十九大提出的奋斗目标制定好面向未来的"十四五"规划。我们看到，制定五年规划时对未来五年国际国内环境的准确预判十分重要。在经济全球化日益深化的条件下，影响世界经济未来走势的因素极为复杂而且变化无常；同时，世界经济和我国经济都存在周期性波动，两者有时一致，有时不一致。"六五""八五""十五"时期，我国经济都是处于经济周期上升阶段，而"七五"后期、"九五"后期和"十一五"后期，都是由于国际和国内因素叠加，使我国经济处于经济周期下行阶段。实践证明，市场经济的运动，如同其他一切事物的运动一样，是对立面相互矛盾又相互统一的过程，平衡是相对的，不平衡是绝对的。社会总供给与总需求以及各个产业供需双方，在市场竞争中由平衡→不平衡→再平衡→再不平衡→……，形成繁荣（高涨）→衰退（低谷）→复苏（回升）→再繁荣……的循环往复。经济周期规律说明，研究未来国际经济环境和国内发展条件，应当遵循唯物辩证法的一分为二和发展变化的观点与方法。

二、新情况、新问题、新挑战、新要求

《中国发展观察》：回顾当时，"十一五"时期中国经济面临哪些新情况、新问题？

林兆木：2002 年，党的十六大报告指出，21 世纪头 20 年，对于我国来说，是一个必须紧紧抓住并且可以大有作为的重要战略机遇期；并提出了到 2020 年国内生产总值比 2000 年翻两番，全面建成小康社会的奋斗目标。"十一五"规划是党的十六大之后制定的第一个五年规划，体现了抓住机遇、加快发展的要求。当时外部环境总体上对我国发展有利，经济全球化深入发展，全球生产要素流动和产业转移加快，国际环境总体保持稳定。但是，发达国家在经济科技上占优势的压力仍然存在，贸易保护主义有新的表现，对我国发展也提出了新的挑战。从国内看，我国加入 WTO 后与世界经济的相互联系和影响日益加深。经过改革开放以来尤其是 20 世纪 90 年代和21 世纪头 5 年的改革和发展，为"十一五"发展奠定了良好的物质基础和体制条件。

2003 年，以胡锦涛同志为总书记的党中央提出了科学发展观，强调发展要以人为本，实现全面协调可持续发展。这成为"十一五"规划的指导思想。"十一五"规划是贯彻落实科学发展观的五年规划。针对制约我国发展的一些深层次矛盾，包括经济结构不合理，投资和消费关系不协调，能源资源相对不足，生态环境脆弱，解决"三农"问题任务相当艰巨，影响发展的体制机制障碍亟待破除等，"十一五"规划强调，要以科学发展观统领经济社会发展全局，坚持以人为本，转变发展观念、创新发展模式、提高发展质

量，落实"五个统筹"，把经济社会发展切实转入全面协调可持续发展的轨道。国内生产总值年均增长率的预期目标定为 7.5%。

三、"十一五"规划的特点与亮点

《中国发展观察》：2003 年至 2006 年，我国 GDP 增长始终保持在 10%—11% 之间。中国作为发展中国家，经济保持了 20 多年的快速增长，堪称奇迹。"十一五"规划的重大战略抉择有哪些亮点？有什么阶段性特点？

林兆木："十一五"规划的特点，一是从"十一五"开始，把"五年计划"改为"五年规划"，这不只是名称的改变，而是反映了规划的内涵和功能的转变。规划比计划更能体现市场经济条件下长期规划功能的基本定位：即长期规划的宏观性、战略性、指导性；规划的实施要发挥政府的作用，但主要是依靠经营主体的自主行为来实现。"十一五"规划首次把 22 个指标划分为预期性和约束性两种，对市场功能与政府作用作了比较明确的分工。其中，14 个预期性指标主要依靠经营主体的自主行为实现，政府创造良好的制度环境和政策环境，引导社会资源配置，努力促进其实现。8 个约束性指标是进一步明确并强化政府责任的指标，是中央政府在公共服务和涉及公众利益领域对地方政府和中央政府有关部门提出的要求，各级政府和部门要通过合理配置公共资源和有效运用行政力量以确保其实现。二是"十一五"规划不仅包括产业发展规划，而且包括空间布局，首次提出推进形成主体功能区，规范空间开发秩序，形成合理的空间开发结构。三是"十一五"规划更加重视生态建设和可持续发展，首次提出建设资源节约型、环境友好型社会。

四、规划实施中的成就与问题

《中国发展观察》："十一五"规划执行中的情况如何？调整和优化经济

结构，主要措施有哪些？

林兆木："十一五"规划的实施，大体上分为两段：第一段从 2006 年到 2008 年第三季度，国际经济处于金融危机前的繁荣阶段，国内也仍处于经济周期的上升阶段，内外有利因素的综合推动使经济发展达到经济周期的峰顶：2006 年、2007 年国内生产总值增长率分别达 12.7% 和 14.2%。第二阶段从 2008 年第四季度到 2010 年，是有效应对国际金融危机冲击的阶段。由于采取力度很大的财政、货币政策措施，2008 年保持 9.7% 的增长率，2009 年增速有所回落，仍达 9.4%，2010 年回升到 10.6%。2006—2010 年 5 年平均增长 11.3%。"十一五"期间，我国经济总量再上了一个大台阶，分别在 2006 年超过英国、2007 年超过德国、2010 年超过日本，从居世界第 5 位跃升至第 2 位。2010 年 GDP 达 41.3 万亿元，人均国内生产总值超过 30000 元。2010 年末国家外汇储备余额达 28473 亿美元，比"十五"期末增加 2 万亿美元。社会消费品零售总额 5 年年均增长 18.1%，全社会固定资产投资年均增长 25.5%。经济效益显著提高，规模以上工业企业实现利润为 2005 年的 2.6 倍；5 年全国财政收入累计比"十五"时期增长 1.6 倍。粮食产量自 2007 年起连续 4 年稳定在 1 万亿斤以上。服务业发展加快，5 年年均增长 12%，占 GDP 的比重提升至 44%。科技创新能力持续提高，2010 年研究与试验发展经费支出是 2005 年的 2.88 倍，占国内生产总值的比重达到 1.71%。高技术产业快速发展，增加值年均增长 14.9%。常住人口城镇化率由 2005 年的 43% 提高到 2010 年的 47.5%，年均提高 0.9 个百分点。对外开放迈上新台阶，进出口总额年均增长 11.5%；2010 年出口和进口规模从 2005 年的世界第 3 位分别升至第 1 位和第 2 位。5 年累计吸收外商直接投资 4288 亿美元，是"十五"时期的 1.6 倍。5 年累计城镇新增就业 5771 万人，年均新增 1154 万人。社会保障体系进一步完善，连续每年都提高企业退休人员养老金水平，城乡基本医疗保障制度全面建立，保障性安居工程建设步伐加快。城镇居民人均可支配收入和农村居民人均纯收入扣除价格因素年均增长 9.7% 和 8.9%。

"十一五"规划实施中存在的主要问题是：经济结构调整进展较为缓

慢，经济增长的质量和效益不够高，货币供应量增长过快，资源环境代价较大，产能过剩问题比较突出，能源、淡水、土地、矿产等战略性资源供需矛盾突出；社会发展滞后于经济发展、城乡区域发展不协调、收入分配差距拉大等问题尚未缓解，一些深层次体制机制问题还未得到有效解决。

（本文是作者接受《中国发展观察》杂志社采访组的采访记录稿，载于《中国发展观察》2019 年第 18 期。本篇采访陆百甫同志的部分未载入本书）

"十二五"规划：为全面建成小康社会奠定坚实基础

（2019 年 10 月 15 日）

《中国发展观察》："十二五"时期（2011—2015 年）中国对外开放成绩显著。2015 年中国货物进出口总额达到 3.95 万亿美元，居世界第 1 位，比 2010 年增长 33%。2011—2015 年累计实际使用外商直接投资 5912 亿美元，其中 2014 年为 1196 亿美元，首次跃居全球第一。

2013 年 9 月 7 日，习近平主席在哈萨克斯坦纳扎尔巴耶夫大学提出共建"丝绸之路经济带"，同年 10 月 3 日，习近平在印度尼西亚提出共建"21 世纪海上丝绸之路"，合称"一带一路"倡议。六年耕耘、春华秋实，"一带一路"建设硕果累累，成绩令人瞩目。

2013 年 8 月 22 日，国务院批复成立中国（上海）自贸试验区。经过复制推广，2019 年 8 月 2 日，山东、江苏、广西、河北、云南、黑龙江 6 个自贸试验区获批设立，至此中国自贸试验区数量增至 18 个。

近日，《中国发展观察》杂志社采访组特邀中国宏观经济研究院原常务副院长林兆木研究员，讨论"十二五"时期中国经济社会发展，特别是对外开放领域的新措施、新变革、新成就。

一、"十二五"时期的国际国内背景变化

《中国发展观察》：2011 年是中国共产党成立 90 周年，也是"十二五"

规划开局之年。在新的国际国内背景下，"十二五"时期我国经济发展面临哪些新形势和新挑战？

林兆木：世界多极化、经济全球化深入发展，世界经济政治格局出现新变化，国际环境总体上有利于中国和平发展。但是，2008年国际金融危机、2010年欧洲主权债务危机的影响持续存在，全球需求低迷，中国作为全球第一大出口国受到的冲击更大，亟待重新塑造参与国际经济合作与竞争的新优势，重新谋划在全球经济分工中的新定位。国内投资和消费需求潜力巨大，资金供给充裕，科技教育整体水平提升，劳动力素质改善，保持经济长期向好具有诸多有利条件。同时，国际经验表明，进入中等收入阶段是一国经济转型的关键时期，不能简单地复制从低收入经济体迈向中等收入经济体的既有发展模式，经济发展要再上一个新台阶，必须推进结构性改革，加快经济转型升级；否则，就有可能导致经济徘徊不前，甚至引发系统性风险和社会不稳定。

"十二五"规划实施过程中，国际环境和国内发展条件发生了重大变化。国际金融危机和随后发生的欧洲主权债务危机，一波三折，持续时间之长，影响之广泛，全球经济复苏之艰难、缓慢，为历史罕见，也远远超出危机之后头一两年人们的普遍预料。2011—2015年，按不变价计算，美国国内生产总值累计仅增长11.5%，年均2.2%；欧元区累计仅增长4.03%，年均0.79%；日本累计仅增长4.7%，年均0.9%。同时，美、日、欧为刺激经济复苏，实行超低利率，并推出史无前例的量化宽松货币政策，导致大量游资流向新兴市场和发展中国家套利。而2013年6月当美联储宣布即将退出量化宽松货币政策之后，又使大量资金向美国回流，对一些新兴市场经济体形成很大冲击，引发这些国家本币贬值、资本外流、经济衰退。上述因素叠加使全球经济复苏更为艰难，总需求持续不足，大宗商品价格大幅回落，导致中国出口增速大幅下降，成为加剧国内产能过剩和经济下行的重要因素。从国内看，"十二五"时期，一方面有前10年高速增长创造的条件和打下的基础，另一方面也面临2003—2007年高增长遗留的结构失衡，以及2009—2010年为应对危机，货币信贷投放过多，导致银行杠杆率大幅上升、不少行业产能过剩、地方政府债务风险较大等突出问题。2010 年由于全球经济复苏势头看好,中国经济增长率也回升到 10.6%,因而当时对"十二五"时期全球和国内经济走势的预测偏于乐观。有 24 个省区市制定的"十二五"规划的预期年均增长率在 10% 以上,其中有 11 个要求 5 年翻一番;31 个省区市加权平均的预期年均增长率达 10.5%。虽然 2011 年全国经济增长率勉强维持在 9.5%,但实际上也使结构失衡、产能过剩、地方政府债务和银行不良资产等矛盾进一步积累。由于全球经济持续低迷,加上国内发展条件发生了重大变化,原来主要依靠投资、出口和第二产业拉动的增长方式已难以为继,因而 2012 年、2013 年经济增长率回落到 7.9% 和 7.8%。"十二五"时期经济增速下行,其原因不仅是受世界经济衰退导致总需求不足的影响,也是国内结构性矛盾和体制性问题积累所致。党的十八大以来,以习近平同志为核心的党中央科学把握世情国情党情的深刻变化,统筹推进"五位一体"总体布局和协调推进"四个全面"战略布局,引领经济发展新常态,推动经济保持中高速增长、结构优化和动力转换。同时,创新宏观调控方式,正确处理稳增长、促改革、调结构、惠民生、防风险的关系,在经济下行压力增大时,采取预调微调的方式,使经济增长保持在合理区间。2014 年、2015 年国内生产总值增速保持 7.3% 和 6.9% 左右,5 年平均增长 7.9%。

二、"十二五"规划的主线和亮点

《中国发展观察》:"全面建成小康社会"的关键时期,要努力实现居民收入增长和经济发展同步。"十二五"规划的主题是科学发展,主线是加快转变经济发展方式,如何落实?

林兆木:党的十七大报告系统阐述了科学发展观的内涵和要求,针对中国经济社会发展存在的突出矛盾,强调必须加快转变经济发展方式。"十二五"规划体现党的十七大精神,明确提出以科学发展为主题,以加快转变经济发展方式为主线。为引导各方面把主要精力放在调整结构和提高效益上,"十二五"规划将国内生产总值年均增长率的预期目标定为 7%。

"十二五"规划的重要特点，是进一步细化了市场与政府分工，将 24 个指标划分为预期性指标和约束性指标，各为 12 个。规划中的预期性指标以及产业发展、结构调整等任务，主要是依靠经营主体的自主行为来实现，各级政府通过完善市场机制和利益导向机制，创造良好的体制环境、法治环境和政策环境，引导经营主体行为与国家战略意图相一致。规划中的约束性指标以及政府在公共服务领域的任务，是政府对人民群众的承诺，主要是通过政府运用公共资源全力去完成。"十二五"规划首次明确了政府提供基本公共服务职责的 9 个领域 80 项服务项目的范围，要求各级财政予以重点保障或者兜底提供，以维护人民群众基本生存与发展权利。

三、"十二五"时期的成就与问题

《中国发展观察》：如何评价"十二五"时期我国经济社会发展的成就与不足？

林兆木："十二五"时期经济社会发展取得了重大成就。我国经济实力、科技实力、国防实力、国际影响力又上了一个大台阶。经济总量稳定增长，国内生产总值从 2010 年 41.3 万亿元增至 2015 年 68.9 万亿元；按平均汇率折算，从 6 万亿美元增至 11 万亿美元，稳居世界第二位；占全球经济比重由 9.2% 上升到 14.8%，2011—2015 年中国对世界经济增长的贡献率超过 25%。2015 年人均国内生产总值达到 8000 美元。对于有 13 亿多人口的大国来说，这是了不起的成就。"十二五"期间，我国经济结构优化，出现了一些转折性的可喜变化：一是 2011—2015 年，最终消费对经济增长的年均贡献率为 54.5%，高于投资贡献率 7.8 个百分点。二是第三产业增加值占国内生产总值比重从 44.1% 上升到 50.2%，比 2010 年提高 6.1 个百分点；第二产业增加值占国内生产总值比重由 46.4% 降到 40.9%；第三产业就业占比从 34.6% 上升到 42.4%。三是城镇化率（常住人口）从 49.95% 上升到 54.77%。与此同时，农业连续增产增收，粮食产量实现"十一连增"。四是中西部地区投资和经济的增速超过东部，地区发展差距扩大的势头得到了初步抑制。交通、水利、能源、信息等基础设施建设步伐加快,水平全面跃升。科技创新能力明显增强,科技整体水平加速提升,一批重大科技成果达到世界先进水平。在基础研究领域,取得一批重大原创性成果。2015 年研究与试验发展(R&D)经费支出达 14170 亿元,占国内生产总值的 2.06%,比 2010 年提高 0.35 个百分点。科技进步对经济增长贡献率从 2010 年的 50.9% 提升到 2015 年的55.1%。生态文明建设取得新进展。2011—2015 年,单位国内生产总值能耗下降 18.2%,资源产出率提高约 9 个百分点。污染减排效果显著,化学需氧量、氨氮、二氧化硫、氮氧化物排放总量累计分别比 2010 年下降 12.9%、13%、18%、18.6%。社会发展成就斐然。城镇新增就业在经济增速下降的情况下持续增加,2011—2015 年累计新增就业超 6400 万人;城镇居民、农村居民人均可支配收入扣除价格因素年均实际增长分别为 7.6% 和 9.6%。5 年累计贫困人口减少 1 亿多人。工资水平逐年提升,人民生活水平明显改善。覆盖城乡居民的社会保障体系不断健全,医疗卫生事业取得显著成绩。

"十二五"发展成就来之不易,是在国际金融危机影响持续显现的背景下取得的,又是在国内结构性、体制性矛盾积累加深、经济下行压力增大的情况下取得的。通过 5 年的努力,中国发展站在了新的更高的起点上,为"十三五"时期全面建成小康社会奠定了坚实基础。

"十二五"时期经济社会发展存在的问题,主要是发展不平衡、不协调、不可持续问题仍然突出:发展方式粗放,创新能力不强,部分行业产能过剩严重,企业效益下滑,重大安全事故频发;城乡、区域发展不平衡,以及资源约束趋紧,生态环境恶化趋势尚未得到根本扭转;基本公共服务供给不足,收入差距较大,人口老龄化加快,消除贫困任务艰巨;法治建设有待加强;社会文明程度和领导干部思想作风与能力水平有待提高等。这些都是"十三五"时期必须应对和解决的问题。

(本文数据来源为商务部、联合国贸发会议数据库、国家统计局)

(本文是作者接受《中国发展观察》杂志社采访组的采访记录稿,载于《中国发展观察》2019 年第 19 期。本篇采访隆国强同志的部分未载入本书)

新中国 70 年经济社会发展伟大成就

（2019 年 9 月 8 日）

在一个贫穷落后的大国，实现工业化、城镇化、现代化，解决人口占世界 1/5 人口的吃饭、穿衣、住行、教育、医疗问题，解决七八亿贫困人口的脱贫问题，解决五六亿农民向城镇转移问题，解决 2 亿多老龄人口养老和城镇每年 1000 多万人新增就业问题，无一不是史无前例的世界级难题。新中国成立 70 年来，在中国共产党坚强领导下，全国各族人民团结奋斗，坚持走中国自己的建设社会主义道路，克服无数艰难险阻，找到了成功破解这些难题的钥匙，创造了一个又一个人间奇迹。70 年来经济社会发展的伟大成就，为实现"两个一百年"奋斗目标和中华民族伟大复兴奠定了坚实基础。

一、促进国民经济持续快速发展

新中国经济建设，是在经历长期战争破坏、千疮百孔的烂摊子上起步的。1840 年英国挑起对华鸦片战争之后，帝国主义列强又多次发动战争，迫使清政府签订数十个割地赔款、丧权辱国的不平等条约，从中国掠夺了数不清的国民财富。辛亥革命后又经历军阀混战、日本 14 年侵华战争、国民党发动的内战，长期战乱使国民经济受到极其严重的破坏。据联合国亚洲及太平洋经济社会委员会统计，1949 年，中国人均国民收入仅有 27 美元，不足整个亚洲平均44美元的2/3，不足印度57美元的一半。经过多年努力，1978年我国国内生产总值从1952年的679亿元增加到3679亿元，仅占世界经济总量的1.8%，居世界第11位。改革开放以来我国经济快速发展，2018年GDP达到90万亿元，按不变价计算比1952年增长175倍，年均增长8.1%，折合13.6万亿美元，占世界经济总量的近16%，稳居世界第2位。在长达60多年的时间里，保持这么高的年均增长速度，是世界发展史上从未有过的奇迹。还要看到，经济总量达到10万亿美元以上的国家，经济增长率仍能保持在6%以上的中高速增长，迄今为止只有中国能做到。由于作为增长基数的GDP总量越来越大，相应地每增长1个百分点的GDP增量也越来越多。因此虽然近几年我国GDP增速在放缓，但是每年GDP增量却在扩大。比较来看，我国GDP总量分别在2006年和2010年超过英国和日本，而现在已经是英国的4.8倍和日本的2.7倍。现在我国每3年多一点的GDP增量就相当于英国的GDP总量，每6年的GDP增量就相当于日本的GDP总量。由于中国经济增长率比美国高1倍以上，国际研究机构普遍预测，中国经济总量将在10年后超过美国。

即使拿人均国民收入增速同东亚一些国家比较，我国发展奇迹也毫不逊色。以日本、韩国为例。按世界银行数据推算，日本在20世纪50年代初已达到中低收入国家标准，1975年达到高收入国家标准，约用24年时间跨越中等收入阶段。韩国1972年达到中低收入国家标准，1993年达到高收入国家标准，前后用了21年。我国1998年达到中低收入国家标准，2010年进入中高收入国家行列。2018年我国人均国民总收入9732美元，距离高收入国家人均收入标准下限12476美元，还差2744美元。根据对我国未来经济增长速度的预测，并考虑世界银行对高收入国家人均收入标准调高等因素，我国人均国民总收入至多再用10年就可以达到高收入国家标准。虽然跨越中等收入阶段的时间比日本、韩国长一些，但是日本人口1.27亿人，不到中国的1/10，韩国人口5100万人，仅为中国的1/27。现在全球高收入国家人口总数约为12.5亿人，而拥有14亿人口的中国用30年左右时间跨越中等收入阶段，这难道不是奇迹吗？

二、对外经济合作跨越式发展

新中国成立后，西方发达国家长期对我国实行经济封锁，我国经济处于封闭半封闭状态。1978 年，我国货物进出口总额仅为 206 亿美元，占全球份额 0.8%，居世界第 29 位。

党的十一届三中全会后，从创办 4 个经济特区开始，我国对外开放不断扩大，逐步形成全方位、多层次、宽领域的对外开放格局。2001 年我国加入世贸组织后，对外经济贸易进一步加快发展。2018 年，货物进出口总额达到 4.6 万亿美元，比 1978 年增长 223 倍，连续两年居世界第 1 位。服务进出口总额 7919 亿美元，比 1982 年增长 168 倍，居世界第 2 位。我国实际使用非金融类外商直接投资 1350 亿美元，比 1983 年增长 146 倍，连续两年成为全球第二大外资流入国。1979—2018 年，累计吸引非金融类外商直接投资 20343 亿美元。2018 年，我国非金融类对外直接投资 1025 亿美元，比 2003 年增长 41.3 倍。2019 年 8 月末，我国外汇储备余额为 31072 亿美元，较年初上升 345 亿美元，连续 13 年稳居世界第 1 位。

党的十八大以来，我国加快推进高水平对外开放，提出共建"一带一路"倡议，推出一系列扩大对外开放政策，积极推进贸易投资自由化便利化，进一步推动出口和进口市场多元化，扩大外商直接投资领域，因而在美国挑起中美经贸摩擦、国际经济环境变差的情况下，仍保持我国进出口贸易、实际使用外商直接投资和对外投资的增长。特别是我国与"一带一路"倡议沿线 56 个国家的货物进出口和非金融类对外直接投资继续较快增长。改革开放以来我国对外经贸的跨越式发展，对促进国内改革和经济社会发展发挥了重大作用。

三、成功解决 14 亿人口吃饭问题

新中国成立之初，农村人口占总人口的近90%，农业生产十分落后。

1949年粮食产量仅有2264亿斤。当时美国国务卿艾奇逊说："中国人口在十八、十九世纪里增加了一倍，因此使土地受到不堪负担的压力。人民的吃饭问题是每个中国政府必然碰到的第一个问题。一直到现在没有一个中国政府使这个问题得到解决。"在他看来，中国共产党也解决不了人民的吃饭问题，中国将永远是天下大乱。毛泽东同志当即加以驳斥，指出："世间一切事物中，人是第一个可宝贵的。在共产党领导下，只要有了人，什么人间奇迹也可以造出来。""我们相信革命能改变一切，一个人口众多、物产丰盛、生活优裕、文化昌盛的新中国，不要很久就可以到来，一切悲观论调是完全没有根据的。"

历史事实已经证明，毛泽东同志的论断是完全正确的。在中国共产党领导下，经过长期艰苦探索和不懈努力，我国找到了解放和发展农业生产力的正确道路，依靠充分发挥广大农民生产积极性、农业科技进步、增加对"三农"投入，促进农业生产持续健康发展，在20世纪80年代末基本解决了全国人民的温饱问题，之后逐步迈向小康。从2004年起，粮食总产量实现"十二连增"，2012年达到12245亿斤，2015年突破1.3万亿斤，2018年虽比上年略有减产，仍达到13158亿斤，比1949年增长4.8倍，年均增长2.6%，全国大陆近14亿人人均944斤，超过世界平均水平。水稻、小麦、玉米三大谷物自给率保持在98%以上，有力地保障了国家粮食安全。

与此同时，农林牧渔业全面发展。2018年棉花、油料、糖料产量分别比1949年增长12.7倍、12.4倍和41.1倍。畜产品、水产品快速增长。2018年猪牛羊肉总产量达到6523万吨，比1952年的339万吨增长18.3倍，年均增长4.6%。禽蛋产量达到3128万吨，比1982年增长10.1倍以上，年均增长6.9%；牛奶产量达到3075万吨，比1980年增长25.9倍以上，年均增长9.1%。水产品产量达到6458万吨，比1949年增长143倍以上，年均增长7.5%。

农业生产的巨大发展，不仅解决了全国人民的吃饭问题，而且为从温饱到小康、从吃得饱到吃得好转变提供了保障。对此，联合国粮农组织前任总干事达席尔瓦先生给予高度评价："中国用仅占世界9%的可耕地和6.4%的淡水资源，养活了世界近五分之一人口"，"为全球'减贫减饥'作出了突出贡献。"

四、国家工业化取得巨大进步

旧中国积贫积弱、饱受坚船利炮的帝国主义侵略和欺凌，原因之一是一个贫穷落后的农业国，和已经实现工业化的列强相比，国力悬殊太大。1949年，我国工农业总产值中，工业仅占17%，只能生产纱、布、火柴、肥皂、面粉等少数生活消费品；汽车、拖拉机、坦克、飞机都不能造。因此，党中央提出要集中主要力量发展重工业，建立国家工业化和国防现代化的基础。后来进一步提出：国民经济发展的目标，第一步是建立一个独立的比较完整的工业和国民经济体系；第二步是全面实现农业、工业、国防和科学技术的现代化，使我国经济走在世界前列。

经过70年来坚持不懈奋斗，我国工业化取得巨大进展，工业由小到大、由弱到强，已经从落后的农业国成长为位居世界第一的工业制造大国。工业增加值从1952年120亿元增加到2018年的305160亿元，按不变价格计算同比增长970.6倍。据世界银行数据，按现价美元测算，2010年我国制造业增加值首次超过美国，之后一直保持世界第1位。2017年我国制造业增加值占全球的份额达27%，是全球唯一拥有联合国产业分类中全部工业门类的国家。目前已拥有41个工业大类、191个中类、525个小类，形成了独立完整、行业齐全的工业体系。在世界500种主要工业品中，中国有200多种产品产量位居世界第一。2018年，粗钢产量9.3亿吨，比1949年增长5799倍；钢材产量11.1亿吨，增长8503倍；原煤产量36.8亿吨，增长114倍；水泥产量22.1亿吨，增长3344倍；化肥产量5424.4万吨，增长9040倍；纱产量2958.9万吨，增长89.5倍；布产量657.3亿米，增长33.8倍；发电量71118亿千瓦时，增长1654倍。在全球233个国家和地区中，是唯一在拥有14亿人口中实现全民通电的国家。2018年我国汽车产量达2781.9万辆，连续多年蝉联全球第一。手机、计算机、彩色电视机产量分别达18亿部、3.1亿台、1.9亿台，占全球总产量比重在70%至90%之间。此外，冰箱、空调、洗衣机、钟表、自行车、缝纫机、家具、服装、鞋帽、加工机械等 100 多种电器、轻工产品产量均居世界前列，在满足出口需求的同时，充分满足了我国城乡居民的生活需要。

进入 21 世纪特别是党的十八大以来，我国大力发展高新技术产业、先进制造业和新兴产业，工业化和信息化深度融合进程加快，制造业数字化、网络化、智能化水平持续提升，"互联网＋制造业"新模式不断涌现，推动制造业持续迈向中高端。C919 大型客机、高档数控机床、大型船舶制造、掘进装备等正在赶超国际先进水平。所有这一切在旧中国是完全不可想象的，没有在中国共产党领导下实现国家的独立、统一和强大，帝国主义列强会允许中国形成独立完整、门类齐全的工业体系吗？！

五、城镇化持续快速推进

新中国成立 70 年来，城镇化的规模和速度，不仅在中国是空前的，在世界也是罕见的。2018 年末我国常住人口城镇化率达到 59.58％，比 1949 年末的 10.64％，提高了 48.94 个百分点。

新中国成立之初，我国是个典型的农业大国。1952 年，农业增加值占 GDP 的 50.5％，农业吸纳了 83.5％的就业人口。农村人多耕地少，农业剩余劳动力向城镇转移，是实现农业生产集约化、提高农业劳动生产率、增加农民收入的必由之路，也才能为城镇发展第二、三产业持续提供劳动力和广大市场，因而是工业化的重要条件和必然结果。

70 年来，我国工业化和城镇化协同发展、互相促进，成为我国产业结构优化升级和经济持续快速增长的重要动力。2018 年，第一、二、三产业增加值的比重，分别为 7.2％、40.7％、52.2％；三次产业的就业比重分别为 26.1％、27.6％、46.3％。农村从农业合作化到家庭联产承包，从建设社会主义新农村到实施城乡一体化、乡村振兴战略，面貌日新月异，70 年发生了巨大变化。农业现代化步伐加快，如今主要粮食作物耕种收综合机械化率超过 80％，农业科技进步贡献率达到 58.3％。农村用电量由 1952 年的 0.5 亿千瓦时增加到 2018 年的 9359 亿千瓦时；99.6％的乡镇、99.5％的建制村通了硬化路；99.5%的村通电话；89.9%的村通宽带互联网，"互联网＋"在农村广泛应用。

伴随工业化、城镇化的推进，城市面貌更是发生了沧桑巨变。我国已形成以 19 个城市群为主体、大中小城市和小城镇协同发展的格局。1949 年至 2018 年末，上榜城市数量由 132 个增加到 672 个。户籍人口 50 万及以上的城市由 12 个增加到 249 个（其中户籍人口超过 500 万的城市 14 个，300 万至 500 万的城市 16 个，50 万至 300 万的城市 219 个）。城市已成为现代制造业、现代服务业和现代文明的主要载体，产生了全国绝大部分 GDP。城市各类基础设施和住宅建设快速发展。2017 年城镇住宅投资 8.1 万亿元，比 1995 年增加 7.7 万亿元。据统计，我国百米以上超高层建筑 6000 多幢，居世界第一。旧中国城市交通及公共设施极为落后，市容市貌破败不堪。如今已有 30 多个城市建成轨道交通，开通运营线路 171 条，运营里程 5295 公里。高铁、高速公路、航空等交通网四通八达。2018 年，城市公交客运量达 1262 亿人次，公交专用车道长度达 12850 公里。城市供水、燃气及集中供暖条件大幅改善。供水普及率达 98.3%；燃气普及率达 96.3%。城市让生活更美好。绿色城市、智慧城市、人文城市建设正在快速推进，全国城市公园 15633 个，人均公园绿地面积 14.1 平方米。

六、区域经济发展"你追我赶"、总体趋向协调

由于自然、地理和历史等原因，我国东部和西部的人口分布和经济发展很不平衡。1935 年地理学家胡焕庸提出，从黑龙江省瑷珲（现黑河）到云南省腾冲画一条倾斜 45 度的直线，线东南方 36% 的国土居住着 96% 的人口；线西北方 64% 的土地仅供养 4% 的人口，二者人口密度比例为 42.6∶1。旧中国地区经济差距很大，仅有一点近代工业集中在上海、天津、广州、青岛、大连等沿海城市。

新中国成立后，开始调整生产力布局。毛泽东同志在 1956 年提出正确处理沿海和内地关系，1964 年提出的加强三线建设，工业布局逐步发生变

化。改革开放后，东部地区率先开放，经济发展显著加快，区域经济差距呈扩大趋势。20世纪90年代末党中央提出实施西部大开发战略，增加对西部地区的投资和政策支持。21世纪头10年先后作出东北振兴和中部崛起等促进区域经济协调发展的决策。1979—2018年，东部、中部、西部、东北地区生产总值分别年均增长11.3%、10.3%、10.3%、8.9%。2018年，东部地区生产总值占全国的比重为52.6%，比1978年上升9个百分点，体现出东部地区保持着率先发展的优势。中西部地区在党中央区域协调发展战略指引和有关政策支持下，发挥后发优势，各区域经济总体保持较快增速。2018年，中部、西部地区生产总值占全国的比重分别为21.1%和20.1%，分别比2000年提高1.9个百分点和2.7个百分点。

党的十八大以来，以习近平同志为核心的党中央，在大力推进区域协调发展总体战略的同时，提出了京津冀协同发展、长江经济带保护发展、建设粤港澳大湾区、长三角一体化等重大决策。我国区域经济发展呈现各自发挥比较优势、彼此你追我赶、总体趋向协调的良好态势。

七、基础设施建设突飞猛进

交通通信等基础设施建设滞后，曾经是严重制约经济社会发展的"瓶颈"。经过70年特别是近30年来的加快发展，基础设施建设实现了历史性跨越，在一些重要领域已走到世界前列。

1996—2018年，我国交通运输业投资年均增长16.7%，在原有基础上形成了以铁路为骨干，公路、水运、航空等多种运输方式组成的综合交通运输网络。2018年末，全国公路总里程达485万公里，比1949年增长59倍。全国第一条高速公路1988年通车，仅过了30年，2018年全国末高速公路通车里程已达14.3万公里，居世界第一位。2018年末，全国铁路营业里程达13.2万公里，比1949年增长5倍。仅用10多年时间就基本建成"四纵四横"的高铁运营网，营业里程达3万公里，占世界高铁总里程的2/3。不仅建设速度和总里程居世界第一，也是全球唯一高铁成网运行的国家。2018

年末，全国港口拥有生产用码头泊位 23919 个，是 1949 年的 148.6 倍，其中万吨级及以上泊位由 1957 年的 38 个增至 2444 个。2018 年，我国港口在全球港口集装箱吞吐量排名前 10 名的港口中占了 7 个。定期航班航线 4945 条，航线里程 838 万公里，比 1950 年末增长 734 倍。国内定期航班通航城市 1950 年只有 7 个，2018 年增至 230 个。建成通车的港珠澳大桥，全长 55 公里，是世界最长的跨海大桥。全球最长、建设难度最大的桥梁、隧道、高速公路、高速铁路也都在中国。神奇的建设规模、建设速度被外媒誉为"基建狂魔"。

曾经比发达国家晚几十年起步的中国通信，急起直追，后来居上。现在中国 4G 基站占全球总量的 64%。华为已成为 5G 的领军者，在全球获得了 50 多个建设 5G 商业合同。我国上网人数，网上购物、支付，均居世界第一。

八、生态文明建设发生深刻变化

我国生态环境总体上比较脆弱，又经历长期战乱，过去根本谈不上保护和建设。20 世纪 50 年代开始的工业化，是时间压缩型的工业化，即用几十年时间走完西方国家一二百年的路程，因而显著提高了资源投入和污染排放的强度，对生态环境造成很大压力。改革开放后，我国把环境保护作为基本国策，实施可持续发展战略，推动"两型社会"建设。党的十八大以来，党中央把绿色发展作为新发展理念的重要内容，把生态文明建设作为"五位一体"总体布局的重要方面，把污染防治作为三大攻坚战之一的重大政治任务。2018 年，水电、核电、风电、太阳能等清洁能源消费量占能源消费总量的比重为 22.1%，比 1978 年提高 15.5 个百分点。全国首批实施"环境空气质量标准"的 74 个城市 $PM_{2.5}$ 平均浓度比 2013 年下降 42%，二氧化硫平均浓度下降 68%。十大流域劣 V 类水质断面比例比 2013 年下降 2.1%。大气、水、土壤污染防治和环境质量改善取得显著成效。

九、科技创新成绩斐然

旧中国科学技术极为落后，同发达国家差距很大。在基础差、起步晚的条件下，经过70年的持续努力特别是改革开放以来的急起直追，取得了历史性突破。研发经费投入2018年达19657亿元，是1991年的138倍，从2013年起在美国之后居世界第2位。研发经费投入占GDP比重2014年首次突破2%，2018年提高到2.18%，超过欧盟15国的平均水平。我国研发人员总量在2013年超过美国，已连续6年稳居世界第1位。2018年，国外三大检索工具分别收录我国科研论文41.8万篇、26.6万篇和5.9万篇，分别居世界第2位、第1位和第2位；科学论文被引用次数排名居世界第2位。2018年，我国专利申请数和授权数分别为432.3万件和244.8万件，分别是1991年的86倍和98倍。其中发明专利申请数达154.2万件，占专利申请总量的35.7%，比重较1991年提高12.9个百分点。世界知识产权组织发布的全球创新指数，在129个国家中，我国的创新质量连续7年居中等收入国家首位。

70年来，我国不断涌现追赶世界水平的重大科技成果。1958年我国第一台电子管计算机试制成功；1964年我国第一颗原子弹爆炸成功，第一枚自行设计制造的运载火箭发射成功；1967年第一颗氢弹空爆试验成功；1970年"东方红一号"人造地球卫星发射成功。

改革开放特别是党的十八大以来，在"科学技术是第一生产力""创新是发展的第一动力"的理论指引下，重大科技创新不断取得新突破。载人航天和探月工程取得成功，神舟飞船与天宫空间实验室在太空交会翱翔；北斗导航卫星实现全球组网；"神威·太湖之光"超级计算机多次蝉联全球超算500强榜首；蛟龙号载人潜水器、海斗号无人潜水器创造最大深潜纪录；赶超国际先进水平的第四代隐形战斗机和大型水面舰艇相继服役。我国在量子科学、暗物质粒子探测卫星、cips干细胞等基础研究领域取得重大突破。在人工智能、生物科学、第五代移动通信技术，以及高速铁路、三代核电等领域正在赶上或处于世界领先水平。

科技创新重大成果，对促进我国高技术产业发展和制造业、服务业转型升级，催生新产业、新业态、新模式，提升国民经济整体素质和效率，都发挥了重大作用。

十、各级各类教育快速发展

旧中国教育极其落后，人口文化素质低下。新中国成立初期，学龄儿童入学率只有 20% 左右，全国 5.5 亿人口中 80% 以上是文盲。20 世纪 50 年代到 70 年代，我国多次开展大规模扫盲运动，大力加强基础教育。1978 年基本普及小学教育，学龄儿童入学率达到 95.5%，1982 年文盲率达到 22.8%。改革开放尤其是党的十八大以来，我国教育进入全面发展时期，九年义务教育持续完善，普通高中、中等、高等职业教育、高等教育，以及学前教育、特殊教育、终身教育、网络教育等全面加强、加快发展，国民受教育程度不断提高。

据联合国教科文组织 2014 年 1 月发布报告：过去 20 年，中国成年人文盲减少了 1.3 亿人，文盲率下降了 70%。2018 年，各级各类学历教育在校生 2.76 亿人。其中，小学在校生 10339.25 万人，初中在校生 4652.59 万人。九年义务教育巩固率达到 94.2%。普通高中在校生 2375.37 万人。中等职业学校在校生 1551.84 万人。普通高校 2663 所，普通本专科在校生 2831 万人。高等教育毛入学率达到 48.1%。15 岁及以上人口平均受教育年限由 1982 年的 5.3 年提高到 9.6 年。1949 年，普通本专科毕业生、毕业研究生分别只有 2.1 万人和 107 人；2018 年分别达到 753.3 万人和 60.44 万人。我国在 1993 年提出财政性教育经费占 GDP 4% 的目标，经过持续努力，2012 年首次达标，之后连续 7 年超过 4%。2018 年财政性教育经费为 36990 亿元，占 GDP 的 4.11%。

我国教育总体水平已进入世界中上行列，正在从教育第一大国向教育强国迈进。教育事业的全面快速发展，显著提升了全民族科技文化素质，为社会主义现代化建设培养了一批又一批高素质人才。

十一、促进文化、医疗卫生和体育事业繁荣发展

旧中国文化、医疗卫生和体育事业基本空白，中国人曾被称为"东亚病夫"。新中国文化建设在"一穷二白"基础上起步，经过70年的不懈努力，现在已经发生了根本性变化。文学艺术、新闻出版、广播影视新媒体、医疗卫生、体育旅游以及图书馆、博物馆等各项事业和产业繁荣发展，人民群众的思想道德、文化知识和身体健康的水平不断提高。

2018年，全国有公共图书馆3173个，比1949年增长57.7倍。电视节目综合人口覆盖率达到99.25%。全年出版图书95亿册（张），比1950年增长34倍。2018年末，全国有医疗卫生机构99.7万个，比1949年末增长271倍；卫生技术人员952万人，增长17.8倍。居民预期寿命由70年前的35岁提高到2018年的77岁；婴儿死亡率由200‰下降到6.1‰。群众性体育活动持续广泛开展，目前有近4亿人经常参加体育健身活动，人民的健康水平不断提高。现在我国居民健康水平总体上优于中高收入国家的平均水平。竞技体育不断取得优异成绩，1949—2018年，我国运动员共获得世界冠军3458个。群众性体育活动和竞技体育互相促进，不断提升我国的体育和健康水平。

十二、民生改善和保障水平持续提升

就业是民生之本。新中国成立70年来，全国就业规模从1949年的1.8亿人增加到2018年的7.8亿人，其中城镇就业人数达到4.34亿人，比1949年增长27.3倍。由于长期战乱、经济萎缩，1949年城镇登记失业率高达23.6%，党和政府通过恢复和发展经济并采取多种方式扩大就业，到1957年城镇失业率降至5.9%。后来由于50年代"婴儿潮"和"文化大革命"对经济的冲击，1979年城镇待业人员累计达到1500万人。改革开放以来，党

中央、国务院始终高度重视就业工作，在保持经济快速发展的同时，充分发挥非公有制经济对吸纳就业的主渠道作用，使城镇登记失业率从 1979 年的 5.4% 降到 1984 年的 1.9%，之后长期保持了就业形势的总体稳定。党的十八大以来，实施就业优先战略，推动大众创业、万众创新，城镇新增就业连续 6 年超过 1300 万人，失业率保持在较低水平。

城乡居民收入持续增长是民生改善之源。新中国成立 70 年来，城乡居民收入总体上保持了快速增长。2018 年我国居民人均可支配收入扣除物价因素，比 1949 年实际增长 59.2 倍，年均实际增长 6.1%。居民人均消费支出扣除物价因素，比 1956 年实际增长 28.5 倍，年均实际增长 5.6%。2018 年，城镇居民和农村居民的恩格尔系数分别为 27.7% 和 30.1%，比 1978 年大幅下降 29.8 个百分点和 37.6 个百分点。居民粮、油、肉、蛋、奶、水产品等食品供应从匮乏到富足，人均消费量呈数倍增长。衣着消费支出比重上升，日益追求多样化、时尚化、品牌化。耐用消费品升级换代加快。冰箱、洗衣机、彩色电视机已在城乡居民家庭普及。城镇居民和农村居民平均每百户分别拥有：汽车 41 辆和 22.3 辆；空调 142.2 台和 65.2 台；热水器 97.2 台和 68.7 台；计算机 73.1 台和 26.9 台；移动电话 243.1 部和 257 部。2018 年，城镇居民人均住房建筑面积达到 39 平方米，比 1956 年增加 33.3 平方米，增长 5.8 倍。农村居民人均住房建筑面积达到 47.3 平方米，比 1978 年增加 39.2 平方米，增长 4.8 倍，城乡住房质量也都大为改善。

社会保障是民生安全网。70 年来，我国社会保障制度从无到有、逐步建立，覆盖面持续扩大，保障水平稳步提升，现在已建成世界上最庞大的社会保障体系。2018 年末，全国参加城镇职工基本养老保险参保人数达到 41848 万人；参加失业保险人数达到 19643 万人；参加工伤保险人数达到 23868 万人。全国基本养老保险参保人数达 9.4 亿人，基本医疗保险覆盖人数达 13.4 亿人，基本实现全民医保。

最受全球赞誉的是中国减少贫困人口取得的巨大成就。1978 年末，我国农村贫困人口 7.7 亿人（按 2010 年农村贫困标准），经过 40 年来坚持不懈地努力，2018 年末，农村贫困人口减少到 1660 万人，比 1978 年末累计减少 7.5 亿多人。党的十八大以来，大力推进精准脱贫攻坚战，过去 6 年累计减少农村贫困人口 8239 万人，贫困发生率 6 年下降 8.5 个百分点，下降至 1.7%。我国将在明年实现贫困人口全部脱贫，成为首个实现联合国减贫目标的发展中国家，对全球减贫贡献率超过 70%。

新中国成立 70 年来经济社会发展取得的伟大成就，显著提升了我国的国际地位和影响力，彰显了科学社会主义在新中国焕发出的强大生机活力，使我国现在迎来了从站起来、富起来到强起来的伟大飞跃，迎来了中华民族伟大复兴前所未有的光明前景。让我们在以习近平同志为核心的党中央坚强领导下，为到本世纪中叶把我国建成富强民主文明和谐美丽的社会主义现代化强国而继续努力奋斗！

（载于《宏观经济管理》2019 年第 9 期）

读书学习永无止境

（2019 年 10 月 14 日）

　　童年时父母亲相继离世，家境贫寒，生活艰难。这使我自幼就能吃苦，勤奋好学。小学毕业时迎来了新中国成立，从初中、中专到大学，我的生活和学习费用都是靠人民助学金供给。没有党和国家的培养，我就不可能接受教育、不断成长。读初二时，老师介绍我读苏联小说《钢铁是怎样炼成的》，正是这本书的启蒙，使我走上了追求进步的道路。新中国阳光明媚，处处洋溢着团结奋进的气氛，激励着我奋发向上。我先后加入中国新民主主义青年团和中国共产党，从此读书和工作更加努力了。

　　我在读书路上的新起点，是 1956 年 7 月考入中国人民大学经济系学习。这是一个来之不易的学习机会。当时授课的宋涛、卫兴华、吴树青等老师要求我们认真读马克思《资本论》等经典著作。开始读时理解不深，难懂的章节、段落便反复读，向老师请教、与同学讨论，直到读懂理解为止，并认真写读书笔记。大学几年的每个周末及寒暑假大部分时间，都是在教室和阅览室度过的。毕业前，我认真读完了《资本论》一、二、三卷和恩格斯《反杜林论》等著作，为后来的工作打下了基础。

　　书到用时方恨少。大学毕业后，我留校分配在《教学与研究》杂志做编辑。当时，我在编辑工作和写文章上完全是门外汉，必须从头学起，大量阅读，强补各方面知识。我请教同在编辑部的许征帆老师应该怎么读书，他建议我先认真读《毛泽东选集》四卷和鲁迅著作，再从《古文观止》和《古文辞类纂》中挑选些范文熟读，补历史知识可读《资治通鉴》。之后几年，我认真读了这些书，确实有很大收获。

1961 年 9 月，我被调回中国人民大学经济系工作。1962 年春天，有幸参加黄松龄副校长领导的社会主义经济问题研究小组。黄校长提出，应认真研读列宁在俄国十月革命后的全部著作，再紧密结合我国实际，从中研究建设社会主义的规律。我按照这一要求，用一年多时间把列宁在十月革命后的著作通读了一遍，并写了读书笔记。这对我后来研究问题也有帮助。

"文化大革命"期间我认真读的书不多。直到 1977 年，我下决心把当时已出版的《马克思恩格斯全集》50 卷通读一遍。6 年通读《马克思恩格斯全集》50 卷，使我系统地学习了马克思主义理论，受到了深刻教育。马克思为了科学事业和无产阶级解放事业，毕生以惊人毅力，历经艰辛、呕心沥血、百折不挠，创立了马克思主义科学理论。马克思研究任何问题，总是要掌握前人以及同时代人已经搜集到的全部材料和形成的成果，在此基础上进行批判性、系统性研究，并不断跟踪经济、社会和科学技术的发展，不断用新的实践检验已有的结论，不断研究新情况新问题。马克思从来不把已有研究的结论当作僵死不变的教条，总是反对把他在一定条件下的论述变成一把万灵的钥匙。在他的著作中，我们看不到从定义、原理、规律出发，只靠演绎推理得出结论，而总是从具体的历史环境和条件出发，对问题作出具体的分析，从而得出结论。马克思主义之所以是科学，就是因为它是严格遵循科学规律进行科学研究的成果。更让我终生受益的是在马克思、恩格斯著作中到处蕴含的唯物辩证法，这不仅成为我研究分析问题的基本方法，而且成为指导我走人生道路的基本准则。

20 世纪 80 年代，我曾在《红旗》杂志社担任编辑、评论组长和经济部负责人，撰写或编辑文章，都从读书和调研开始。每年用一两个月时间到农村和企业调研，并带着实际问题和工作任务反复研读党和国家领导人的论述和中央文件及相关资料，力求吃透两头，使撰写、编辑的文章能够正确体现中央关于改革开放和发展的决策精神。

1988 年调到国家计委经济研究中心以后，为适应转到宏观经济部门做研究和参与文件起草工作的新任务，我夜以继日地认真读书学习，力求深入掌握宏观经济理论、政策和现实经济情况。同时，充分利用到国外考察、研讨的机会，深入了解发达国家的发展历程和经验教训，并结合实际重读西方经济学的代表性著作。读书学习使我能够不断充实提高自己，较好地完成工作任务。

我自少年时开始就爱读小说。读一部文学巨著，犹如经历了一次人生历练，有助于丰富人生阅历，可以产生不少有益的感悟。进入老年，读书兴趣不减，除了工作和研究需要读的书，我还经常阅读关于国际经济、政治的研究资料以及网上的信息、文章。爱读书使我拥有了诸多伴随一生的"良师益友"，真是其乐无穷、受益不尽啊！

（载于《人民日报》学术版，2019 年 10 月 14 日）

十三个五年规划的强国轨迹

（2019 年 10 月 14 日）

"70 年辉煌成就的取得，其中一条很重要的经验就是有连续的五年规划。"

回顾新中国成立 70 年来的发展成就，中国宏观经济研究院研究员林兆木在接受《瞭望》新闻周刊专访时表示："我国连续制定和实施的五年规划，是中国共产党领导经济社会发展的重要方式和重要抓手，也是我国社会主义制度的一大优势。"

林兆木说："五年规划集中体现中国的战略目标，把人民的意志和愿景变为国家的意志和愿景，把党的理论、路线、战略、目标都落到规划里面。迄今还没有哪个国家像中国这样连续制定和执行了十三个五年规划。"

五年规划在中国经济社会发展中的作用，日益受到外界广泛关注。近日，在 2019 中国发展高层论坛专题研讨会上，乔治·布什美中关系基金会主席尼尔·布什表示："通过一个个五年计划的实施，中国经济取得了前所未有的增长，中国社会也日趋成熟，习近平主席提出的'中国梦'的愿景正逐渐变为现实。"

一、70 年发展奇迹的规划秘笈

《瞭望》： 如何看待长远发展战略和五年规划在 70 年巨大成就中的地位

和作用?

林兆木：中国发展奇迹的取得，其中一个重要因素就是，我国有一以贯之的长远发展战略，以及为实现战略目标连续实施的五年规划。

中国共产党领导经济社会发展的一个突出特点，就是提出引领中国发展的长远奋斗目标。如20世纪60年代提出实现四个现代化；80年代提出"三步走"战略；后来又提出实现"两个一百年"奋斗目标和中华民族伟大复兴的中国梦。这些长远奋斗目标，不仅是团结鼓舞全国人民前进的旗帜，也是制定每一个五年规划的基本依据。

与此同时，五年规划又都是根据对国情世情变化的正确分析，以及对未来形势的前瞻性判断来制定的，着力破解当时经济社会发展存在的突出矛盾和问题，推动经济社会持续健康发展。

我国的五年规划都是在党中央直接领导下制定和执行的。一般的程序是先由中共中央提出制定五年规划的《建议》，对未来五年国际国内形势作出分析判断，在此基础上提出五年规划的指导思想、主要目标和任务、方针政策、改革举措等。我从"八五"计划到"十三五"规划，都参与中央《建议》的起草工作，一个深刻感受是，五年规划的起草工作充分体现了中国共产党的领导特点，包括深入调查研究、群众路线、民主集中制、党内党外广泛征求意见等。这也是五年规划能够很好地指导五年发展的重要原因。

我国经济社会发展规划，是包括综合规划和专项规划、国家规划和地方规划、中长期规划和年度计划的规划体系。历史经验充分证明，我国有中国共产党强有力的统一领导，可以制定体现经济规律和人民利益要求的经济社会发展规划，并动员、组织全国人民为之奋斗。党的领导和社会主义制度是独特优势，是新中国成立70年来取得伟大成就的重要原因。

《瞭望》：就五年规划制定的特点而言，回顾70年来的十三个五年规划，主要发生了哪些变化?

林兆木：五年规划的变化主要源自三个层次的发展变化。

第一，随着我们党对共产党执政规律、社会主义建设规律、人类社会发展规律的认识不断深化而发生变化，包括党关于社会主要矛盾、根本任务和发展目标认识的深化，五年规划的指导思想、目标任务和政策举措也随之发生变化。

第二，我国经济社会发展的国际环境和国内发展条件发生了重大变化，五年规划的目标、任务和政策举措，也随之发生了重大变化。

第三，我国经济体制经历了从计划经济体制到社会主义市场经济体制的重大变化。这决定了五年规划本身的体制发生重大变化，比如在计划经济体制下主要靠指令性计划，而现在规划提出的目标，主要是发挥市场对资源配置的决定性作用来实现。

二、十三个五年规划的历史变迁

《瞭望》：从"一五"到"十三五"，大体可以分为哪几个阶段？面对其间出现的曲折，最终又是如何调整到正轨上的？

林兆木：五年规划不是孤立地起作用，而是同整个经济体制紧密联系的。从"一五"计划到"十三五"规划，大体经历三个阶段：

第一阶段，计划经济体制下的五年计划。

"一五"计划编制工作从1951年开始，先后历时近4年，五易其稿，中央领导人倾注了大量心血。由于"一五"计划切合实际，执行得好，因而促进了经济快速发展。1953—1957年GDP年均增长9.2%。

"二五"计划时期，经济发展经历重大挫折。受1958年"大跃进"影响，经济发展大起大落。党中央决定从1963年起，用3年时间进行经济调整。1958—1965年这8年GDP年均增长4.1%，是新中国70年中年均增长率最低的时期。

"三五"计划时期，中苏关系逐渐恶化，加上"文化大革命"的冲击，1966—1970年GDP年均增长6.9%。

"四五"计划的制定和执行也经历波折，受"文化大革命"的影响总体上没有很好落实。1971—1975年GDP年均增长5.9%。

"五五"计划时期，1976年受"四人帮"干扰破坏，开局不利。1977

年又出现经济建设的急躁冒进。党的十一届三中全会实现伟大转折，会后党中央提出"调整、改革、整顿、提高"的八字方针，重大经济关系失调开始得到纠正。1976—1980 年 GDP 年均增长 6.5%。

第二阶段，计划经济体制向社会主义市场经济体制转轨时期的五年计划。

"六五"计划是改革开放后的第一个五年计划。名称由"国民经济发展计划"改为"国民经济与社会发展计划"，从此社会发展作为完整一篇列入计划。经过前几年经济调整，重大比例关系趋于协调，特别是农村改革和随后开展的城市经济体制改革，以及对外开放启动，成为经济发展的强大推动力。1981—1985 年 GDP 年均增长 10.6%。

"七五"计划时期，在推进改革开放和经济发展的同时，也出现一些波折，建设和改革都存在急于求成的偏向。1988 年 9 月党中央提出贯彻治理整顿、深化改革方针，经过 3 年努力，恢复了社会总需求与总供给的基本平衡。1986—1990 年 GDP 年均增长 7.9%。

"八五"计划时期，党的十四大首次提出社会主义市场经济，1993 年党的十四届三中全会通过建立社会主义市场经济体制的《决定》，随后各方面改革加快步伐。经济发展经历了加快发展和抑制通货膨胀实现"软着陆"。在改革开放有力推动下，1991—1995 年 GDP 年均增长 12.3%，经济增速高，年度波动小。

"九五"计划的鲜明特点，是提出两个根本性转变：一是经济体制从传统的计划经济体制向社会主义市场经济体制转变；二是经济增长方式从粗放型向集约型转变。"九五"期间，虽然遭遇了亚洲金融危机冲击，但我国经济保持了平稳较快增长，1996—2000 年 GDP 年均增长 8.6%。

第三个阶段，社会主义市场经济体制基本建立后的五年规划。

"十五"计划是我国实现全面建成小康社会、向第三步战略目标迈进的第一个五年计划。2001 年我国加入 WTO，2002 年党的十六大提出到 2020 年全面建成小康社会的目标，改革开放不断深化，工业化、城镇化步伐加快。2001—2005 年 GDP 年均增长 9.8%。我国经济总量在 2000 年超过意大利之后，于 2005 年超过法国，从居世界第 7 位上升至第 5 位。

"十一五"开始，我国把"五年计划"改为"五年规划"，反映了规划内涵和功能的转变。"十一五"期间发生了国际金融危机，我国及时采取有效措施加以应对，减缓了危机的冲击。2006—2010 年 GDP 年均增长 11.3%。我国经济总量分别在 2006 年超过英国、2007 年超过德国、2010 年超过日本，从居世界第 5 位跃升至第 2 位。

"十二五"时期，2008 年国际金融危机的影响持续存在，我国作为全球第一大出口国受到的冲击更大。党的十八大之后，以习近平同志为核心的党中央统筹推进"五位一体"总体布局、协调推进"四个全面"战略布局，引领经济新常态，保持经济中高速增长。2011—2015 年 GDP 年均增长 7.9%。我国经济实力又上了一个大台阶。GDP 按平均汇率折算，从 6 万亿美元增至 10.4 万亿美元，稳居世界第 2 位；占全球经济比重由 9.2% 上升到 13.3%。

"十三五"时期我国发展进入了新的阶段。

三、迈向高质量发展的"十三五"和"十四五"

《瞭望》：如何看待"十三五"规划的时代背景？贯穿新发展理念的这一规划与以往相比有哪些独特之处？

林兆木："十三五"规划是在我国社会主要矛盾和经济发展阶段发生变化的条件下制定的五年规划，因而具有诸多新的历史特点。

"十三五"规划《建议》的起草组，由习近平总书记亲自挂帅担任起草组组长，规格之高，在历来五年规划《建议》起草工作史上前所未有。特别是习近平总书记在《建议》中首次提出创新、协调、绿色、开放、共享的新发展理念，成为贯穿"十三五"规划的指导思想。五大新发展理念是习近平新时代中国特色社会主义思想的重要内容，对我国长远发展具有重大指导意义。

"十三五"规划也是承上启下的五年规划，既是全面建成小康社会的最后冲刺阶段，也是为开启迈向第二个百年奋斗目标新征程的连接点，具有重要意义。

2016—2018 年，GDP 分别增长 6.7%、6.8%、6.6%，2019 年上半年增长 6.3%。2016—2018 年城镇新增就业分别为 1314 万人、1351 万人、1361 万人，2019 年上半年为 737 万人。居民人均可支配收入三年半累计实际增长 25.4%。在国际经济环境变差的背景下，"十三五"前 3 年多取得如此成就来之不易。

《瞭望》： 适应高质量发展的需要，"十四五"规划将会在哪些方面作出与时俱进的重大部署？

林兆木： "十四五"时期所处的历史方位十分重要。"十四五"规划，是到 2035 年基本实现社会主义现代化的第一个五年规划，是打基础的关键 5 年。"十四五"时期也是我国能否顺利跨越"中等收入陷阱"的关键时期。考虑到世界银行今后对高收入国家人均收入标准调高的因素，只要我国经济继续保持中高速增长，再用 10 年左右时间我国人均国民总收入就可以达到高收入国家标准，跨越"中等收入陷阱"。这将是中华民族伟大复兴的又一个里程碑。

全面贯彻创新、协调、绿色、开放、共享的新发展理念，推动经济高质量发展，建设现代化经济体系，推进供给侧结构性改革，将是"十四五"时期的重大任务。与此同时，全面深化改革、构建全面对外开放新格局，将为"十四五"时期经济社会发展提供强大动力。

制定五年规划时，对未来五年国际国内经济环境和走势的正确判断至关重要。党中央反复指出，我国发展仍处于并将长期处于重要战略机遇期，强调世界面临百年未有之大变局，变局中危和机同生并存，这给中华民族伟大复兴带来重大机遇。这个重大战略判断，为我们研判"十四五"时期的国际国内经济大势指明了方向。

当前，在做好应对各种风险挑战的充分准备同时，也要看到我们面临的机遇也前所未有。包括抓住用好加快经济结构优化升级的新机遇，构建起推动高质量发展和面向未来的现代化经济结构；抓住用好提升科技创新能力的新机遇，在关键核心技术创新上取得突破；抓住用好深化改革开放的新机遇，以改革开放新突破推动社会生产力实现大跃升；抓住用好加快绿色发展的新机遇，推动绿色发展成为我国经济发展的主流形态；抓好参与全球经济治理体系变革的新机遇，为我国发展营造更加有利的国际经济环境，并为全球经济繁荣发展作出更大贡献。

四、五年规划历史经验的启示

《瞭望》：回顾 70 年来的五年规划，有哪些经验值得总结？对于中国未来的发展乃至其他国家的发展能够带来哪些启示？

林兆木：一是要防止经济发展大起大落。历史经验表明，由于经济周期规律的作用，在经济高涨时期由于通货膨胀因素和结构性矛盾的积累，随之而来的经济增速放缓是不可避免的。这时应当利用需求增长减缓、市场竞争加剧的压力，加大改革和结构调整力度，推动企业和整个经济转型升级。为防止经济过度下滑而采取的经济刺激政策，应当适时适度，避免违背经济规律而人为地去推高速度。

二是要高度重视和大力促进实体经济发展。我们是靠实体经济起家的，也要靠实体经济走向未来。要摆正与虚拟经济特别是金融资本的关系，坚持虚拟经济服务实体经济的本质要求，汲取一些发达国家的教训，防止资本过度流向虚拟经济，造成实体经济空心化。要围绕解决基础研究和源头创新不足、科技成果转化渠道不畅、金融对实体经济和创新支持不够等问题，加快建设实体经济、科技创新、现代金融、人力资源协同发展的产业体系。

三是保持投资适度规模和加强农业保护。这是防止经济周期大幅波动的两个重点。新中国成立以来几次经济调整和治理通货膨胀，都是由于投资过度、粮食生产下降"双碰头"引起的。今后较长一段时间内，投资仍然是决定经济周期的重要因素。关键是保持投资的适度增速和适度规模。在经济下行压力加大情况下，要着眼于补短板、惠民生、增后劲，扩大有效投资。农业尤其是粮食生产仍然是不可忽视的薄弱环节，始终要注意防止因农业生产的波动导致经济全局的不稳。

四是正确处理局部与全局、当前与长远的关系。我国经济持续快速增长的一个重要原因，是充分调动中央和地方两个积极性。但另一方面，由于我国地方政府较多地介入经济活动（这一点不同于西方国家的地方政府），因而同宏观、全局的决策也就有可能产生矛盾。所以在发挥地方政府积极性的同时，也要防止由于各个局部推动发展而导致全局性结构严重失衡和系统性财政、金融风险。

五是正确处理政府与市场的关系。我国经济体制改革的目标，就是使市场对资源配置起决定性作用，政府通过经济、法律手段和财政、货币政策对宏观经济进行间接调控。继续推进"放管服"改革和宏观调控部门改革，才能从制度上更好地发挥市场在资源配置中的决定性作用，减少因政府干预不当或宏观调控失误对经济社会发展所产生的不利影响。

（本文是作者接受《瞭望》新闻周刊记者王仁贵采访的记录稿，载于《瞭望》新闻周刊2019年第41期，2019年10月14日出版）

进一步做好"六稳"工作

（2019 年 10 月 31 日）

2018 年 7 月召开的中共中央政治局会议，针对我国经济运行面临的外部环境明显变化和一些新问题新挑战，首次提出要做好稳就业、稳金融、稳外贸、稳外资、稳投资、稳预期工作。2018 年 12 月召开的中央经济工作会议，要求 2019 年"进一步稳就业、稳金融、稳外贸、稳外资、稳投资、稳预期"。2018 年以来，党中央、国务院围绕"六稳"出台一系列政策措施，各地区各部门积极贯彻落实，取得了显著成效。实践证明，做好"六稳"工作，是有效应对复杂多变国际经济环境、保持我国经济社会大局稳定的正确决策。当前，国际环境复杂严峻，世界经济增长放缓，国内经济下行压力持续较大，做好"六稳"工作对于保持经济运行在合理区间、推动经济高质量发展、确保实现全年发展主要目标任务具有重要意义。

一、进一步稳就业

就业是民生之本，也是经济增长的动力源。稳就业才能稳收入、稳消费、稳经济增长，因此摆在"六稳"的首位。在外部环境明显变化的情况下，我国就业形势保持总体稳定。城镇新增就业 2018 年达到 1361 万人；2019 年 1 月至 9 月为 1097 万人，完成全年目标的 99.7%，9 月份全国城镇调查失业率为 5.2%。稳就业能取得显著成绩，主要得益于实施就业优先的一系列政策措施。2019年《政府工作报告》首次将就业优先政策置于宏观政策层面，强调把就业摆在更加突出位置。我们通过深化"放管服"改革、大幅减税降费，减轻企业负担，持续优化营商环境，支持民营企业特别是小微企业发展，充分发挥民营经济作为新增就业主渠道作用。

目前就业形势虽然保持总体稳定，但是潜在风险呈现积聚趋势。在经济下行压力较大的背景下，企业信心偏弱，用工需求下降，就业预期走低。因此，我们必须高度重视稳就业面临的问题和挑战。要继续贯彻就业优先的系列政策措施，深入推进"放管服"改革，破除束缚经营主体发展的障碍，拓展就业岗位；落实扩大开放、放宽市场准入的举措，增强外资企业和外向型企业招工的信心；继续加大对高校毕业生、退役军人、转岗分流职工、城镇就业困难人员等重点群体的就业支持，实施职业技能提升行动，帮助困难企业开展转岗培训；进一步促进创业带动就业，并引导更多人返乡下乡创业；推进供给侧结构性改革，促进制造业企业升级改造，拓展新动能成长空间；完善创业金融服务和社保衔接制度，增强数字经济从业者的就业稳定性；实施差异化支持就业配套政策，支持用工需求萎缩的地方增加公共投资和公益性岗位。同时，要完善就业形势监测体系，建立规模性裁员和失业风险预警与防控机制。

二、进一步稳金融

防范化解重大风险，是决胜全面建成小康社会三大攻坚战的首要任务，防范化解金融风险是其中的重点。金融活，经济才能活；金融稳，经济才能稳。近几年来，我国在稳步推进结构性去杠杆、互联网金融风险专项整治工作、防范化解上市公司股票质押风险、深化资本市场改革等方面取得积极成效，金融体系运行平稳健康，金融风险趋于收敛，总体可控。

同时应看到，引发2008年国际金融危机的深层矛盾并没有解决，国际经济形势依然严峻复杂。从国内看，我国经济正处于速度、结构和动能转换的关键时期，在内外因素的共同作用下，历史积累和新产生的矛盾与风险交织叠加,不容忽视。要继续针对暴露的和潜在的风险,分类施策,及时防范化解。与此同时,要保持防范化解金融风险和稳增长的平衡。金融的根本任务是为实体经济发展服务。要贯彻落实中央决策部署,深化金融供给侧结构性改革,继续实施好稳健货币政策,加大逆周期调节力度,保持流动性合理充裕和社会融资规模合理增长。推进政策性金融机构改革,发挥好其在逆周期调节中的作用。加快构建商业银行资本补充长效机制,进一步疏通金融体系流动性向实体经济传导的渠道。重点支持中小银行补充资本,引导其下沉重心、服务当地,支持民营和中小微企业发展。不断提高直接融资比例,增强资本市场活力。进一步扩大金融业高水平双向开放。通过多方面举措,从整体上提高金融服务实体经济的能力和水平。

三、进一步稳外贸

外贸的重要性不应只从外贸净出口对经济增长的贡献率来衡量。外贸对促进就业和经济增长、增加居民收入和财政收入发挥着重大作用。据统计,外贸带动相关就业人数超过 1.8 亿,外贸税收在全部税收中占有相当比重,稳外贸关系经济发展全局。近年来我国外贸发展面临比较严峻的形势。2019 年 1 月至 9 月,我国货物进出口额同比增长 2.8%,比 2018 年同期增速低 7.1 个百分点。主要原因:一是全球经济增长持续疲软。国际货币基金组织和世界银行最近将今年世界经济增长预测分别下调至 3% 和 2.5%,为国际金融危机以来的最低水平。国际贸易增速显著下降。2012—2016 年,全球货物贸易增速连续多年低于世界经济增速。世界贸易组织预计今年全球货物贸易增速仅为 1.2%。二是外部环境变化对我国外贸的影响日渐显现。2018 年按人民币计价的中美贸易额同比增长 5.7%,2019 年 1 月至 9 月同比下降 10.3%。三是我国经济下行压力持续较大,投资增速减缓,导致进口需求下降。今年 1 月至 9 月按人民币计价的进口额同比下降 0.1%。预计未来一段时间,上述因素仍将起作用,稳外贸面临的挑战增多。

但是应当看到,我国外贸发展具备一些基础性、长期性的有利因素,外贸稳中提质的长期趋势不会改变。主要原因：一是我国具备雄厚的产业基础，产业链完整，配套能力强，产业结构转型升级的步伐正在加快，高铁、核电、工程机械、电子信息等高技术产业竞争力显著提升，在新兴经济体的市场占有率大幅提高。二是我国国内市场具有巨大成长潜力。深化供给侧结构性改革将促进先进技术装备、关键零部件等知识密集型产品进口扩大。居民消费结构升级将提升对境外优质消费品和服务的需求。以中国国际进口博览会为主要平台的扩大进口战略深入实施，将促进我国市场潜力进一步释放，对各国产品和服务的吸引力进一步增强。三是近年来我国出台一系列稳外贸增长的政策措施，如大幅降低药品、日用消费品、汽车整车及零部件的进口关税税率；完善出口退税政策，加快退税进度；引导金融机构加大对中小企业外贸融资支持，提高跨境人民币结算便利度等。进一步落实这些政策措施，将对稳外贸发挥有力的支持作用。此外，还可以研究采取其他一些措施稳外贸，比如，增加16%和13%两档出口退税税率的适用商品；大幅压缩退税办结时间；适当调减加工贸易限制类商品目录；研究降低部分与居民消费密切相关的优质高档消费品进口关税；进一步推动出口市场多元化。

四、进一步稳外资

吸收外商直接投资是我国对外开放的重要方面，对促进我国发展发挥了重要作用。近几年全球外国直接投资持续低迷，2016—2018年分别同比下降2%、23%、13%。在全球不利环境下，我国吸收外资逆势而上，2018年实际使用外资8856.1亿元人民币，同比增长0.9%；2019年1月至9月，实际使用外资6832.1亿元人民币，同比增长6.5%。稳外资能取得显著成绩，主要是由于我国经济稳定增长，党中央、国务院采取的一系列稳外资政策措施发挥了重要作用，投资环境不断改善。世界银行最新发布的全球营商环境报告显示，中国营商环境全球排名已升至第31位。这进一步说明我国已成为外商投资热土。

　　未来我国稳外资仍面临全球外商直接投资疲软、国内低成本优势减弱、中美经贸摩擦等不利因素,但从总体上看,有利条件仍居主导地位,外商投资有望实现总量稳定、结构优化、质量和效益提升。稳外资具备四个有利条件:一是我国拥有庞大并正在快速成长的市场。随着5G、人工智能等技术广泛运用,劳动力成本在全球价值链布局中的重要性明显下降,贴近市场需求将成为跨国公司投资的首要因素。目前,美、欧、日等发达国家多数在华企业仍然看好中国市场前景。二是我国劳动力素质快速提高,有利于吸引研发、设计、人力资源服务、高端零部件制造等高质量外资。三是我国拥有强大的产业配套能力和优良的基础设施,这成为吸引电子信息、汽车等领域外资企业扎根我国发展的重要因素。四是全球外商投资流量连续3年下降后,2019年有望实现10%左右的恢复性增长,有利于我国稳定利用外资规模。为充分利用稳外资的有利条件,应对面临的挑战,要持续深化"放管服"改革,打造更有吸引力的营商环境,包括扩大对外开放领域,清理取消未纳入全国和自贸试验区外商投资准入负面清单的限制措施,全面取消在华外资银行、证券公司、基金管理公司业务范围限制,优化汽车行业外资政策;促进投资便利化,扩大资本项目收入支付便利化改革试点范围;平等保护外商投资合法权益;支持地方加大招商引资力度,在中西部地区优先增设一批综合保税区。尽快出台可操作可落地的外商投资法配套法规规章,进一步增强外商投资信心和良好预期。

五、进一步稳投资

固定资产投资具有双重作用:一方面,它是经济增长的发动机,是增强发展后劲的必要条件;另一方面,投资过度又是通货膨胀的主要动因。这就要求我们根据经济周期的不同阶段,保持投资的适当增速和适度规模。当投资增速过快、经济过热时,要抑制投资增长;当投资增长缓慢、经济偏冷时,要扩大投资规模。2019年1月至9月,全国固定资产投资同比增长5.4%,比同期GDP增速低0.8个百分点。从投资结构看,1月至9月制造业投资增长2.5%,增速同比下降6.2个百分点。房地产开发投资1月至9

月虽然同比增长 10.5%，但投资下行趋势明显。基础设施投资 1 月至 9 月同比增长 4.5%，虽然增速同比提高 1.2 个百分点，但仍处于历史低位。

当前，在世界经济贸易增长疲弱、国内经济下行压力较大的情况下，稳投资对于稳增长具有重要意义。现在，我国储蓄率仍处于较高水平，生产资料价格指数较低，投资增速下降，适当扩大投资不会引起通货膨胀。重点是适当增加基础设施和基本公共服务领域的投资。改革开放以来，基础设施和城乡公共设施建设取得了巨大进展，但现有存量人均水平仍远低于发达国家，还有很大发展空间。扩大有效投资要着眼于补短板、惠民生、增后劲，包括支持中西部地区承接产业转移，欠发达地区交通路网建设，城市老旧小区改造，市政公共设施建设，教育、医疗、养老等领域的投资，面向未来的新型基础设施建设投资，以及既能拉动经济增长、又能提高潜在增长率的企业设备更新改造投资等。稳投资的难点在于解决资金来源。近年来，一些地方财政收入减少，加上土地出让金收入下降，导致地方建设资金大幅减少。要多措并举保障稳投资的资金来源，比如，经营性较强的基础设施建设项目可以实行政府与社会资本合作，或者直接由社会资本投资，政府将有限资金用在公益性和准公益性领域投资；发挥地方政府专项债券作用，带动民间投资；适当扩大专项国债和地方政府一般债券发行规模；盘活部分政府存量资产，推进土地经营权有偿转让，拓宽地方基础设施和公共服务项目的投融资来源。

六、进一步稳预期

市场经济的显著特点是预期对投资、消费、进出口等经济活动有重大影响，这是因为未来的经济景气状态决定着各类投资和生产经营活动的盈利或者亏损及其水平，因而对当期投资倾向有重大影响；也决定着未来就业、收入状况，从而直接影响当期的消费行为。

未来经济走势是当前经济运行的延伸，因此稳预期最重要的是稳当期经济增长。近几年，我国发展的国际环境和国内条件发生重大变化，经济下行压力加大，以习近平同志为核心的党中央统筹推进稳增长、促改革、调结构、惠民生、防风险、保稳定各项工作，着力激发经营主体活力，创新和完善宏观调控，保持经济中高速增长。2016—2018 年我国 GDP 分别增长 6.7%、6.8%、6.6%，2019 年前三季度增长 6.2%，保持在合理区间，而且波动不大。我国有近 14 亿人口、4 亿中等收入群体，国内市场增长潜力巨大，经济韧性足、回旋余地大，有充足的宏观政策工具可用，完全有条件继续保持经济稳定增长，对此应有充分信心。要继续贯彻落实稳增长的系列政策措施，进一步做好"六稳"工作，夯实稳预期的客观基础。深入贯彻落实深化改革、扩大开放的决策部署，创造更加公平、透明、可预期的体制环境和政策环境。要用正确的舆论引导预期，客观、全面地分析经济形势，进一步提振市场信心。

（载于《人民日报》理论版，2019 年 10 月 31 日）

用全面辩证长远眼光看待我国发展

（2020 年 3 月 18 日）

习近平总书记在统筹推进新冠肺炎疫情防控和经济社会发展工作部署会议上的重要讲话中指出："新冠肺炎疫情不可避免会对经济社会造成较大冲击。越是在这个时候，越要用全面、辩证、长远的眼光看待我国发展，越要增强信心、坚定信心。综合起来看，我国经济长期向好的基本面没有改变，疫情的冲击是短期的、总体上是可控的。"这一重要论述和判断，为我们正确分析当前复杂经济形势指明了方向，增强了变压力为动力、化危为机的信心。

一、疫情对我国经济的冲击是短期的、总体上是可控的

这次新冠肺炎疫情对经济生活的冲击主要表现在以下方面。一是交通运输、旅游、餐饮住宿、娱乐文化、商贸会展等服务业受到较大冲击。2020年春运 40 天期间，全国铁路、道路、水运、民航累计发送旅客 14.76 亿人次，与 2019 年春运期间的 29.8 亿人次相比下降 50.3%。2020 年 1—2 月份，社会消费品零售总额同比下降 20.5%。疫情对服务业的影响还会通过产业之间的关联效应波及一、二产业。二是由于春节假期延长和人流、物流受阻，不少行业、企业在一段时间内停产停业，营业收入和利润下降，国家税收相应减少，职工收入也受到影响。部分企业支付工资、租金以及还贷付

息的现金流紧张，尤其是中小微企业生产经营较为困难。疫情期间农产品销售、农业生产资料供应以及饲料、禽苗、活禽等因运输物流不畅而受到一定影响。三是受工业、基础设施、房地产部分投资滞后等因素影响，今年1—2月份，全国固定资产投资同比下降24.5%。四是受国内外交通、物流不畅和企业开工不足影响，今年1—2月份，我国货物贸易进出口同比下降9.6%，其中出口下降15.9%，进口下降2.4%。五是全球许多国家相继发生疫情，国际航空、航运、旅游、贸易投资受到冲击，世界经济下行压力增大，使我国稳外贸、稳外资的难度加大。

尽管疫情既程度不同地影响总需求的三个方面即消费、投资、出口，又不同程度地影响总供给的三次产业生产经营，但综合起来看，疫情对我国经济的冲击是短期的、总体上是可控的。这是因为：

第一，新冠肺炎疫情发生后，以习近平同志为核心的党中央高度重视，及时提出坚定信心、同舟共济、科学防治、精准施策的总要求，迅速采取最全面、最严格、最彻底的防控举措，构建联防联控、群防群控防控体系，充分发挥我国制度优势，展现了出色的领导能力、应对能力、组织动员能力、贯彻执行能力，在较短时间遏制住了疫情在全国蔓延。经过全国上下艰苦努力，当前已初步呈现疫情防控形势持续向好、生产生活秩序加快恢复的态势，为把疫情对经济冲击控制在尽可能短的时间内创造了根本前提。

第二，各地区各部门认真贯彻执行党中央统筹推进疫情防控和经济社会发展的工作部署，各级党委和政府积极作为，主动担责，同时间赛跑，在确保疫情防控到位的前提下，积极推动非疫情防控重点地区企事业单位复工复产。广大人民群众团结奋斗，千方百计把疫情冲击的损失降到最低。从现在情况看，疫情对经济的冲击主要在今年第一季度，第二季度还会有一定的后续影响，但我国经济会逐渐回归正常发展轨道。

第三，疫情冲击只是影响一段时间需求和产出减少，而有效需求和生产供给能力并没有削弱。从消费需求看，虽然旅游、餐饮、住宿、娱乐等部分服务消费有时间窗口，疫情过后难以完全弥补，但这部分购买力可能转移到其他方面消费。耐用消费品等消费只是推迟了购买时间。从投资需求看，工业、基础设施、房地产等部分投资延后，从全年看会补上。制造业不少行业一段时间的部分减产，过后增产可以弥补，而且由于补库存需要，从全年看产出不会受太大影响。零部件等出口减少，只要产业链没有转移，疫情过后出口还会补上。经济运行是一个连续不断的过程，只要支撑经济发展的基本要素条件没有削弱，一段时间的需求和产出减少，会由过后的反弹对冲掉一部分甚至大部分。所以，这次疫情对我国经济的冲击是短期的、总体上是可控的。

二、我国经济长期向好的基本面没有改变

我国经济长期向好的基本面，是由我国基本国情、发展基础、发展阶段、发展环境、发展潜力和动能、体制和制度条件、发展战略、宏观政策、发展目标等共同决定的，是长期起作用的基本格局，不会因疫情冲击这种短期因素而改变。我国具有保持经济长期向好基本面的充足条件。

从发展基础看。2019 年我国经济总量近 100 万亿元，按年平均汇率折算，占全球经济的比重超过 16%，对全球经济增量的贡献约占三成，人均国内生产总值历史性地突破 1 万美元。我国已成为居世界第一的工业制造大国，是唯一拥有联合国产业分类中全部工业门类的国家。基础设施建设突飞猛进，高速公路、高速铁路总里程均居世界第一，通信业实现赶超。对外经济跨越式发展，商品贸易、服务贸易分别居世界第一和第二，成为 120 多个国家和地区的最大贸易伙伴，是全球第二大外资流入国。外汇储备连续 14 年居世界第一。新中国成立以来特别是改革开放以来的快速发展，使我国经济实力、科技实力、国防实力、综合国力进入世界前列，为巩固我国经济长期向好的基本面奠定了坚实基础。

从宏观经济看。改革开放 40 多年来我国宏观经济的显著特点是没有发生过经济衰退和危机，经济增长率除了 1981 年的 5.1%、1989 年的 4.2% 和1990 年的 3.9%，其余 38 年都是高速度和 6% 以上的中高速，而且多数年份实现了就业、经济增长、物价、国际收支的良好组合。以最近 5 年（2015

年至 2019 年）为例，虽然面临经济下行压力，但每年城镇新增就业都在 1300 万人以上，经济增长率分别为 7.0%、6.8%、6.9%、6.7% 和 6.1%，保持在合理区间。居民消费价格指数分别为 1.4%、2.0%、1.6%、2.1% 和 2.9%。经常项目顺差逐渐缩小，国际收支基本平衡。经济结构持续优化，消费和服务业的贡献率持续上升，城镇化快速推进，传统产业改造提升，数字经济等新兴产业蓬勃发展。我国在改革开放实践中，探索建立了社会主义市场经济条件下宏观调控制度体系和机制，积累了丰富经验。这为保持经济长期向好基本面创造了良好宏观经济环境。

从发展潜力和动能看。我国正处在新型工业化、信息化、城镇化、农业现代化进程中，人均收入处于中等偏上收入国家行列，经济社会发展、生态环境和人民生活水平同发达国家相比还有较大差距。满足人民日益增长的美好生活需要，解决发展不平衡不充分问题，迈向高收入国家行列，对发展的需求是全面、巨大和持久的。同时，我国具备实现可持续健康发展的必要条件。我国有 14 亿多人口，超过 4 亿人的中等收入群体仍在扩容，国内市场规模巨大且不断发展，潜力无限；国内储蓄率高，是少有的资本净输出国和债权国；人力资源丰富，有 9 亿劳动力，其中超过 1.7 亿受过高等教育或拥有各类专业技能；有 1 亿多个经营主体，蕴藏着巨大的创业创新潜能。这是保持经济长期向好基本面的重要条件。

从体制和制度条件看。我国有中国共产党坚强领导，实行社会主义市场经济体制，能够将社会主义制度优越性和市场经济活力结合在一起，并根据生产力发展要求通过深化改革开放不断优化这种组合，既充分发挥市场在资源配置中的决定性作用，又更好发挥政府作用。坚持和完善社会主义基本经济制度，毫不动摇巩固和发展公有制经济，毫不动摇鼓励和支持引导非公有制经济发展。这是保持我国经济长期向好基本面的体制和制度保证。

从财政、金融体系看。我国 2016 年、2017 年财政赤字率均为 3%，2018 年、2019 年分别为 2.6% 和 2.8%，在国际上处于较低水平。近 2 年多来，中国人民银行、银保监会采取有力措施加强金融监管，遏制了宏观杠杆率 2009 年后连续多年持续攀升的势头，防范化解金融风险取得重大成效，金融风险趋于收敛、总体可控。我国拥有世界最大的信贷市场，世界第二大的债券市场、股票市场和保险市场。我国财政、金融体系抗风险的韧性强，有足够的政策空间和工具应对疫情冲击和经济下行压力。这是保持我国经济长期向好基本面的有力支撑。

三、把我国发展的巨大潜力和强大动能充分释放出来

习近平总书记指出，新冠肺炎疫情，"对我们来说，这是一次危机，也是一次大考""只要我们变压力为动力、善于化危为机，有序恢复生产生活秩序，强化'六稳'举措，加大政策调节力度，把我国发展的巨大潜力和强大动能充分释放出来，就能够实现今年经济社会发展目标任务"。

变压力为动力，化危为机，这是极为重要的战略思想。唯物辩证法认为，对立统一规律即事物矛盾双方既对立又统一，是事物发展的普遍规律。挑战和机遇可以在一定条件下互相转化，关键是要发挥主观能动性，善于把握时机，积极创造条件，促进事物朝着好的、进步的方向转化。只要按照党中央决策部署，统筹推进疫情防控和经济社会发展工作，落实好习近平总书记在统筹推进新冠肺炎疫情防控和经济社会发展工作部署会议上的重要讲话中提出的有序复工复产8点要求，就能化危为机，实现今年经济社会发展目标任务，进一步提高发展质量。具体来看，实现化危为机，需要注意以下几个方面：

全面贯彻新发展理念，深化供给侧结构性改革。结合今年新形势新任务，继续在"巩固、增强、提升、畅通"上下功夫。巩固"三去一降一补"成果，当前重点是在降成本、补短板上加大力度。要落实好大规模减税降费政策，研究出台新的阶段性、有针对性地减轻企业负担举措。我国企业的能源、电信、物流、融资等成本较高，相关行业可以通过改革降低企业的相关成本。当前，应适当减免小微企业贷款利息，帮助他们渡过难关。补短板对于拓展消费和投资需求、对于提高供给质量和稳增长等都有重要意义。要加快补齐"三农"、民生、环保短板，坚决打好三大攻坚战。长期以来，我国

医疗卫生事业发展相对滞后，相关支出占比、医院床位及医护人员在总人口中的占比均偏低，县以下医疗资源更为短缺。这次疫情冲击也暴露了公共卫生安全体系、应急管理体系和医疗机构建设以及医疗废物、危险废物收集处理设施等方面的明显短板，需要加快补齐。

增强微观主体活力。这对于抵消疫情冲击、稳就业稳增长至关重要。要继续以完善产权制度和要素市场化配置为重点，加大深化市场化改革力度，破除妨碍各类生产要素流动的壁垒；深入推进"放管服"改革，继续优化营商环境。加大对民营经济、劳动密集型行业和中小微企业的支持力度，充分发挥企业家积极性主动性创造性，激发他们的创业创新活力，克服疫情带来的暂时困难。

提升产业链水平。以应对疫情冲击为契机，强化科技创新，大力培育新动能，推动传统产业改造优化升级，积极发展智能制造、无人配送、在线消费、医疗健康等新兴产业，推动生物医药、医疗设备、5G网络、工业互联网等加快发展，提升我国在全球产业链、价值链中的地位。

畅通国民经济循环。这是提高供给体系质量和效率的重要条件。当前，要建立与疫情防控相适应的经济社会运行秩序，打通"大动脉"，疏通"微循环"，使人流、物流、资金流有序转动起来，畅通经济社会循环。坚持全国一盘棋，维护统一大市场，促进上下游、产供销、大中小企业整体配套和全产业链协同复工，切实提高复工复产的整体效益和水平。

扩大国内有效需求。加大财政、货币政策逆周期调节力度。全面强化稳就业举措。把被抑制的、被冻结的消费释放出来，把在疫情防控中催生的新型消费、升级消费培育壮大起来，使实物消费和服务消费得到回补。加快在建、新开工项目和新型基础设施项目建设进度，加强用工、用地、资金等要素保障，用好中央预算内投资、专项债券资金和政策性金融工具，优化投向结构，注重调动民间投资积极性，发挥好有效投资对稳增长和优化结构的关键作用。

稳住外贸外资基本盘。贯彻落实党中央关于扩大高水平对外开放的决策部署，努力做好稳外贸、稳外资工作。用足用好出口退税、出口信用保险等合规的外贸政策工具，开拓多元化国际市场，稳定国际市场份额。保障外贸产业链、供应链畅通运转，维护全球供应链稳定。落实好外商投资法，积极帮助外资企业解决复工复产中的困难。鼓励各地促增量、稳存量并举，抓好重大外资项目落地。扩大金融等服务业对外开放。落实贸易、投资自由化便利化政策，继续优化营商环境，增强外商长期投资经营的信心。

（载于《人民日报》理论版 2020 年 3 月 18 日）

深刻认识我国基本经济制度的内涵和内在联系

（2020 年 12 月 3 日）

党的十九届四中全会《决定》对社会主义基本经济制度作出新概括，明确提出"公有制为主体、多种所有制经济共同发展，按劳分配为主体、多种分配方式并存，社会主义市场经济体制等社会主义基本经济制度"。这是对社会主义基本经济制度内涵作出的重要发展和深化，是习近平新时代中国特色社会主义经济思想的重要创新和发展。我们要认真学习领会、深入贯彻落实。

一、党和人民的伟大创造

我国社会主义基本经济制度，是我们党领导人民在革命、建设、改革实践中，经过长期艰辛探索逐渐形成和发展起来的。

我们党领导人民经过 28 年艰苦卓绝的浴血奋斗，建立了人民当家作主的新中国，之后又经过社会主义革命建立了生产资料公有制，为社会主义基本经济制度的建立和完善奠定了基础。20 世纪 50 年代，我国建立的是以公有制为基础、实行按劳分配和计划经济的基本经济制度。新建立的基本经济制度，促进了当时生产力发展和人民生活改善。后来在"左"倾错误影响下，追求公有制越纯、比重越高越好，束缚了生产力发展。党的十一届三中全会在全面总结历史经验教训基础上，作出了改革开放的历史决策。在坚持公有制为主体的前提下，经济改革从所有制结构、分配方式和经济体制三个方面逐步展开，并在理论上不断深化认识。

所有制和分配方式的改革首先在农村取得突破。与此同时，城镇个体、私营经济及外资经济逐步得到发展。当时对非公有制经济的定位是"社会主义经济必要的有益的补充"，在经济体制上坚持"计划经济为主、市场调节为辅"。1992年党的十四大报告明确提出："经济体制改革的目标，是在坚持公有制和按劳分配为主体、其他经济成分和分配方式为补充的基础上，建立和完善社会主义市场经济体制""使市场在社会主义国家宏观调控下对资源配置起基础性作用"。在社会主义市场条件下发展市场经济，是前无古人的伟大创举。这是中国特色社会主义理论和实践的重大突破。1997年党的十五大报告首次提出："公有制为主体、多种所有制经济共同发展，是我国社会主义初级阶段的一项基本经济制度。"同时提出："坚持按劳分配为主体、多种分配方式并存的制度。把按劳分配和按生产要素分配结合起来"。2002年党的十六大报告在论述坚持和完善基本经济制度时，首次提出两个"毫不动摇"："第一，必须毫不动摇地巩固和发展公有制经济""第二，必须毫不动摇地鼓励、支持和引导非公有制经济发展"。同时首次提出："确立劳动、资本、技术和管理等生产要素按贡献参与分配的原则，完善按劳分配为主体、多种分配方式并存的分配制度"。2007年党的十七大报告、2012年党的十八大报告都重申并强调坚持完善基本经济制度和两个"毫不动摇"。2013年党的十八届三中全会《决定》进一步提出："使市场在资源配置中起决定性作用和更好发挥政府作用"。这是在理论和实践上对经济体制改革目标和内涵的又一次新发展。2019年党的十九届四中全会《决定》将公有制为主体、多种所有制经济共同发展，按劳分配为主体、多种分配方式并存，社会主义市场经济体制等作为社会主义基本经济制度，标志着我们党对基本经济制度的认识达到了新高度。

可见，我们党对所有制结构、分配方式和经济体制的改革目标、内涵及其内在联系的认识是不断深化发展的。在理论突破和实践创新相互促进、党中央决策推动和基层群众创造相结合的生动实践中不断完善的社会主义基本经济制度，是我们党和人民的伟大创造。这一伟大创造的意义在于：党领导人民始终坚持辩证唯物主义和历史唯物主义，自觉运用生产关系要适应生产力性质和水平的基本原理，积极主动地改革不适应生产力发展要求的所有制结构、分配方式和经济体制，不断解放和发展生产力；而生产力的发展又对生产关系各部分各环节的完善提出新的改革要求，如此相互促进、循环往复，推动我国经济社会不断发展。新中国成立 70 多年来特别是改革开放 40 多年来所创造的经济快速发展奇迹雄辩地证明，我国社会主义基本经济制度既体现社会主义制度优越性，又同我国社会主义初级阶段社会生产力发展水平相适应，并且能够持续调整完善，能够容纳社会生产力实现更大发展，是适合我国国情的先进的基本经济制度。

二、坚持和完善社会主义基本经济制度

党的十九届四中全会《决定》从坚持和完善中国特色社会主义制度、推进国家治理体系和治理能力现代化的全局和战略高度，对坚持和完善社会主义基本经济制度作出新论断新部署。这要求我们在理论和实践上更加注重各项基本经济制度的内在联系和协同推进，更加注重每项基本经济制度中两个方面的彼此协调和相互促进。

坚持公有制为主体、多种所有制经济共同发展，全面贯彻"两个毫不动摇"。这是我国经济长期稳定快速发展的基本经验。国有企业是中国特色社会主义的重要物质基础和政治基础。国有经济在关系国民经济命脉的关键领域和重要行业居于主导地位，对于建设独立完整的工业体系和国民经济体系、促进我国经济持续快速发展，对于增强国家经济实力、科技实力、国防实力，保障金融、能源、粮食等安全，对于加快基础设施和公共设施建设、抗击重大疫情和重大自然灾害，对于保障和改善民生等，都发挥着关键性作用。改革开放以来迅速发展起来的非公有制经济，已成为城镇新增就业岗位的主渠道，对经济增长、国家税收、居民收入、内外贸易、科技创新等的贡献份额持续上升，在经济发展中不可或缺、举足轻重。实践证明，坚持"两

个毫不动摇"使我国经济具有独特优势。在全球新一轮科技革命引发产业变革和国内经济高质量发展的新形势下，发挥这种独特优势更加具有战略意义。近几年我国互联网应用等新产业、新业态、新模式快速发展，在航天、高铁、核能、5G 移动通信、量子卫星、无人驾驶等高新技术领域实现并跑甚至领跑，就是一批优秀的国有企业和民营企业各自发挥优势共同推动的结果。

巩固和发展公有制经济，必须深化国资国企改革。经过多年改革，我国国有企业总体上已经同社会主义市场经济相融合，并不断发展进步，同时仍存在创新能力不足、劳动生产率和净资产收益率偏低、国际化经营能力和发展后劲较弱、大而不强等问题。这就需要探索公有制多种实现形式，推进国有经济布局优化和结构调整，推动国有资本更多投向关系国家安全、国民经济命脉的重要行业和关键领域，服务国家战略目标，做强做优做大国有资本，增强国有经济竞争力、创新力、控制力、影响力、抗风险能力。积极稳妥推进国有企业混合所有制改革，加快完善国有企业法人治理结构和市场化经营机制，健全经理层任期制和契约化管理，完善中国特色现代企业制度。

鼓励、支持、引导非公有制经济发展，需要在要素获取、准入许可、经营运行、政府采购和招投标等方面对各类所有制企业平等对待，破除制约市场竞争的各类障碍和隐性壁垒，营造各种所有制主体依法平等使用资源要素、公开公平公正参与竞争、同等受到法律保护的市场环境。完善构建亲清政商关系的政策体系，建立规范化机制化政企沟通渠道，鼓励民营企业参与实施重大国家战略。

坚持按劳分配为主体、多种分配方式并存，全面贯彻按劳分配和按生产要素分配相结合。生产资料分配决定生产成果分配，公有制为主体决定了分配方式必然以按劳分配为主体。公有制经济的主体地位主要表现在：公有资产在社会总资产中占优势；国有经济对经济发展起主导作用。公有制的主体地位决定了国家可以依法运用各类国有资产服务于全国经济社会发展，使劳动者占主体的全国人民从中直接受益。坚持按劳分配为主体，需要管好用好各类国有资产，提高其运营或使用的经济效益、社会效益、生态效益；增加国有资产在民生和公共服务领域的配置；提高国有资本收益划转社保基金份额。需要以促进效率和公平相统一、逐步实现共同富裕为目标，完善初次分配制度，坚持多劳多得，着重保护劳动所得，提高劳动报酬在初次分配中的比重；健全工资决定和正常增长机制，完善企业工资集体协商制度，在劳动生产率提高的同时实现劳动报酬同步提高；健全以税收、社会保障、转移支付等为主要手段的再分配调节机制，合理调节城乡、区域、不同群体间的分配关系，着力扩大中等收入群体，防止两极分化。

多种所有制经济共同发展决定了多种分配方式并存，而各类生产要素按贡献决定报酬正是多种分配方式并存的体现。党的十九届四中全会《决定》提出："健全劳动、资本、土地、知识、技术、管理、数据等生产要素由市场评价贡献、按贡献决定报酬的机制。"劳动是物质财富的重要源泉和产品、服务中新价值的创造者。劳动作为首要的生产要素，理所应当按贡献决定报酬，这在我国就是按劳分配。在初次分配中体现按劳分配为主体，需要处理好资本所得和劳动所得的关系，保障劳动者合法权益，充分发挥劳动者推动企业发展的积极性，实现劳资两利。资本、土地作为生产资料是物质财富生产中不可或缺的要素。国有资本及土地、集体资本及土地、民营资本和外商投资等按贡献决定报酬，有利于扩大投资、增加就业、推动创新和经济增长，做大"蛋糕"，增加可分配的财富。在现代经济中，知识、技术、管理、数据等生产要素对经济增长发挥着越来越重要的作用，落实这几类生产要素按贡献决定报酬，对于促进创新、加快经济结构转型升级和高质量发展至关重要。在市场经济条件下，各类生产要素对创造物质财富、增加国民收入的贡献，主要由市场机制形成和评价。因此，健全各类生产要素按贡献决定报酬的机制，必须推进要素市场化配置和要素价格市场化改革，防止垄断、不正当竞争等对要素市场扭曲造成的分配不合理。同时，政府要合理调节各类生产要素及各行业各地区的分配关系。

以完善产权制度和要素市场化配置为重点，进一步完善社会主义市场经济体制。我国发展实践证明，把社会主义制度和市场经济有机结合起来的社会主义市场经济体制具有巨大优越性，是发展社会生产力的有力保障。所有制和分配方式这两项基本经济制度，是社会主义市场经济体制建立健全的前提和基础，又要通过社会主义市场经济体制的不断完善来实现。三项基本经济制度紧密结合，相互联系、相互支持、相互促进。近30年来，我国社会主义市场经济体制不断完善，但还存在一些不适应高质量发展新阶段生产力发展要求的短板和不足。经济体制改革是全面深化改革的重点，核心问题是处理好政府和市场的关系。要以构建更加系统完备、更加成熟定型的高水平社会主义市场经济体制为目标深化经济体制改革，完善产权制度，推进要素市场化配置改革，以深化改革激发新发展活力和扩大内需潜力，以高水平对外开放打造国际合作和竞争新优势，推动形成以国内大循环为主体、国内国际双循环相互促进的新发展格局。

产权制度是市场经济的基石。健全归属清晰、权责明确、保护严格、流转顺畅的现代产权制度，是完善社会主义基本经济制度的内在要求，有利于保护和激发投资者、企业家、创新者、劳动者和全社会投资创业、创新创造的积极性。要健全以公平为原则的产权保护制度，依法平等保护各类产权，依法严肃查处各类侵害民营企业合法权益的行为。完善和细化知识产权创造、运用、交易、保护制度规则，加快建立知识产权侵权惩罚性赔偿制度，加强企业商业秘密保护，完善新领域新业态知识产权保护制度。

深化要素市场化配置改革，是纠正资源错配、实现资源有效配置和企业优胜劣汰的关键。我国绝大多数商品和服务价格由市场定价，但要素价格市场化改革相对滞后，要素市场发育不充分，要素流动和市场化配置仍存在体制机制障碍。要以要素价格市场决定、流动自主有序、配置高效公平为目标，加快推进要素市场化配置改革。构建更加完善的要素市场化配置体制机制，加快建设统一开放、竞争有序的高标准市场体系。加快推进要素市场制度建设，重点健全土地、劳动力、资本、技术、数据等领域的制度和规则。稳步推进自然垄断行业改革，严格监管自然垄断环节，加快实现竞争性环节市场化，切实打破行政性垄断，防止市场垄断。完善公平竞争制度，强化竞争政策基础地位，加强和改进反垄断和反不正当竞争执法。健全外商投资准入前国民待遇加负面清单管理制度，推动规则、规制、管理、标准等制度型开放，建设更高水平开放型经济新体制。要素市场化配置改革是对政府和市场关系的重大调整，既要充分发挥市场在资源配置中的决定性作用，又要更好发挥政府作用，加快要素价格市场化改革，从根本上破除要素流动和市场化配置的体制机制障碍，推动经济发展质量变革、效率变革、动力变革，引导各类要素协同向先进生产力集聚，优化要素配置结构，提高要素配置效率，促进经济高质量发展。

（载于《人民日报》理论版 2020 年 9 月 16 日）

把新发展理念贯穿发展全过程和各领域

（2020 年 12 月 3 日）

党的十九届五中全会通过的《中共中央关于制定国民经济和社会发展第十四个五年规划和二〇三五年远景目标的建议》（以下简称《建议》），突出新发展理念的引领作用，强调"把新发展理念贯穿发展全过程和各领域"。习近平总书记在关于《建议》的说明中指出："必须强调的是，新时代新阶段的发展必须贯彻新发展理念，必须是高质量发展。"坚持新发展理念，是"十四五"时期经济社会发展必须遵循的原则之一，是新发展阶段推动各领域高质量发展的理念引领。

一、进一步深化对新发展理念深刻内涵和重大意义的认识

创新、协调、绿色、开放、共享的新发展理念，是在世界面临百年未有之大变局和我国发展进入新时代的历史背景下，以习近平同志为核心的党中央在全面总结国内外发展经验、深刻分析新时代我国社会主要矛盾转化和经济发展阶段变化以及未来发展机遇和挑战基础上提出的，是精准破解发展瓶颈和难题、塑造发展新优势、引领新阶段高质量发展的理论指导和实践指南。

新发展理念是习近平新时代中国特色社会主义经济思想的主要内容，具有继承和发展相结合、理论和实践相统一的鲜明特点。新发展理念同我们

党关于发展的重要思想一脉相承，又在新的历史条件下回应实践要求、赋予新的时代内涵。时代是思想之母，实践是理论之源。新发展理念产生于新时代中国特色社会主义实践，又在指导实践中不断丰富和发展。党的十八大以来，以习近平同志为核心的党中央把新发展理念贯穿于社会主义现代化建设的各个领域：推动改革发展稳定、内政外交国防、治党治国治军各个方面的理论创新、实践创新、制度创新；统筹推进"五位一体"总体布局、协调推进"四个全面"战略布局，推进新型工业化、信息化、城镇化、农业现代化同步发展、相互协调，促进城乡、区域协调发展，推进供给侧结构性改革，使供给结构和需求结构变化相协调，保持宏观政策、微观政策、社会政策相协调，促进增长、就业和防范风险相协调等；着力转变以牺牲生态环境为代价的发展方式，实行最严格的生态环境保护制度，全面加强生态文明建设；全方位扩大对外开放，推动构建人类命运共同体和"一带一路"建设，主动参与和推动经济全球化进程，发展更高层次的开放型经济，推动形成全面开放新格局；加大保障和改善民生的投入和工作力度，在幼有所育、学有所教、劳有所得、病有所医、老有所养、住有所居、弱有所扶上不断取得新进展，举全国之力打好精准脱贫攻坚战，使全体人民在共建共享发展中有更多获得感。总之，新发展理念集中体现了以人民为中心的发展思想，明确回答了新时代高质量发展的目的、动力、重点、环境、战略等重大问题，是管根本、管全局、管长远的重大理论创新和实践创新。

习近平总书记在提出新发展理念时指出："理念是行动的先导，一定的发展实践都是由一定的发展理念来引领的。发展理念是否对头，从根本上决定着发展成效乃至成败。"新发展理念，体现了我们党对新时代新阶段经济社会发展本质要求和基本规律认识的深化。新时代新阶段推动发展，要坚持新发展理念，构建新发展格局，实现更高质量、更有效率、更加公平、更可持续、更为安全的发展。这是解决社会主要矛盾、推动高质量发展的必然要求，也是应对我国发展环境深刻复杂变化，于变局中开新局的战略选择。

二、以新发展理念引领高质量发展

新发展理念是相互贯通、具有内在联系的整体，提出的要求是全方位、多层面的。我们要坚持系统观念，遵循经济社会发展规律，把新发展理念贯穿发展全过程和各领域，努力提高以新发展理念引领高质量发展的能力和水平，加快构建新发展格局。

创新是高质量发展的第一动力。进入 21 世纪以来，全球经济实力分布和竞争格局处于比以往几十年速度更快、影响更深远的变革之中。其突出标志和主要动因是，科技的突破性创新正在从根本上打破传统技术和流程，对产业、经济、社会生活都产生重大影响，从而倒逼和带动各领域各方面的改革创新。能否站到突破性创新前沿并持续创新，直接关系国家安全和发展。我国科技发展取得巨大成就，但原始创新能力不足，产业总体上处于中低端，一些高端技术及产品还依赖进口。贯彻创新发展理念、实现创新驱动发展，是转换增长动能、推动高质量发展、维护国家安全和发展利益的迫切要求和关键举措。《建议》把创新的地位和作用提到前所未有的高度，强调："坚持创新在我国现代化建设全局中的核心地位，把科技自立自强作为国家发展的战略支撑"。为此，要坚持"四个面向"，强化国家战略科技力量，制定科技强国行动纲领，健全社会主义市场经济条件下新型举国体制，打好关键核心技术攻坚战。同时，提升企业技术创新能力，激发人才创新活力，完善科技创新体制机制，大幅提高科技成果转移转化成效，提升产业链供应链现代化水平，推动经济体系优化升级，夯实高质量发展的基础。

协调是高质量发展的内生特点。新时代满足人民日益增长的美好生活需要，不仅包括满足人民对物质文化生活的更高要求，而且包括满足人民在民主、法治、公平、正义、安全、环境等方面日益增长的要求。因此，发展的内涵必须是包括经济、政治、文化、社会、生态文明的"五位一体"发展，发展的重点应放在解决发展不平衡不充分问题上。发展不平衡不充分的短板和薄弱环节，正是高质量发展的巨大潜力所在。《建议》提出的

"十四五"时期和到 2035 年发展目标及一系列决策部署，都体现了协调发展理念的要求。例如，把"更为安全"作为高质量发展的重要内涵，强调统筹发展和安全；提出"建成文化强国、教育强国、人才强国、体育强国、健康中国"的目标，有利于协调增强国家软实力和硬实力；提出把实施扩大内需战略同深化供给侧结构性改革有机结合起来，有利于协调供给创造需求和需求引领供给，实现供需良性互动；提出构建新发展格局，有利于协调推动以国内大循环为主体和国内国际双循环相互促进；提出优先发展农业农村、全面推进乡村振兴，优化国土空间布局、推进区域协调发展和新型城镇化，有利于促进城乡区域协调发展；提出改善人民生活品质、提高社会建设水平，有利于促进经济发展和社会发展相协调、促进人的全面发展和社会全面进步。

绿色发展是高质量发展的普遍形态。建设生态文明，关系人民福祉，关乎民族未来。推动绿色发展，形成绿色生产方式和生活方式，是满足人民日益增长的美好生活需要的重要方面，也是经济社会可持续发展的必要条件。人与自然是生命共同体，我们要实现的高质量发展和社会主义现代化，是人与自然和谐共生的现代化，只有尊重自然、顺应自然、保护自然，守住自然生态安全边界，才能避免发展走弯路，顺利实现高质量发展和现代化目标。《建议》对推动绿色发展、促进人与自然和谐共生作出全面部署，强调坚持绿水青山就是金山银山理念，坚持尊重自然、顺应自然、保护自然，坚持节约优先、保护优先、自然恢复为主，守住自然生态安全边界；深入实施可持续发展战略，完善生态文明领域统筹协调机制，构建现代化生态文明体系；要求加快推动绿色低碳发展，持续改善环境质量，提升生态系统质量和稳定性，全面提高资源利用效率。这必将促进经济社会发展全面绿色转型，推进人与自然和谐共生的现代化建设。

开放是高质量发展的必由之路。当今世界，跨国投资、贸易、金融以及产业链把各国经济紧密联系在一起，只有积极参与国际分工合作和竞争，才能发挥优势、取长补短，促进国内产业升级和经济发展。面对经济全球化遭遇逆风和回头浪，我国坚定承诺：中国开放的大门不会关闭，只会越开越大。我国融入世界经济的时间比较短，扩大开放、提高开放水平还有巨大潜力和广阔空间。坚持互利共赢开放战略，推动形成全面开放新格局，将为"十四五"时期和未来发展注入新的生机活力。要按照《建议》的部署，坚持全面深化改革，实行高水平对外开放，开拓合作共赢新局面。坚持实施更大范围、更宽领域、更深层次对外开放。建设更高水平开放型经济新体制，推动贸易和投资自由化便利化。推动共建"一带一路"高质量发展，深化国际产能合作，扩大双向贸易和投资，推进战略、规划、机制对接，加强政策、规划、标准联通。积极参与全球经济治理体系改革，维护多边贸易体制，推动完善更加公正合理的全球经济治理体系。

共享是高质量发展的根本目的。"十三五"时期，5575 万农村贫困人口实现脱贫，全国人民即将实现全面小康，这是共享改革发展成果的重要体现。同时由于人口多、底子薄、发展起点低以及城乡、区域发展不平衡等基本国情的制约，民生和公共服务领域还存在一些短板。《建议》在到 2035 年基本实现社会主义现代化远景目标中提出"全体人民共同富裕取得更为明显的实质性进展"，在改善人民生活品质部分突出强调"扎实推动共同富裕"，提出了一些重要要求和重大举措。这体现了中国特色社会主义的本质要求。要坚持把实现好、维护好、发展好最广大人民根本利益作为发展的出发点和落脚点，按照《建议》的部署，提高人民收入水平、强化就业优先政策、建设高质量教育体系、健全多层次社会保障体系、全面推进健康中国建设、实施积极应对人口老龄化国家战略、加强和创新社会治理，不断增强人民群众获得感、幸福感、安全感，在促进全体人民共同富裕的道路上不断向前迈进。

构建新发展格局是新形势下高质量发展的重要内涵和推进路径。构建以国内大循环为主体、国内国际双循环相互促进的新发展格局，是以习近平同志为核心的党中央根据我国发展阶段、环境、条件变化作出的重大战略决策，是对我国经济发展战略的重大调整和完善。贯彻这一决策部署，需要按照高质量发展要求，把实施扩大内需战略同深化供给侧结构性改革有机结合起来，以创新驱动、高质量供给引领和创造新需求，全面促进消费，拓展投资空间，充分释放内需潜力，形成强大国内市场。坚持全面深化改革，破除体制机制障碍、打通堵点卡点，进一步畅通国内大循环。实行高水平对外开放，更广更深融入全球经济，使国内国际双循环相互促进。新形势下贯彻新发展理念、推动高质量发展，要紧紧抓住构建新发展格局这个关键。

（载于《人民日报》理论版"人民要论"2020年12月3日）

在高质量发展中促进共同富裕

（2022 年 1 月 14 日）

习近平总书记指出："共同富裕是社会主义的本质要求，是中国式现代化的重要特征，要坚持以人民为中心的发展思想，在高质量发展中促进共同富裕。"2021 年 12 月召开的中央经济工作会议，把正确认识和把握实现共同富裕的战略目标和实践途径，作为进入新发展阶段需要正确认识和把握的新的重大理论和实践问题之一。在高质量发展中促进共同富裕，揭示了推动高质量发展与促进共同富裕的内在联系，在理论和实践上都具有重大意义。

一、全体人民共同富裕是我们党矢志不渝的奋斗目标

共同富裕，是马克思主义的一个基本目标。马克思指出，社会主义革命胜利之后的未来社会"生产将以所有人的富裕为目的"。中国共产党自成立之日起，就把为中国人民谋幸福、为中华民族谋复兴作为初心和使命，促进共同富裕是全国人民在党的领导下长期奋斗、共建共享的过程。我们党团结带领中国人民，经过长期浴血奋战，取得新民主主义革命伟大胜利，建立了中华人民共和国，确立了社会主义基本制度，实现了中华民族有史以来最为广泛而深刻的社会变革，为当代中国一切发展进步奠定了根本政治前提和制度基础。党领导人民进行大规模经济建设，建立起独立的比较完整的

工业体系和国民经济体系，为我国长期发展和走向共同富裕打下了重要物质基础。

改革开放后，我们党深刻总结正反两方面历史经验，打破传统体制束缚，允许一部分人、一部分地区先富起来，解放和发展社会生产力，在中国特色社会主义道路上分阶段逐步实现共同富裕。党的十三大制定分三步走到 21 世纪中叶基本实现现代化的发展战略：第一步解决人民温饱问题，第二步人民生活达到小康水平，第三步到 21 世纪中叶基本实现现代化。到 20 世纪末，我国成功实现了第一步和第二步目标，人民生活总体上达到小康水平，在迈向共同富裕的道路上前进了一大步。但是，当时达到的小康还是低水平的、不全面和不平衡的小康。2002 年，党的十六大提出，在本世纪头二十年，集中力量，全面建设惠及十几亿人口的更高水平的小康社会。党的十八大以来，以习近平同志为核心的党中央把逐步实现全体人民共同富裕摆在更加重要的位置上，采取有力措施保障和改善民生，打赢脱贫攻坚战，全面建成小康社会，在团结带领人民创造美好生活、实现共同富裕的道路上迈出了坚实的一大步。

共同富裕是我们党矢志不渝的奋斗目标，但实现共同富裕是一个长期的历史过程。我国仍处于并将长期处于社会主义初级阶段，我国仍然是世界上最大的发展中国家，人均国内生产总值、城乡居民人均收入水平还比较低，城乡、区域、社会群体之间收入差距还比较大，中等收入群体的比重还不够高，促进共同富裕是长期、艰巨、复杂的任务。党的十九大报告对共同富裕提出了新的奋斗目标：到 2035 年，基本实现社会主义现代化，全体人民共同富裕迈出坚实步伐；从 2035 年到本世纪中叶把我国建成富强民主文明和谐美丽的社会主义现代化强国，全体人民共同富裕基本实现。党的十九届五中全会进一步指出：到 2035 年，人的全面发展、全体人民共同富裕取得更为明显的实质性进展。我们要贯彻落实习近平总书记重要讲话精神和党中央决策部署，把促进全体人民共同富裕摆在更加重要的位置，脚踏实地，久久为功，朝着这个目标更加积极有为地进行努力。

二、高质量发展是促进共同富裕的基础

马克思主义认为，生产力是一切社会发展的最终决定力量。1949 年，我国人均国民收入仅有 27 美元，为亚洲人均国民收入 44 美元的 2/3，不足印度人均国民收入 57 美元的一半。在这样的基础上实现全体人民共同富裕，必然要经历漫长的发展过程。我国之所以能够解决人民温饱问题进而使人民生活总体达到小康水平，就是由于改革开放推动了经济高速增长。同样，我国之所以能够在本世纪用 20 年时间全面建成小康社会，使贫困人口全部脱贫，也是由于生产力水平、经济总量、人均收入有了显著增长。

习近平总书记强调"在高质量发展中促进共同富裕"，这一重要论述具有深刻的理论内涵。它体现了生产决定分配、生产力决定包括分配关系在内的生产关系的马克思主义基本原理，指明了高质量发展是促进共同富裕的基础。在高质量发展中促进共同富裕，是新时代新阶段我国发展的新特征新要求。进入新时代，我国社会主要矛盾发生转化，要求以高质量发展满足人民日益增长的美好生活需要，重点解决发展不平衡不充分的问题，而这正是促进共同富裕的内在要求。同时，我国经济已由高速增长阶段转向高质量发展阶段，发展的内外环境和条件发生了重大变化。立足新发展阶段、贯彻新发展理念、构建新发展格局、推动高质量发展，是解决过去高速增长积累的结构性矛盾、突破资源环境瓶颈的必然选择，也是实现社会主义现代化和共同富裕的必由之路。只有依靠全国人民共同奋斗，持续推进高质量发展，不断创造和积累社会财富，把可分配的"蛋糕"做大做好，并通过合理的制度安排把"蛋糕"切好分好，才能稳步向共同富裕目标迈进。

分配对生产、分配关系对生产力有促进或束缚其发展的反作用。分配制度、分配方式合理与否，直接影响劳动者和企业经营者积极性主动性创造性的发挥，从而会影响发展速度和发展质量。在新发展阶段，按照促进共同富裕的要求完善分配制度和方式，会对高质量发展产生促进作用。从供给方面看，科技创新日益成为现代生产力和产业变革中最活跃、最重要的引领和

支撑力量。完善收入分配制度，使各类人才获得合理回报，有利于激发劳动者、企业经营者和各类人才的创新创造积极性，激发更大的创新创造活力。从需求方面看，需求不足是制约全球经济增长的主要因素。我国有14亿多人口，以扩大消费为主的内需空间和潜力还很大。把潜在需求转化为现实需求，需要推动高质量发展，不断提高居民收入；同时需要通过促进共同富裕的一系列举措，缩小收入和财富分配差距，继续扩大中等收入群体，实现高质量发展和共同富裕互相促进。

三、坚持社会主义基本经济制度，完善分配制度和方式

在高质量发展中促进共同富裕，必须坚持社会主义基本经济制度。公有制为主体、多种所有制经济共同发展，按劳分配为主体、多种分配方式并存，社会主义市场经济体制等社会主义基本经济制度，是我们党领导人民在革命、建设、改革实践中，经过长期艰辛探索逐渐形成和发展起来的，是党和人民的伟大创造。我国社会主义基本经济制度具有显著特点和优势：一是同社会主义初级阶段生产力发展水平相适应，坚持"两个毫不动摇"，既坚持公有制为主体和国有经济的主导作用，充分发挥社会主义制度集中力量办大事的优越性；又放手发展非公有制经济，充分调动全社会投资创业、劳动就业的积极性，让一切发展生产力的积极因素和创新创造活力竞相迸发。二是同所有制结构相适应，坚持按劳分配为主体和多种分配方式并存，使一切创造社会财富的源泉充分涌流。三是创造性地把社会主义制度和市场经济结合起来，既使市场在资源配置中起决定性作用，提高资源配置效率效益；又要更好发挥政府作用，弥补市场失灵，推动经济稳定协调发展。因而，我国社会主义基本经济制度具有广泛包容性，既有利于促进生产力发展，又有利于促进共同富裕，必须长期坚持。同时，在高质量发展中促进共同富裕，需要进一步完善分配制度和分配方式，逐步形成中间大、两头小的橄榄型分配结构和人人享有的合理分配格局。

初次分配是人们获得收入的主要来源，也是提高低收入群体收入、扩

大中等收入群体、为更多人创造致富机会的主要途径。完善初次分配制度，要坚持按劳分配为主体、多种分配方式并存，正确处理效率和公平的关系，提高劳动报酬在初次分配中的比重，健全劳动、资本、土地、知识、技术、管理、数据等生产要素由市场评价贡献、按贡献决定报酬的机制。劳动是物质财富的重要源泉，是产品和服务中心价值的创造者，是首要的生产要素。在初次分配中体现按劳分配为主体，需要处理好资本所得和劳动所得的关系，贯彻多劳多得原则，健全工资决定和正常增长机制，完善企业工资集体协商制度，在劳动生产率提高的同时实现劳动报酬同步提高，保障劳动者合法权益。这既有利于充分发挥劳动者推动企业发展的积极性，也有利于实现劳资两利。初次分配虽然是市场机制起主要作用，但也要兼顾效率和公平。比如，提高劳动报酬在初次分配中的比重，需要在高质量发展中强化就业优先导向，稳定和扩大就业，提升就业质量，促进充分就业。我国高端技术技能人才和高级技工供不应求、传统行业中低端岗位劳动力供给过剩的就业结构性矛盾突出，需要加快发展包括职业教育和终身职业技能培训在内的各级各类教育，促进教育公平，普遍提高人民受教育水平，增强人力资本和人的发展能力。创业创新致富能带动更多人创业就业，是先富带后富、先富帮后富的重要形式，我们要给予鼓励和支持，重点鼓励辛勤劳动、合法经营、敢于创业的致富带头人。

再分配是指政府通过税收、社会保障、转移支付等方式对国民收入在初次分配之后进行第二次分配，对于调节初次分配形成的收入和财富过大差距、促进社会公平正义和共同富裕具有重要作用。有必要加大税收、社保、转移支付等调节力度并提高精准性，在保护产权和知识产权、保护合法致富的同时，加强对高收入的规范和调节，通过税收合理调节过高收入，鼓励高收入人群和企业更多回报社会。同时，整顿收入分配秩序，清理规范不合理收入，取缔非法收入。推进基本公共服务均等化和社会保障体系建设，是国民收入再分配的重要方面。应坚持循序渐进，统筹财政需要和可能，把保障和改善民生建立在经济发展和财力可持续的基础之上，重点加强基础性、普惠性、兜底性民生保障建设。促进农民农村共同富裕，是全体人民共同富裕的难点和重点。要巩固拓展脱贫攻坚成果，全面推进乡村振兴，加强农村基础设施和公共服务体系建设，推进农村人居环境建设。

第三次分配是指通过自愿捐赠等公益慈善事业的方式进行社会救济和社会互助，有利于改善分配结构，是对初次分配、再分配的有益补充。第三次分配基于社会成员自觉自愿的行动，国家税收政策可以给予适当鼓励，但不带任何强制性。随着社会财富积累的规模越来越大，全社会尤其是富裕群体更有能力和意愿为社会公益慈善事业作出贡献，第三次分配对促进共同富裕也将发挥更大作用。

（载于《人民日报》理论版 2022 年 1 月 14 日，《新华文摘》2022 年第 15 期转载）

着力稳定宏观经济大盘

（2022 年 3 月 23 日）

2021 年底召开的中央经济工作会议，深入分析国际国内经济形势，对 2022 年经济工作作出全面部署，强调经济工作要稳字当头、稳中求进；着力稳定宏观经济大盘，保持经济运行在合理区间。今年的《政府工作报告》坚持以习近平新时代中国特色社会主义思想为指导，全面贯彻党中央关于 2022 年经济社会发展的决策部署，明确了今年经济社会发展总体要求和政策取向，强调"着力稳定宏观经济大盘，保持经济运行在合理区间"。稳定宏观经济大盘是高质量发展的重要基础，要坚持稳字当头、稳中求进，把稳增长放在更加突出的位置。

一、保持经济运行在合理区间

2021 年是党和国家历史上具有里程碑意义的一年。我们胜利实现第一个百年奋斗目标，开启了向第二个百年奋斗目标进军的新征程。我国经济发展和疫情防控保持全球领先地位，实现了"十四五"良好开局。在全球疫情肆虐、经济艰难复苏的不利形势下，我国经济保持较高增长、较低通胀、较多就业、国际收支改善的较好组合，成绩来之不易。同时也要看到，在世纪疫情冲击下，当今世界百年未有之大变局加速演进，外部环境更趋复杂严峻和不确定；我国经济发展面临需求收缩、供给冲击、预期转弱三重压力，保持经济增速在合理区间的难度增大。

需求收缩主要表现在，国内消费需求和投资需求增速呈现双下降趋势。去年我国出口增长超预期，对经济增长拉动作用提升，部分抵消了内需收缩对经济增长的影响。这既是我国制造业韧性和配套、竞争能力强的反映，也同新兴市场国家受疫情冲击出口下降有关。供给冲击主要表现在，芯片等供应链受阻和大宗初级产品价格上涨。美国滥施制裁，破坏了全球芯片供需平衡，导致芯片投机囤积和供应短缺，众多行业生产受到影响。受多种因素影响，国际大宗初级产品价格上涨，加剧了相关企业尤其是中小微企业生产经营困难。投资者、企业、消费者等预期转弱，对投资、消费意愿会产生一定影响，从而对未来经济稳定和增长形成压力。

需求收缩、供给冲击、预期转弱三重压力，集中表现为经济下行的压力。贯彻稳字当头、稳中求进的总要求，必须继续做好"六稳""六保"工作，持续改善民生，着力稳定宏观经济大盘，保持经济运行在合理区间。应该看到，我国发展仍处于重要战略机遇期，长期快速发展奠定了坚实的产业基础，人力资源丰富，科技创新能力不断增强，社会主义市场经济体制具有巨大优势，宏观经济政策稳健，经济韧性强、回旋余地大，经济长期向好的基本面不会改变，具备充分的条件在推动高质量发展中保持适当增长速度，顶住新的下行压力，稳定宏观经济大盘，不断做强经济基础。

二、正确认识与稳增长相关的重要关系

稳增长和推动高质量发展的关系。进入新发展阶段，我国发展的内外环境和条件发生了重大变化，过去主要依靠劳动力、土地及资源、环境等要素低成本扩张推动高速增长的方式已不可持续，同时全球新一轮科技革命和产业变革蓬勃兴起，为我国转变发展方式、推动高质量发展提供了历史机遇。因此，推动高质量发展是新阶段我国经济的发展方向。也应看到，在全球经济充满不确定性的条件下，保持宏观经济稳定十分重要，是高质量发展的题中应有之义。高质量发展是长期目标和渐进过程。在经济下行压力较大

的情况下，稳定宏观经济大盘，把经济运行稳定在潜在增长率范围的合理区间，是高质量发展的重要条件。

稳增长和促进共同富裕的关系。习近平总书记强调："在高质量发展中促进共同富裕。"这一重要论述具有深刻的理论内涵，体现了生产决定分配、生产力决定包括分配关系在内的生产关系等马克思主义基本原理，指明了高质量发展是促进共同富裕的基础。实现共同富裕的目标，首先要通过全国人民共同奋斗把"蛋糕"做大做好，然后通过合理的制度安排把"蛋糕"切好分好。这是一个长期的历史过程，要逐步朝着这个目标迈进。从历史经验看，处理好增长和分配的关系极为重要。20世纪八九十年代，我国之所以能够解决人民温饱问题进而使人民生活水平达到总体小康，就是由于改革开放推动了经济快速增长。同样，我国之所以能够在本世纪用20年时间全面建成小康社会，使贫困人口全部脱贫，也是由于生产力水平、经济总量、人均收入有了显著增长。进入新发展阶段，满足人民日益增长的美好生活需要，必须依靠高质量发展。稳定宏观经济大盘，保持经济稳定增长，是促进共同富裕的必然要求。稳增长才能稳就业、稳收入、稳消费、稳预期。稳增长关系广大人民群众的切身利益，也是充分调动全社会积极性主动性创造性的必要条件。

稳增长和实现碳达峰碳中和目标的关系。实现碳达峰碳中和，是推动高质量发展的内在要求。实现"双碳"目标是一项复杂的系统工程和长期任务，不可能毕其功于一役，更不能脱离实际、急于求成。我国煤炭占一次能源消费比重虽然不断下降，但以煤为主的能源结构短期内难以改变。在大力发展新能源的同时，要抓好煤炭清洁高效利用，推动煤炭和新能源优化组合。着眼全国大局先立后破，使传统能源逐步退出建立在新能源安全可靠的替代基础上。习近平总书记在2014年6月13日召开的中央财经领导小组会议上的重要讲话中，提出了推动能源消费革命、能源供给革命、能源技术革命、能源体制革命和全方位加强国际合作的五点要求，为我国能源转型和绿色低碳发展指明了方向。实现"双碳"目标，必须贯彻落实"四个革命、一个合作"能源安全新战略，推动传统产业转型升级，带动新能源、节能环保、绿色产业、循环经济等新兴产业发展。这些也正是符合当前稳增长要求的新增长点。

三、加快构建新发展格局

加快构建以国内大循环为主体、国内国际双循环相互促进的新发展格局，是以习近平同志为核心的党中央根据我国发展阶段、环境、条件变化，特别是基于我国比较优势变化，审时度势作出的重大决策。去年底召开的中央经济工作会议提出今年经济工作要稳字当头、稳中求进，体现了贯彻新发展理念、构建新发展格局、推动高质量发展的要求，是稳定宏观经济大盘的关键。

实施好扩大内需战略，增强发展内生动力。虽然需求收缩是稳增长的短板，但辩证地看，扩大内需也是稳增长的潜力所在。这需要宏观政策、社会政策、改革开放政策等适当靠前并协同发力。积极的财政政策要提升效能，更加注重精准、可持续，保证支出强度，加快支出进度，围绕国家重大战略部署和"十四五"规划，适度超前开展基础设施投资。稳健的货币政策要灵活适度，保持流动性合理充裕，支持实体经济投资稳增长。提高居民消费能力，要逐步提高居民可支配收入和劳动收入。当前尤其应强化就业优先导向，提高经济增长的就业带动力，解决好高校毕业生等重点群体就业问题，健全灵活就业劳动用工和社会保障政策，在教育、医疗、养老、住房等人民群众最关心的领域精准提供基本公共服务，兜住兜牢民生底线。

深化供给侧结构性改革，畅通国内大循环。必须坚持以供给侧结构性改革为主线，重在畅通国内大循环，重在突破供给约束堵点，重在打通生产、分配、流通、消费各环节。突破需求收缩、供给冲击对经济增长的约束，把实施扩大内需战略同深化供给侧结构性改革有机结合起来。在需求侧发力的同时，着力提升供给体系的质量和水平，更好地适应、引领和创造新需求，使供给和需求相互促进，共同推动经济发展。提升供给体系质量和水平，至关重要的是大力实施创新驱动发展战略，强化国家战略科技力量，加强基础研究，强化企业创新主体地位，深化产学研结合，加快攻克重要领域"卡脖子"问题。提升制造业核心竞争力，加快形成内外联通、安全高效的物流网络。加快数字化改造，促进传统产业优化升级。保障大宗初级产品安全供给，关系经济稳定和增长，应坚持节约优先，在生产和消费领域实施全面节约战略，同时增强国内资源生产保障能力。金融是现代经济的核心。要深化金融供给侧结构性改革，提升金融体系服务实体经济的能力和水平。房地产业是连接供给和需求、投资和消费的支柱产业。发挥其对经济稳定和增长的重要作用，要坚持房子是用来住的、不是用来炒的定位，加强预期引导，因城施策促进房地产业良性循环和健康发展。

推进改革开放，促进国内国际双循环相互促进。改革开放是发展的强大动力，是创造中国发展奇迹的一个"秘诀"。各类企业是稳增长和保持宏观经济稳定的微观基础。在经济下行压力加大的形势下，充分激发经营主体的活力尤为重要。坚持以完善产权制度和要素市场化配置为重点，深化要素市场化改革。加强产权和知识产权保护，深入推进"放管服"改革，营造各类所有制企业公平竞争、竞相发展的良好环境。加大对小微企业和个体工商户的政策支持力度，提振经营主体信心。加快建设高效规范、公平竞争、充分开放的国内统一大市场，建立全国统一的市场制度规则，促进商品要素资源在更大范围畅通流动。以开放促改革促发展，是我国经济发展的重要经验。近年来，在外部环境复杂严峻、全球跨国投资和贸易低迷的形势下，我国外贸外资逆势发展，部分弥补了内需不足，再次证明对外开放、国内国际双循环相互促进的重要性。要贯彻落实党中央关于扩大高水平对外开放的决策部署，推动规则、规制、管理、标准等制度型开放，推动外贸外资平稳发展。落实好外资企业国民待遇，吸引更多跨国公司投资，推动重大外资项目加快落地。拓展国际合作新空间，推动共建"一带一路"高质量发展。

（载于《人民日报》理论版 2022 年 3 月 23 日）

增强消费对经济发展的基础性作用

（2023 年 10 月 18 日）

内需是经济发展的基本动力，扩大消费是满足人民日益增长的美好生活需要的必然要求。党的二十大报告提出："着力扩大内需，增强消费对经济发展的基础性作用。"这既是加快构建新发展格局、推动高质量发展的重要部署，又是当前形势下积极应对需求收缩、推动经济健康发展的重要举措。贯彻落实这一重要部署，需要进一步深化对其丰富内涵和重要意义的认识。

一、深入理解生产和消费的辩证关系

马克思在《〈政治经济学批判〉导言》中揭示了生产和消费相互依存、相互作用的辩证关系。关于生产对消费的作用，马克思指出："没有生产，就没有消费""生产为消费创造的不只是对象。它也给予消费以消费的规定性、消费的性质，使消费得以完成""生产通过它起初当作对象生产出来的产品在消费者身上引起需要。因而，它生产出消费的对象、消费的方式和消费的动力"。关于消费对生产的作用，马克思指出："没有消费，也就没有生产，因为如果没有消费，生产就没有目的。"这主要体现在两个方面：一方面，"产品只是在消费中才成为现实的产品""产品在消费中才得到最后完成"；另一方面，"消费创造出新的生产的需要，因而创造出生产的观念上的内在动机，后者是生产的前提""消费在观念上提出生产的对象，把它作为内心的图象、作为需要、作为动力和目的提出来"。马克思关于生产和消费相互关系的论述，是从人类社会实践中总结出来的，是适应于各种社会形态的一般经济规律，为我们充分发挥消费对经济发展的基础性作用提供了理论指导。

我们党在领导和推动社会主义现代化建设中，积累了运用生产和消费的辩证关系促进经济社会发展的丰富经验。其中最重要的，就是把发展生产力作为根本任务；把适应人民群众需求变化，努力办好各项民生事业，让老百姓的日子越过越好作为社会主义生产的根本目的。这是我国快速发展、取得巨大成功的重要原因。对于生产和消费辩证关系的正确把握和运用，也体现在我们党对我国社会主要矛盾的判断和解决上。比如，1956 年，党的八大根据我国社会主义改造基本完成后的形势，提出国内的主要矛盾"已经是人民对于建立先进的工业国的要求同落后的农业国的现实之间的矛盾，已经是人民对于经济文化迅速发展的需要同当前经济文化不能满足人民需要的状况之间的矛盾"。1981 年，党的十一届六中全会总结正反两方面的历史经验，在正确认识我国基本国情和发展阶段的基础上，提出"我国所要解决的主要矛盾，是人民日益增长的物质文化需要同落后的社会生产之间的矛盾"。正是基于对我国社会主要矛盾的正确判断和解决，党领导人民创造了经济快速发展和社会长期稳定两大奇迹。中国特色社会主义进入新时代，以习近平同志为核心的党中央作出"我国社会主要矛盾已经转化为人民日益增长的美好生活需要和不平衡不充分的发展之间的矛盾"的重大政治论断，并紧紧围绕这个社会主要矛盾推进各项工作，党和国家事业取得历史性成就、发生历史性变革。这启示我们，掌握并运用好关于生产和消费辩证关系的一般规律，对于做好当前经济工作依然具有重要意义。

二、扩大消费是加快构建新发展格局的内在要求

加快构建以国内大循环为主体、国内国际双循环相互促进的新发展格

局，是以习近平同志为核心的党中央根据我国发展阶段、发展环境、发展条件的变化，立足实现第二个百年奋斗目标、统筹发展和安全作出的战略决策，是把握未来发展主动权的战略部署。扩大消费是构建新发展格局的内在要求。

扩大消费是应对国际环境深刻变化的必然选择。当前，世界百年未有之大变局加速演进，新一轮科技革命和产业变革深入发展，国际贸易和产业分工格局发生重大调整。2008年国际金融危机以后，世界经济陷入持续低迷，西方主要国家贸易保护主义抬头，国际经济大循环动能减弱。近几年，新冠疫情影响广泛深远，逆全球化趋势加剧，全球产业链、供应链受到冲击，安全风险增加。在这种情况下，必须把发展立足点放在国内，更多依靠国内市场实现经济发展，以自身的稳定发展有效应对外部风险挑战。我国拥有14亿多人口，人均国内生产总值（GDP）接近高收入国家门槛，中等收入群体规模超过4亿人，是全球最大和最有潜力的消费市场。同时，我国人均消费水平与发达国家相比还有较大差距，不断提高居民可支配收入在GDP中的比重，表明我国扩大消费还有很大空间。

扩大消费是更高效率促进经济循环的关键支撑。近年来，我国消费增速减缓，消费预期较弱，扩大消费已成为畅通国内大循环的重点。去年底召开的中央经济工作会议提出，着力扩大国内需求，"要把恢复和扩大消费摆在优先位置"。今年7月24日召开的中共中央政治局会议提出："发挥消费拉动经济增长的基础性作用"。扩大消费和消费结构升级，既有利于畅通国内大循环，打通经济循环堵点，夯实国内经济基本盘；又有利于扩大优质商品和服务进口，有效利用全球要素和市场资源，促进国内产业结构升级，从而推动国内国际双循环相互促进。

需要指出的是，增强消费对经济发展的基础性作用，并不是说投资不重要。恰恰相反，投资是内需的重要组成部分，是经济增长的驱动力和增效器。当前，在我国投资需求中占主要部分的制造业投资、基础设施建设投资等，都具有增长潜力和空间。我国一直保持较高的储蓄率，有条件保持适度的投资增长率和较高的投资效率。扩大有效投资不仅是促进经济恢复和较快增长之必需，而且符合我国基本国情和发展的阶段性特征。但如果投资率过高，也容易引起经济大幅度波动等问题。党的二十大报告提出增强"投资对优化供给结构的关键作用"，其重要意义在于从高质量发展的要求出发给予投资主要功能以新定位，把扩大投资的着重点从直接拉动经济增长转向优化供给结构。

四、坚持综合施策，从各环节协同发力扩大消费

消费处于国内大循环的终端，受生产、分配、流通和消费本身以及各环节相互关系等多种因素影响。扩大消费是一个复杂的系统工程，需要从各方面综合施策，打好"组合拳"。

生产决定消费。消费水平和结构归根到底是由生产力发展水平决定的。扩大消费的基础在于高质量发展，要保持大体符合潜在经济增长率的经济增速。当前制约我国经济发展的因素，供给和需求两侧都有，但矛盾的主要方面在供给侧。这主要表现在科技创新能力还不强、供给结构不能适应需求结构变化等。因此，要把扩大消费同深化供给侧结构性改革有机结合起来，以创新引领高质量发展，提高生产供给体系的质量和效益，以增加国内生产总值中可供分配和消费的份额，并增强其满足消费需求、创造新需求的能力。

分配是决定消费的重要因素。消费是收入的函数，收入和财产分配是决定消费增速、总量和结构的基本因素。因此，扩大消费需要努力提高居民收入在国民收入分配中的比重。首先，坚持按劳分配为主体、多种分配方式并存。实施就业优先战略，促进更充分的就业；坚持多劳多得，健全最低工资标准调整机制，积极推行工资集体协商制度，提高劳动报酬在初次分配中的比重。完善按要素分配政策制度，多渠道增加低收入群体收入，扩大中等收入群体。其次，加大税收、社会保障、转移支付等调节力度。增加教育、医疗、社会保障等方面的财政支出，推进基本公共服务均等化，持续缩小城乡、区域公共服务差距。加大对公共服务领域的投资，改善居民对未来消费支出的预期，促进消费需求扩大。

　　交换（流通）从两个层面对消费产生作用。一是通过影响生产进而影响消费。马克思说："当市场扩大，即交换范围扩大时，生产的规模也就增大，生产也就分得更细。"分工细化的各个行业在互相提供产品和服务的同时，也彼此提供工作岗位和劳动报酬。二是作为生产、分配和消费的中介而发挥作用。在市场经济条件下，没有物流和商业的发展，消费就不能实现，更谈不上扩大内需。流通是畅通国内国际双循环的重要基础，要加快建设高效规范、公平竞争、充分开放的全国统一大市场，建立全国统一的市场制度规则，打破地方保护和市场分割，打通制约经济循环的关键堵点。建设现代综合运输体系，完善综合运输大通道、综合交通枢纽和物流网络。加快破除妨碍生产要素市场化配置和商品服务流通的体制机制障碍，打造市场化、法治化、国际化的一流营商环境，进一步降低市场交易成本，促进商品、服务和要素的流动畅通。

　　消费是生产的目的，并为新的生产创造新的需要，是再生产的前提和动力。随着科学技术和经济社会发展以及收入的提高，包括生产资料、发展资料、享受资料在内的消费资料的需求会持续上升，消费需求的广度、深度和高度不断拓展。同时，相对于投资而言，在一般情况下消费波动性比较小，可以对经济发展起到稳定和托底的基础性作用。当前为恢复和扩大消费，要加快城乡消费基础设施建设，切实保护消费者权益，营造便利消费、放心消费的环境。优化和完善消费设施，不断提升消费便利度、舒适度、满意度。适应消费需求新特点，拓展消费新空间，打造消费新场景，丰富消费新体验。根据消费需求结构的变动趋势，稳定大宗消费，扩大服务消费，促进农村消费，拓展新型消费，完善扩大居民消费的长效机制。

（载于《人民日报》理论版"人民要论"2023 年 10 月 18 日）

构建高水平社会主义市场经济体制

（2024 年 5 月 17 日）

4 月 30 日召开的中共中央政治局会议提出，党的二十届三中全会将重点研究进一步全面深化改革、推进中国式现代化问题。社会主义市场经济体制是中国特色社会主义的重大理论和实践创新，是改革开放取得的重大成果。2013 年，党的十八届三中全会通过了《中共中央关于全面深化改革若干重大问题的决定》（以下简称《决定》），作出"使市场在资源配置中起决定性作用和更好发挥政府作用"等重大论断，引领我们朝着完善社会主义市场经济体制的方向不断前进并取得丰硕成果。党的二十大报告提出"构建高水平社会主义市场经济体制"并作出战略部署。回顾党的十八届三中全会《决定》的显著特点、历史意义等，有利于我们准确认识、全面把握构建高水平社会主义市场经济体制的重要意义和深刻内涵，对于深入贯彻落实党的二十大精神、迎接党的二十届三中全会胜利召开，对于加快构建高水平社会主义市场经济体制、为中国式现代化提供强大动力和制度保障，具有重要意义。

一、深刻认识《决定》的显著特点

《决定》是全党智慧的结晶，广泛汇聚了全国各个方面的智慧，充分体现了以习近平同志为核心的党中央高举改革开放伟大旗帜的坚定意志，充分体现了全党全国人民对全面深化改革的愿望和要求，具有以下显著特点。

整体推进各方面改革。改革开放以来，从党的十二届三中全会到党的十七届三中全会的六次三中全会，都围绕经济体制改革方面的主题作出决定和部署。新的历史起点上，各个领域改革的内在联系更为紧密，任何一个领域的改革都会影响到其他领域改革，也都需要其他领域改革的配合。党的十八届三中全会研究了全面深化改革若干重大问题，对经济建设、政治建设、文化建设、社会建设、生态文明建设、国防和军队改革、党的建设制度改革作出部署，把各个方面改革作为一个整体协同推进。这表明我们党对中国特色社会主义总体布局的认识达到了新的高度。

注重突出重点。这主要体现在两个层面：一是把经济体制改革作为重点，提出发挥经济体制改革牵引作用。这是因为，经济是基础，以经济建设为中心是党的基本路线的核心内容。解决我国社会主要矛盾，归根到底要靠解放和发展生产力。进一步深化经济体制改革，牵引其他各个领域的改革和建设继续向前发展，才能推动经济持续健康发展。二是明确了各领域改革的重点，提出六个"紧紧围绕"，分别指向经济、政治、文化、社会、生态文明和党的建设 6 个领域，反映了各领域改革的核心理念和要求。各领域改革分别围绕各自主线展开和推进，才能抓住主攻方向，取得更大更好成效。

以解决重大问题为导向。习近平总书记指出："要有强烈的问题意识，以重大问题为导向，抓住关键问题进一步研究思考，着力推动解决我国发展面临的一系列突出矛盾和问题。"习近平总书记 2013 年 7 月在湖北省武汉市主持召开部分省市负责人座谈会征求对全面深化改革的意见和建议时，从 6 个方面提出了需要深入调查研究的重大问题，即进一步形成全国统一的市场体系、进一步增强经济发展活力、进一步提高宏观调控水平、进一步增强社会发展活力、进一步实现社会公平正义、进一步提高党的领导水平和执政能力。《决定》关于全面深化改革的决策部署正是围绕这些关键问题展开的。

在广度和力度上前所未有。《决定》共 16 个部分、60 条、300 多项改革举措，涵盖了各领域改革的方方面面。许多单项改革举措的力度很大，各领域的改革措施协同配合，增强了改革的系统性、整体性、协同性，充分体现了改革的广度和力度。《决定》冲破思想观念的束缚，突破利益固化藩篱，进一步触及深层次利益格局的调整，对一些过去没有涉及、影响面广且难度大的问题，或提出突破性、开创性的改革举措，或明确了改革方向。

坚持顶层设计和摸着石头过河相结合。《决定》在总论部分提出了全面深化改革的指导思想、总目标、重点等，在分论部分提出了各个领域改革的具体目标、任务和举措，描绘出清晰的改革时间表和路线图，并提出"中央成立全面深化改革领导小组，负责改革总体设计、统筹协调、整体推进、督促落实"，为把改革决策部署落到实处提供了坚强保证。同时，《决定》提出的全面深化改革的决策、部署和举措都来自实践，既针对当前存在的实际问题，又在总结实践经验基础上提出解决问题的改革思路和举措；对一些重要改革的实施，还注重采取探索的办法，强调"加强重大改革试点工作"。这些都体现了加强顶层设计和摸着石头过河相结合，改革胆子要大、步子要稳的精神。

二、提出"使市场在资源配置中起决定性作用和更好发挥政府作用"是《决定》的一大亮点

《决定》提出"使市场在资源配置中起决定性作用和更好发挥政府作用"的重大论断，这是对我国社会主义市场经济理论和实践的深化与发展。

市场经济是人类文明发展的共同成果。作为市场经济的原始形态，商品生产和商品交换在各国早已有之。资本主义产生后，简单商品经济逐步发展成为现代市场经济，极大促进了生产力发展。历史和现实表明，市场经济是资源配置最有效率的体制，也是发展生产力最有效的手段。

社会主义和市场经济不是对立的。改革开放以来，我国实现了从高度集中的计划经济体制到充满活力的社会主义市场经济体制的历史性转变。1992年，邓小平同志的南方谈话使我们对计划与市场关系的认识有了重大突破。随后，党的十四大提出我国经济体制改革的目标是建立社会主义市场经济体制，"就是要使市场在社会主义国家宏观调控下对资源配置起基础性

作用"。这一重大理论突破，对推动我国改革开放和经济社会发展发挥了极为重要的作用。此后，我们党在实践基础上不断探索适应改革发展要求的关于市场作用的更准确定位。党的十六大提出"在更大程度上发挥市场在资源配置中的基础性作用"，党的十七大提出"从制度上更好发挥市场在资源配置中的基础性作用"，党的十八大提出"更大程度更广范围发挥市场在资源配置中的基础性作用"。这充分体现了社会主义市场经济改革方向，也从理论和实践上为进一步发挥市场在资源配置中的作用作了充分准备。

《决定》根据完善社会主义市场经济体制和现阶段经济发展的客观要求，广泛考虑各方面意见，作出"使市场在资源配置中起决定性作用和更好发挥政府作用"的重大论断。从"基础性作用"到"决定性作用"，是一脉相承又与时俱进的。使市场在资源配置中起决定性作用和更好发挥政府作用，对于现阶段经济体制改革的指导更有针对性，是我国社会主义市场经济理论和实践在新的历史条件下的重大发展。《决定》提出"着力解决市场体系不完善、政府干预过多和监管不到位问题""必须积极稳妥从广度和深度上推进市场化改革，大幅度减少政府对资源的直接配置，推动资源配置依据市场规则、市场价格、市场竞争实现效益最大化和效率最优化"等，都是"使市场在资源配置中起决定性作用和更好发挥政府作用"的体现。

加快完善现代市场体系，为使市场在资源配置中起决定性作用奠定了重要基础。围绕加快完善现代市场体系，《决定》提出"加快形成企业自主经营、公平竞争，消费者自由选择、自主消费，商品和要素自由流动、平等交换的现代市场体系"，并提出改革举措，包括建立公平开放透明的市场规则、完善主要由市场决定价格的机制、建立城乡统一的建设用地市场、完善金融市场体系等。科学的宏观调控、有效的政府治理是发挥社会主义市场经济体制优势的内在要求。《决定》对政府的职责和作用作出明确规定，主要是"保持宏观经济稳定，加强和优化公共服务，保障公平竞争，加强市场监管，维护市场秩序，推动可持续发展，促进共同富裕，弥补市场失灵"，并对加快转变政府职能提出了改革举措，包括健全宏观调控体系、全面正确履行政府职能、优化政府组织结构等。

紧紧围绕使市场在资源配置中起决定性作用和更好发挥政府作用深化经济体制改革，开创了我国改革开放的崭新局面。实践证明，社会主义和市场经济能够有机结合。市场经济为社会主义注入蓬勃生机和发展活力，社会主义为市场经济开辟崭新境界和广阔前景。社会主义和市场经济都不是僵化不变的，而是不断向前发展的。社会主义市场经济体制具有巨大优越性和强大生命力，一个重要表现就在于它不仅能够将社会主义和市场经济的优势结合在一起，而且可以随着实践和认识的发展，通过深化改革不断优化这种结合。

三、正确处理政府和市场关系具有重大意义

《决定》提出："经济体制改革是全面深化改革的重点，核心问题是处理好政府和市场的关系。"处理好政府和市场关系，是一道经济学上的世界性难题。据世界银行研究，1960 年全世界共有 101 个中等收入经济体，到 2008 年只有 13 个进入高收入经济体行列。一些经济体之所以掉入"中等收入陷阱"，一个重要原因就在于未能处理好政府和市场的关系。我国从计划经济体制到社会主义市场经济体制的转变过程，始终是围绕着正确处理政府和市场关系这个核心问题展开的。深刻认识"使市场在资源配置中起决定性作用和更好发挥政府作用"的重要意义和作用，有利于构建高水平社会主义市场经济体制，推动有效市场和有为政府更好结合。

使市场在资源配置中起决定性作用，实质就是让价值规律、竞争规律和供求规律等市场机制在资源配置中起决定性作用，进一步解除对生产力发展的束缚，让一切劳动、资本、土地、知识、技术、管理、数据等生产要素的活力竞相迸发，让一切创造社会财富的源泉充分涌流。市场在资源配置中起决定性作用，并不是起全部作用。市场经济也是信用经济、法治经济。在现代市场经济中，更好发挥政府作用，不是要弱化或取代市场作用，而是要弥补市场失灵，并为市场有效配置资源和经济有序运行创造良好环境，同时防止收入和财富分配差距过大，促进共同富裕、维护社会稳定和公平正义。

充分发挥市场在资源配置中的决定性作用，更好发挥政府作用，有利于进一步在全党全社会树立关于处理政府和市场关系的正确观念，有利于进一步解放和发展生产力，进一步解放和增强社会活力，同时让发展成果更多更公平惠及全体人民。具体可以从以下几个方面来理解。

有利于激发各类企业活力。企业是市场经济的细胞，是创新创业的主体，是整个经济充满生机活力和蓬勃发展的基础。平等的市场准入和产权保护、公平的竞争条件和市场化法治化国际化的营商环境，是企业保持生机活力的根本保证。处理好政府和市场关系，有利于构建更加系统完备、更加成熟定型的高水平社会主义市场经济体制，使资源依据市场规则、市场价格、市场竞争进行更为有效的配置，最大限度激发企业等各类经营主体的创业创新活力。

有利于加快我国经济转型升级。当前，我国经济运行中的主要矛盾是结构性的，矛盾的主要方面在供给侧。同时，经济持续回升向好仍面临诸多挑战，主要是有效需求仍然不足。使市场在资源配置中起决定性作用，要求我们坚持社会主义市场经济改革方向，不失时机地加大改革力度，大幅度减少政府对资源的直接配置，把扩大内需战略同深化供给侧结构性改革有机结合起来。这有利于推动我国经济发展增强平衡性、协调性、可持续性，迈上更高质量、更有效率、更加公平、更可持续、更为安全的发展之路。

有利于建设高效廉洁的服务型政府。使市场在资源配置中起决定性作用，要求凡是市场和企业能做好的都交给市场和企业，凡是社会中介组织能承担的职能都交给社会中介组织。更好发挥政府作用，要求政府把该做的事做好，把该管的事管好，不要去干预市场和企业能够解决的问题。这不仅有利于政府真正转变职能，把重点转到加强和优化公共服务、保障公平竞争、加强市场监管、维护市场秩序等上来，而且有利于铲除滋生腐败现象的土壤和条件。

有利于加快形成高水平对外开放新格局。改革和开放相辅相成、相互促进。扩大对外开放不仅使我国能够充分利用国内国际两个市场两种资源来推动发展，而且为国内改革提供了进一步发展社会主义市场经济的经验、规则等，成为推动改革的重要动力源泉。当前，世界经济正深度调整，单边主义、保护主义抬头，外部环境复杂性、严峻性、不确定性明显上升。处理好政府和市场关系，充分发挥市场在资源配置中的决定性作用、更好发挥政府作用，有助于更好适应国际竞争新特征新要求，加快形成高水平对外开放新格局。

改革开放是党和人民事业大踏步赶上时代的重要法宝。继续把改革推向前进，是坚持和完善中国特色社会主义制度、推进国家治理体系和治理能力现代化的必然要求，是贯彻新发展理念、更好适应我国社会主要矛盾变化的必然要求，是坚持以人民为中心、让现代化建设成果更多更公平惠及全体人民的必然要求，是应对重大风险挑战、推动党和国家事业行稳致远的必然要求，是推动构建人类命运共同体、在日趋激烈的国际竞争中赢得战略主动的必然要求，是解决大党独有难题、建设更加坚强有力的马克思主义政党的必然要求。我们要深入把握新时代以来全面深化改革走过的不平凡历程、取得的重大成就、积累的宝贵经验，紧紧围绕推进中国式现代化进一步全面深化改革。

（本文载于《人民日报》理论版 2024 年 5 月 17 日）

后　记

　　本书是作者在 2009—2024 年间的文章、访谈录、内部报告的选集。文稿按照时间先后排列，没有分类。其中多数曾经在报刊上发表，各篇文后注明出处。文稿表达的是作者在各篇写作当时的认识，这次选辑未作文字修改。不妥、错误之处，敬请读者批评指正。

林兆木

2024 年 9 月